eye

守望者

——

到灯塔去

身体、空间与后现代性

汪民安 著

南京大学出版社

日本人の空間

目 录

第一部分 身体的技术

身体转向 …………………………………………… 3
身体的技术：政治、性和自我的毁灭 …………… 25
尼采与身体 ………………………………………… 54
我们时代的头发 …………………………………… 72
性与民主 …………………………………………… 83
SARS危机中的身体政治 ………………………… 91

第二部分 空间的政治

空间生产的政治经济学 …………………………… 105
都市与现代性碎片 ………………………………… 119
城市经验、妓女和自行车 ………………………… 133
街道的面孔 ………………………………………… 146
现代家庭的空间生产 ……………………………… 166
家乐福：语法、物品及娱乐的经济学 …………… 179

第三部分　后现代性的谱系

后现代性的哲学话语 ······ 197

德里达的风格政治与书的终结 ······ 210

罗兰·巴特的断片、括号、警句、书籍和成名史 ······ 225

乔治·巴塔耶的神圣世界 ······ 239

保罗·德曼和阅读 ······ 273

福柯与哈贝马斯之争 ······ 282

《帝国》的谱系和后结构主义政治学 ······ 305

后　记 ······ 333

再版后记 ······ 334

第一部分

身体的技术

身体转向

罗兰·巴特在其自述中烦琐地列举了自己的诸多习惯和爱好。它们看起来微不足道并且匪夷所思，但他振振有词地说，这些源自身体的习惯和爱好是自己的个人性标记，是我和你的差异性所在。我和你不同，就是因为，"我的身体和你的身体不同"①。这是尼采哲学一个通俗而形象的说法。人和人之间的差异不再从"思想""意识""精神"的角度做出测定，甚至不再从观念、教养和文化的角度做出测定。也就是说，人的根本性差异铭写于身体之上。我们要说的是，身体，从尼采开始，成为个人的决定性基础。如果说长期以来，人们总是将自身分成两个部分，分成意识和身体，而且意识总是人的决定性要素，身体不过是意识和精神活动的一个令人烦恼的障碍的话，那么，从尼采开始，这种意识哲学，连同它的漫长传统，就崩溃了。

意识哲学的发源地在笛卡尔那里。但是，它的隐秘而曲折的起源悄悄地驻扎在柏拉图的哲学中。笛卡尔将意识和身体对立起来，但在柏拉图那里，灵魂和身体早就是对立的。

在《斐多》篇中，柏拉图记载了苏格拉底面对死亡时的从容态度。西方文化中第一个伟大的死亡事件——后世对此有无数的隆重

---

① Roland Barthes, *Roland Barthes by Roland Barthes*, Hill and Wang, p. 117.

分析，对当事人来说，却异常地轻松。在赴死前，苏格拉底谈笑风生，"快乐地"高谈阔论着哲学。为什么面对死亡无所惧怕？柏拉图（借苏格拉底之口）解释道，真正的哲学家一直是在学习死亡，练习死亡，一直在追求死之状态。因为，死亡不过是身体的死亡，是"灵魂和肉体的分离；处于死的状态就是肉体离开了灵魂而独自存在，灵魂离开了肉体而独自存在"①。身体在死亡的过程中被卷走了，死亡就是让身体消失，让它从和灵魂的结合、纠缠中消失。这样，灵魂摆脱了身体而独自存在，并变得轻松自如。对于柏拉图来说，这完全值得庆幸。在此，柏拉图就显示了对身体的敌意。他基于这样的理由：身体对于知识、智慧、真理来说，都是一个不可信赖的因素，身体是灵魂通向它们的障碍。因为"带着肉体去探索任何事物，灵魂显然是要上当的"②。柏拉图承认，有一种思考的境界，它完全由灵魂来实践。这样的灵魂固执地撇开身体，摆脱感受——视觉、听觉，以及其他一切身体感觉。因为这样的一个身体，会产生各种各样的烦恼、疾病、恐惧，它们在不停地打扰灵魂的思考；同时，对战争、利益和金钱等的种种冲动贪欲也来自身体，所有这些，都搅乱了灵魂的纯粹探究，并使知识的秘密——这对于柏拉图来说至关重要——被继续曲折地掩饰起来。就此，柏拉图断定："我们要接近知识只有一个办法，我们除非万不得已，得尽量不和肉体交往，不沾染肉体的情欲，保持自身的纯洁。"③

显然，有生之年，人们永远无法做到这一点。活着意味着存在一个身体，活着的生命永远伴随着身体和灵魂间不愉快的争吵。对于灵魂来说，身体是它牢不可破的枷锁和监狱。但是，幸好有了死

---

① 柏拉图：《斐多》，杨绛译，辽宁人民出版社，2000年，第13页。
② 同上书，第15页。
③ 同上书，第17页。

亡，灵魂的身体枷锁被解开了，它得以独自存在。因此，苏格拉底面对死亡，却毫无畏惧。正是由于身体的死亡，求真的坦途才得以顺利铺开，灵魂才能自由自在、无拘无束，才能笔直地通向纯粹的智慧、真理、知识。对死亡的惧怕，对于一个求真的严肃哲学家来说，变得非常荒谬。接下来，柏拉图竭力论证了灵魂的不朽和不灭，这刚好与身体的暂时性和局限性相反。

在《高尔吉亚》篇中，柏拉图也拼命贬低身体，正是身体的欲望和需求导致了尘世间的苦难及罪恶。在《理想国》中，柏拉图同样对身体的满足感嗤之以鼻，灵魂的快乐足以压倒身体的满足。那些理智的人，那些真正充实的人，无论如何不会听信身体的非理性的野蛮快乐，甚至不会将健康作为头等大事，除非健康有助于精神的和谐调节。而且，身体的欲望——对食物、性、名利等的欲望——同牲畜的欲望一样低等、任性，并可能导致疯狂的残杀。如果说，柏拉图最核心的哲学使命是对隐而不现的理念，对本质性的"一"，对一切现象背后的终极起因进行苦心挖掘的话，那么，身体则在这一挖掘过程中充当了一个捣蛋的角色，它为知识和理性的顺利推论设置了障碍。感性的东西——无论是身体还是艺术——总是与真理相去甚远，因此，对于一个人来说，"保证身体需要的那一类事物是不如保证灵魂需要的那一类事物真实和实在的"[①]。

在这些论述中，身体和灵魂的对立二元论是一个基本的构架：身体是短暂的，灵魂是不朽的；身体是贪欲的，灵魂是纯洁的；身体是低级的，灵魂是高级的；身体是不真实的，灵魂是真实的；身体导致恶，灵魂通达善；身体是可见的，灵魂是不可见的。大体上来说，灵魂虽然非常复杂，但它同知识、智慧、精神、理性、真理站在一起，并享有一种对于身体的巨大优越感。身体，正是柏拉图

---

① 柏拉图：《理想国》，郭斌和、张竹明译，商务印书馆，1986年，第375页。

所推崇的价值的反面，它距离永恒而绝对的理念相当遥远。

在此，身体，由于其需求、冲动、激情，首先在真理的方向上受到了严厉的谴责——它令人烦恼地妨碍真理和知识的出场并经常导向谬误。正是因为它导向谬误，所以它在伦理的方向上受到了谴责。对于柏拉图来说，伦理学的基础是理性的自由，善是灵魂的和谐，是内心世界的理性状态。身体随时爆发的冲动正是对这种和谐理性的粗暴破坏，它因此总是处在善的反面，处在伦理学所不齿的位置。在柏拉图的这个二元论传统中，身体基本上处在被灵魂宰制的卑贱——真理的卑贱和道德的卑贱——位置。可以说，自此以后，身体陷入了哲学的漫漫黑夜。

我们发现，灵魂和身体的这一对立关系在哲学传统中以各种各样的改写形式得以流传——我们不否认有一些历史片段溢出了这个传统，如文艺复兴时期。而且在这个关系中，身体总是受到指责和嘲笑。有些时候，这样的指责和嘲笑是发自道德伦理的，有些时候是发自真理知识的。但在大多数时候，它受到的哲学和宗教磨难有着上述的双重根源，只不过这种双重根源在不同的历史时期有着轻重之分。而且在随后的历史时期中，这一对立关系中的身体和灵魂在同其他传统，尤其是同希伯来传统的结合中，各自找到了一系列的历史转喻形式：世俗人和僧侣、地上和天国、国家和教会等。它们之间的争执，都刻上了柏拉图的身体和灵魂的争执印痕。我们不可能详细地叙述这个身体受难史。只能概要地说，在中世纪，身体主要是遭到道德伦理的压制；而在宗教改革之后，尤其是从17世纪起，身体主要是受到知识的诘难。

柏拉图的这个身体和灵魂的对立，在新柏拉图主义者那里，在圣保罗那里，都被着重强调。但是对于基督教神学来说，它的重要性，它的关键性影响，是通过奥古斯丁奠定的。在奥古斯丁那里，柏拉图主义受到了神学的改写，他的上帝同柏拉图的神秘"理念"

具有相似的品质：二者都是永恒的、不变的、自足而绝对的，并且都是终极的善。如同柏拉图将理念世界与形形色色的表象（摹仿）世界，将灵魂和身体对立起来一样，奥古斯丁将上帝之城同世俗之城对立起来。前者居住的是上帝拯救的人，后者居住的则是被上帝抛弃的人。奥古斯丁相信，只有爱，只有对上帝之爱，才能同上帝，同至善相融合。但世俗之城中的爱，产生于一种片刻而短暂的欢乐，为一种及时的满足所主宰，它取代了对上帝之爱。这样一个世俗之城笼罩在一片自私自利的巨大阴影之中，它基本上是一个罪恶的渊薮。对上帝的爱就是要克制这种世俗之爱，要克制这种短暂的满足，或者说，就是要禁欲和弃绝尘世。对于柏拉图来说，欲望的身体无法接近作为真理的理念；对奥古斯丁来说，欲望的身体无法通达上帝之城。身体，尤其是性，是人为了接近上帝而必须克制的放肆本能。上帝和身体的关系，犹如柏拉图的理念同身体的关系。奥古斯丁使禁欲主义拉开了它的漫长序幕，落落寡欢的修道院成为它的安静舞台。我们看到，漫长的教会和修道院的历史，是身体沉默无语的历史；克己、苦行、冥想、祈祷、独身、斋戒、甘于贫困，都是控制身体的基本手段，并旨在将身体的沸腾能量消灭。让身体陷入沉寂状态之后，信仰、启示，以及上帝的拯救才能纷至沓来。灵魂活跃状态的前提，是身体的必要尘封。

在中世纪后期，神圣的超验（上帝）世界进入了它日渐衰落的黄昏。世俗景观重新进入了人们的视野。邓斯·司各脱和但丁几乎同时发出了这个预兆。经过文艺复兴和宗教改革的短暂过渡后，从17世纪开始，哲学和科学逐渐击退神学，国家逐渐击退教会，理性逐渐击退信仰。由于文艺复兴对身体表达过短暂但热烈的赞美——既赞美它的性感，也赞美它的美感——身体逐渐走出了神学的禁锢，但是，它并没有获得长久的哲学注视。甚至可以说，身体摆脱了压制，但并没有获得激情洋溢的自我解放。哲学此刻的主要目标是摧毁神学，而不是解放身体。因为神学的对立面是知识，压倒一切的任务是激发对知识的兴趣。培根前所未有地将知识看成力量，这个力量既可能摧毁上帝，也可以发现自然的奥秘。对上帝的不敬和对自然的好奇并行不悖。但是现在，通往知识之路的不是灵魂，而是意识、心灵和推算的内心世界——身体在知识的通途中依然没有找到它的紧要位置。于是，在笛卡尔那里，哲学的秘密只能是心灵的秘密。他果断地将心灵同身体分属于两个不同区域，并相信，身体的感知能力无足轻重，它轻而易举地就能向盲目的错误高速滑去。相反，只有心灵的能力才能揭开知识和真理的秘密。主体的实质性标记是思考，而不是盲目的身体。知识都是"自我意识"进行反复的理性推算而获得的，而不是从身体的偶然出发触摸得来的。身体总被看成一个感性事实，它因此注定和启蒙运动格格不入。贯穿着整个启蒙哲学的——如康德所言——当然就是公开的对理性的运用。对身体来说，这，显然力所不及。而黑格尔哲学的秘密所在当然是精神现象学，在这里，他全神贯注的是意识艰涩但有章可循的向绝对精神的发展。人被抽象为意识和精神，人的历史被抽象为意识和精神的历史。在这里，身体陷入了人的历史的无尽黑暗之中，"精神"的现象学不论贯穿着什么样的否定辩证法，不论充斥着什么样的历史感，无论在它的进化细节上多么地精雕细刻，都不会给身体留下多余的地盘。马克思显然意识到了这一点，他随后立即赋予意识一个物质基础，并且相信，身体的饥寒交迫是历史的基础性动力。身体和历史第一次形成了政治经济关系，但是，这绝不意味着意识从历史的舞台上黯然隐退，相反，意识和意识形态在黑格尔的照耀下更加夺目。马克思相信，除了身体的基本满足外，还存在一种基本人性，这种人性的惬意满足是历史的最后和最高的要求。这样的一种人性理所当然不仅仅是身体性的。这样的人还有一种丰富的内心生活，我们只能将这种人（以及被改造过的"新人"）纳入精神的范畴之中。显然，马克思在意识和身体的哲学双轨中跋涉。身体固然重要，但意识和意识形态的改造与斗争同样迫切。马克思不愿意放弃任何一个方面，结果，他自身的哲学出现了阿尔都塞所说的断裂，人一会儿是有待消除异化的精神性的存在，一会儿又是迷失在蛮横的生产方式中的冰凉身体。在这两种情况下，马克思都鼓励斗争。各种各样的革命和斗争都应该将人性从奴役状态中解放出来，身体是改造的动力，但具体的改造当然还是应该从意识着手。于是，意识和意识形态成为各种势力的争斗场所，意识形态改造成为历史变革的重要环节。这也是后来的各种各样的马克思主义者——卢卡奇、葛兰西、阿多尔诺、阿尔都塞等——大显身手的领域。理想的社会除了让人的身体所需获得满足外——这相对来说容易达到——更重要的是，它还让人性回到它的自由状态，这里，人性无论如何应该理解为一种精神的自恰。这，显然是历史唯物主义的最高目标。这个历史唯物主义仍然奉行着身体和意识的对立叙事。

我们看到，在这样的哲学传统中，虽然马克思使身体隐隐约约地浮现出来，但是身体并没有获得其自主性，它只是一个必需的基础，是一个吃饭的经济学工具，而不是哲学和伦理学的中心。实际上，直到19世纪，身体一直在灵魂和意识为它编织的晦暗地带反复低回，这样，对身体的压制和遗忘是一个漫长的哲学戏剧。在希腊，哲学家贬低身体，但是这种贬低还以一种悖论的方式让身体隐隐约约地出现，让身体持续地出现在话题中，出现在人们的讨论中。人们讨论灵魂的时候，身体总是不会被忘记的重要一课。在中世纪，教会压制身体，它在反复地解释，为什么要压制身体，为什么不能让身体放任自流，为什么要对身体实施苦行，怎样实施苦行。身体的动物性泯灭了，身体自身的能量也被冻却，但是，身体本身总是作为一个反面警告被深深地刻写在社会的每一片肌理之中。在某种意义上，对身体的压制，也是对身体的固定形式和意义进行反复的再生产，从而让身体醒目地出场，尽管是以一种丑陋和不洁的方式出场。但是，意识战胜身体的方式从笛卡尔开始发生了变化。笛卡尔同样将意识和身体划分开来，但在他那里，身体不是被刻意地压制，而是逐渐地在一种巨大的漠视中销声匿迹。从17世纪开始，关于知识的讨论——如何获得知识，知识的限度何在，知识和自然有着何种关系——慢慢地占据了哲学的兴趣中心。而这，一直到梅洛-庞蒂为止，总是和身体无关，身体和知识之间横亘着无法逾越的鸿沟。身体现在不再有一种道德上的委屈感，但是在探讨知识这一新的哲学任务面前有不适感。人们不怎么在哲学中谴责身体了，但这也意味着身体消失了，消失在心灵对知识的孜孜探求中。以前，人们压制身体，因为身体是个问题；现在，人们忽视身体，因为身体不再是个问题。以前，神学总要警告身体；现在，科学不再理睬身体。以前，信仰因为身体的捣乱而管治身体；现在，理性因为身体的反智性而放逐身体。总之，对知识的探求使意识和身体的长久结盟——尽管是对立的结盟——解开了，现在，它使意识和外界——和现世性的外在自然世界——发生了关系，知识和真理就诞生在意识与自然世界的耐心互动中，也就是说，意识现在和存在结盟，并且日益培植了一套复杂的理性工具。意识逐渐地变成了一个理性机器。在这个过程中，在理性一步步地驱赶宗教伦理的过程中，在自然世界一步步地取代神秘的上帝世界的过程中，意识和身体的伦理关系转变成了意识和存在的工具关系。这其中一个最明显的事实是：身体被置换了。

这一切，到了尼采那里，都受到了刻薄的嘲笑。如果说真的存在一个身体和意识对立的哲学叙事的话，那么尼采则斩断了这个叙事线索。尼采或许有一些隐隐约约的先驱，但是，确实是他首先明确地提出了对"灵魂假设"的拒绝。尼采的口号是，一切从身体出发。如果说存在一种漫长的主体哲学,这种哲学或者将人看成智慧的存在(柏拉图),或者将人看成信仰的存在(基督教),或者将人看成理性的存在(启蒙哲学),这一切实际上存在一个共同的基础,即对人的定义:人是理性的动物。这是形而上学对人的定义,"这个定义支撑着全部的西方历史,它的起源迄今尚未被理解"[①]。在这个定义中——根据海德格尔的看法——思想和理性是价值设定的基础与标准。显然,动物性无足轻重。现在,由尼采开始将动物性纳入人的重要规划了,也就是说,他和形而上学截然相反地将人看成身体的存在——形而上学从来就不愿将身体看成人的本质,因为,身体是动物性的东西,是人和动物共同分享的东西。人要摆脱自身的兽性,就必须尽最大努力排斥自身的兽性基础:身体。人越是纯洁,越是作为一个精神信徒,就越是要摆脱欲望身体的宰制,就越是要将身体的力量减至泯灭状态;人越要变得理性,越要充满目的和计划地实践,越要获得一种绝对精神和科学知识,就越要摆脱身体盲目而混乱的偶然性。《精神现象学》在它的开篇序言中就耐心地向人们解释,意识(人)是怎样同混沌的自然动物断然分离的,而又是怎样在这个分离过程中慢慢地奠定的——黑格尔对这种分离活动给予了高度的评价,它是"知性的力量和工作,知性是一切势力中最惊人和最伟大的,或者甚至可以说是绝对的势力"[②]:人有着和动物一样的身体,但是,最初的意识(知性)萌芽就让身体学会了克制,意识的产生似乎天生就是为了克制身体。动物没有意识,就完全遵从于身体的偶然感知。人一旦获得了意识,就会开始盘算未来,于是,身体的自然需求暂时被延缓满足,身体绝对不能像动物那样随时随地地自我满足从而破坏意识的规划。意识的出

---

① Martin Heidegger, *Nietzsche*, Volumes 3 and 4, Harper, 1991, p. 217.
② 黑格尔:《精神现象学》(上卷),贺麟、王玖兴译,商务印书馆,1979年,第21页。

现，从一开始，就是以身体的克制作为基础和代价的。意识和身体，知性和感性，如果真的存在一种较量的话，那么，二者的关系就是此消彼长的残酷竞技关系。这就是意识和身体的基本关系模型，同时也是哲学上这种二元叙事的最初的萌芽。这里就暴露了人和动物的根本区别：动物听凭身体的即时冲动，人则压抑和延缓这种冲动，并将这种即时冲动看成对人和人性的或多或少的羞辱性反应。这样，在人这里，自然身体的克制几乎是与生俱来的。于是，人将它的解释性定义要么放在世俗的理性领域，要么放在宗教的神圣领域，而决不会放在动物的身体领域。人总是根据他的头脑意识——要么是逻辑推算的理性能力，要么是启示信仰的宗教能力——得到界定。与此相呼应，哲学家总是对这些充满了兴趣并深信不疑："1. 绝对的认识；2. 以认识为目的的知识；3. 美德和幸福联姻；4. 人的行为是可以被认识的。"①

但是，尼采拒绝了这一切。尼采将他的时刻看作这样的时刻："我们处在意识该收敛自己的时刻"。他要将身体放在恰如其分的位置上，也就是说，要"以身体为准绳"："一切有机生命发展的最遥远和最切近的过去靠着它又恢复了生机，变得有血有肉。一条没有边际、悄无声息的水流，似乎流经它、越过它，奔突而去。因为，身体乃是比陈旧的'灵魂'更令人惊异的思想。"② 在《苏鲁支语录》中，尼采挖苦了那些轻视身体的人，他借那些醒悟者、明智者之口说："我完完全全是身体，此外无有，灵魂不过是身体上的某物的称呼。身体是一大理智，是一多者，而只有一义。是一战斗与一和平，是一牧群与一牧者。兄弟啊，你的一点小理智，所谓'心灵'者，也是你身体的一种工具，你的大理智中的一个工

---

① 尼采：《权力意志》，张念东、凌素心译，中央编译出版社，2000年，第22页。
② 同上书，第37—38页。

具、一个玩具。……兄弟啊,在你的思想与感情后面,有个强力的主人,一个不认识的智者——名叫自我。他寄寓在你的身体中,他便是你的身体。"① 尼采警告那些身体的轻视者终将自我毁灭,而他自己决不会重蹈他们的覆辙,身体的轻视者永远不是通达超人的桥梁。

什么是尼采的身体?海德格尔同德勒兹的解释十分相似。在海德格尔看来,"动物性是身体化的,也就是说,它是充溢着压倒性的冲动的身体,身体这个词指的是在所有冲动、驱力和激情的宰制结构中的显著整体,这些冲动、驱力和激情都具有生命意志,因为动物性的生存仅仅是身体化的,它就是权力意志"②。这样,身体回归动物性方面,动物性和权力意志等同。在尼采这里,由于权力意志构成了一切存在者的基本属性,作为权力意志的动物性当然就是人的存在的根本规定性。这样,在对人的定义中,身体和动物性取代了形而上学中的理性的位置。人首先是一个身体和动物性的存在,理性只是这个身体上的附着物,一个小小"语词"。身体就是权力意志,在德勒兹这里便意味着,身体和力是一体的,它不是力的表现形式、场所、媒介或战场,而是力本身,是力和力的冲突本身,是竞技的力的关系本身。"界定身体的正是这种支配力和被支配力之间的关系,每一种力的关系都构成一个身体——无论是化学的、生物的、社会的还是政治的身体。任何两种不平衡的力,只要形成关系,就构成一个身体。"③ 因此,身体总是偶然的结果,它为力所灌注,并且就是力的差异关系。显然,这样一个身体就砍去了意识的头颅,它再也不是意识支配下的被动器具了。身体跳出

---

① 尼采:《苏鲁支语录》,徐梵澄译,商务印书馆,1997 年,第 27—28 页。
② *Nietzsche*, Volumes 3 and 4, p. 218.
③ 德勒兹:《尼采与哲学》,周颖、刘玉宇译,社会科学文献出版社,2001 年,第 59 页。

了意识长期以来对它的操纵和摆布,跳出了那个漫长的二元叙事传统,跳出了那个心甘情愿的屈从位置。它不是取代或颠倒了意识,而是根本就漠视意识,甩掉了意识,进而成为主动的而且是唯一的解释性力量:身体完全可以自己做主了,它——而不是意识——根据自身的力量竞技可以从各个角度对世界做出解释、估价和透视。"身体在它的生死盛衰中带着对全部真理和错误的认同",它霸道地主宰着道德领域、知识领域和审美领域。在尼采这里,善的世界是由积极的主动之力强行指定的,真理也只是力的解释技艺的产物,审美当然是一个诸力自由嬉戏的世界,这样的一个身体估价将世界变成了一个非层级化的表面,世界同样只是一个无始无终的力的怪物,而不是将意义秘密深深地埋藏着的深度/表象世界。因此,"为什么要发明沉思的生活?为什么给予这种存在至高无上的价值?为什么赋予沉思中形成的想象以绝对真实性?"[①] 在尼采看来,沉思的想象之所以受到迷信,仅仅是因为沉思者的身体衰弱。尼采在《论道德的谱系》中对"沉思的生活"和"意识"的出现做了分析:历史的深刻变迁给那些半野兽状态的人带来了压力,这种变迁"将人永远地锁入了社会和太平的囹圄"。他们的本能因此贬值了,"不能再依赖过去的那有秩序的、无意识的可靠动力来引导他们,他们被迫思想、推断、划算、连接因果——这些不幸者,他们被迫使用他们的最低劣、最易犯错误的器官:他们的'意识'"[②]。这就是"低劣"的意识的原初出现。而今,尼采的要求是,应该用身体的力量驱走沉思迷信,驱走意识的推论,并且通过它来搅乱哲学长久以来的深度意志——意识的出现使身体及其本能受到遏制,并朝向内部发展,"从而有了深度、宽度和高度"。

---

① 福柯:《福柯集》,杜小真编,上海远东出版社,1998 年,第 152 页。
② 尼采:《论道德的谱系》,周红译,三联书店,1992 年,第 62—63 页。

尼采开辟了哲学的新方向,他开始将身体作为哲学的中心:既是哲学领域的研究中心,也是真理领域对世界做出估价的解释学中心。由于身体就是尼采的权力意志本身,所以,如果海德格尔是对的——他说尼采有一个权力意志的本体论——那么同样地,这也是一个身体本体论:世界将总是从身体的角度获得它的各种各样的解释性意义,它是身体动态弃取的产物。在此,我们能明白,尼采的哲学为什么既敌视基督教,又对启蒙不屑一顾。这两种貌似对立的哲学,不是表现出对身体的压制,就是表现出对身体的反感。两者都表现出了对身体的不以为然。只不过前者借用了上帝的名义,后者则借用了理性的名义。

尼采的哲学——由于巴塔耶和德勒兹的先后解读——在法国获得了大批的信徒。这两种解读的共同之处在于对于主体哲学的批判。因为尼采的身体发现,主体(意识)哲学在20世纪50年代之后的法国成为结构主义者和后结构主义者不倦的摧毁对象。如果说,结构主义者和后结构主义者有一个共同主旨的话,那么毫无疑问,就是对主体思想的拒绝。就人自身内部而言,主体意识并非身体的直接控制者,它也并非一个绝对自主的东西:巴塔耶在色情中发现了主体的优柔寡断和软弱无力,德勒兹则将欲望机器而不是自我看作决定性和生产性的。就人和外部的关系来看,主体也不是客体的控制者和有力的驾驭者。相反,对于拉康来说,主体是先在的象征秩序的效应;对于罗兰·巴特等一大批结构主义者来说,主体是语言结构的被动产物。结构主义者通过语言结构蛮横的既定性对主体展开批判,但是,他们将身体剔除在自己的视野之外。在他们这里,只有自我或者主体,身体隐而不现,尽管这个自我和主体是被动的。但是,后结构主义者正是因为将尼采纳入了自身的视野中,身体便从容不迫地出现在人的地带,并决心同主体一争高低。后结构主义者攻击主体,不再从索绪尔的语言学出发,而是从尼采的身体出发。主体同样地被送上了绞刑架,但元凶有两个面孔。罗兰·巴特的轨迹毫不含糊地记载了这一变迁:先是通过(索绪尔)语言的力量宣布作者之死,后是(借助尼采)抬高快感的力量来冲击稳固的主体性。

罗兰·巴特从阅读的角度将身体提到了一个至关重要的地位。他富有想象力地将身体引进了阅读中,在他这里,文本字里行间埋藏的不是"意义",而是"快感",阅读不再是人和人之间的"精神"交流,而是身体和身体之间的色情游戏。长期以来,阅读被看作认知和"意识"大显身手的地方,是知识的最具体的实践形式,是粗蛮的身体力所不逮之处。但是,罗兰·巴特甩掉了这个知识神话,将认知毅然决然地抛弃在脑后,阅读变成了身体行为,快感的生产行为——快感的享用不折不扣地是身体性的反知识实践,阅读解除了知识的暴政后,狂喜就接踵而至。罗兰·巴特最后变成了一个文本享乐主义者,这里的享乐不是精神的,而是性感的,是对认知不可自制的反写、诋毁和嘲弄。此刻,身体快速地冲毁了意识的地盘,牢牢地把占着书本的消费位置。罗兰·巴特前所未有地将个人放在阅读的核心位置,个人读者能够凭着自己的趣味对文本进行独树一帜的逆向生产,这显然突出了个人身体的特有禀赋,因为,普遍的知识总要消除个人的记号,而共通感受只是将文本引向封闭性的单一结局。他的一系列解读实践,只能从他的独特的身体结构出发。对既定文本的解读,完全变成了一场身体表演。这里从来不要求集体性的交流和共鸣,而只是表达解读者无目的的欢乐和趣味。趣味总是身体性的,这里,尼采的回声时时在震荡:哲学就是医学或者生理学。

实际上,是巴塔耶最先对尼采的身体发现做出了回应。尼采对意识的不信任,在巴塔耶这里则表现为对理性的厌恶。巴塔耶将理性多多少少地等同于意识,他对理性做了细致的分析,这些分析同时使非理性的一面暴露出来，尤其是将色情的秘密暴露出来。色情溢出了理性和意识的地盘，巴塔耶对色情表现出难以抑制的深深迷恋，对于他来说，色情的秘密正是人的秘密所在。色情是身体的自然冲动，但是，存在一个理性的世俗世界，这个世界将身体的自然冲动看作向动物世界的野蛮返归，并且要向它做出不洁和肮脏的谴责。因为，这种兽性的色情回归是对人和人性——其标志性特征是能盘算的意识和理性——的威胁，它所具备的强大的兽性力量可以摧毁稳定的自我，还可以摧毁人性所建立的世俗世界。这种源自自然身体的色情便具有某种危险性，一方面自我对它提高了警惕，另一方面身体的巨大驱动力量使自我难以驾驭。这样，色情在挫折中前行，它跌跌跄跄，既欢乐又发抖。恰恰是在向兽性的返归中碰到了阻力，色情才更具有一种震颤的爆发力量。巴塔耶的色情分析告诉我们，人身体性的本能冲动不再像动物那样直接、自然、纯粹，相反，身体性行为被人化的东西所污染，而人也断然摆脱不了身体的原始动物性。恰恰是这种动物性重新将人的怪异性行为夺回来，并植根于人性本身。人的秘密决不仅仅像黑格尔那样在自我意识那里去挖掘了，相反，它埋藏在凶蛮的身体和理性的自我意识的残酷对决过程中，埋藏在撕裂的色情经验中。巴塔耶就这样将身体的冲动置于人的一个醒目位置，这种身体冲动有效地锻造了人的生活实践。身体的冲动，显然，在此是对尼采的权力意志的回应。如果说，尼采现在要重新将人的动物性存在从形而上学的理性手里夺回来的话，那么，巴塔耶则回过头去向人们解释理性是怎样逐渐地排斥掉那种动物性的。巴塔耶的人类学可以作为尼采的考察前提：在人身上，理性的历史是驱赶动物性的历史。那么，好了，尼采面临的问题是，我们现在将这个历史逆转回去：从他开始，由动物性来驱赶理性。这样一种历史的逆转就同黑格尔完全相反，这样一个尼采形象因此就是黑格尔不折不扣的反面形象。如果黑格尔确实是意识哲学的巅峰的话,那么,尼采开始让这个巅峰倒塌了。

巴塔耶追逐着尼采,从人身上抢回了部分动物性,但是,他并没有完全将人定义为动物性。如同动物性残存在人身上一样,意识也残存在人身上,它对身体构成了一个障碍。不过在德勒兹这里,尼采受到了更明显的信奉。德勒兹的身体里面从来不像弗洛伊德那样埋藏着几个深度层次,尤其是,这个身体完全排斥了意识,它仅仅是纯粹的欲望本身。就像尼采将身体及身体的力量视作世界的准绳一样,德勒兹将身体看作一台巨大的欲望机器。巴塔耶将色情看作身体的重要环节和内容,德勒兹则去掉了身体的具体内容,他不在意身体的内部细节,而是将身体抽象为一种生产性的力量,抽象为无内容的生产性欲望。尼采的身体在生产、评估、创造,同样,德勒兹的这台欲望机器也在不停地生产、创造。欲望生产着现实。同弗洛伊德不一样的是,他的欲望既没有受到压制,也不是因为没有获得满足而产生的一种心理缺失状态,相反,他的欲望是积极性的并且始终如一地精神饱满的,它生产现实,"社会生产在确定条件下纯粹是而且仅仅是欲望生产本身"[1]。这台欲望机器不仅是生产性的,而且如同尼采的力的永恒流动性一样,它也是连接性的,"它无处不在发挥作用,有时进展一帆风顺,有时突发痉挛。它呼吸、发热、吃东西。它排便、性交"[2]。欲望就是机器:"驱动其他机器的机器,受其他机器驱动的机器,带有一切必要的搭配和联系……乳房是产生奶水的机器,口则是与乳房配对的机器。"这样一个机器,永远处在连接状态中,永远和另一台机器相连。它促使别的机器流动,也可能被另外的机器中断。欲望永远在流动,它

---

[1] 德勒兹:《反俄狄浦斯》,见《后现代性的哲学话语》,汪民安等主编,浙江人民出版社,2000年,第50页。

[2] 同上书,第36页。

"促使流体向前流动，自身也流动，并且中断这些流动"①。显然，这样的欲望流就是尼采的权力意志的翻版，在尼采这里，"世界就是权力意志的世界，此外一切皆无"。而"无处不在的力乃是忽而为一，忽而为众的力和力浪的嬉戏，此处聚集而彼处消减，像自身吞吐翻腾的大海，变幻不息，永恒的复归……作为变易，它不知更替、不知厌烦、不知疲倦"②。同力一样，德勒兹的欲望也不知厌烦，不知疲倦，变幻不息。尼采的力的世界同德勒兹的欲望世界具有惊人的同构性。力和欲望都是积极的、生产性的。尼采的力被德勒兹改造为欲望。如果说，尼采的身体就是力本身的话，那么，德勒兹的欲望也是身体本身。尼采的力是没有主体的，非人格化的，德勒兹的欲望同样没有主体，同样是非人格化的，它并不是一个主体的所属物。尼采的力没有作用对象，力只和力发生关系，力永远是关系中的力。同样，德勒兹的欲望也没有一个明确的欲望对象，欲望只和欲望连接，只向别的欲望流动，欲望的唯一的客观性就是流动。力创造了世界，欲望也生产了社会现实。力和欲望正是通过身体达成了连接关系与等式关系。在德勒兹这里，同尼采相似，身体基本上是一股活跃的升腾的积极性的生产力量，是一台永不停息的生产机器。我们看到，这样一种欲望政治学，完全同弗洛伊德分道扬镳。在德勒兹这里，从来就没有意识对身体的压制，也没有生产世界对意识的压制。反俄狄浦斯的革命，从来就是身体及其欲望的革命。德勒兹创立的是欲望一元论，这个一元论，从来没有将意识纳入自己的视野中。

当代理论对于身体爆发的兴趣凭借的还是福柯。福柯恰好是对尼采运用最多的法国信徒之一。身体同样是福柯从尼采那里接受来

---

① 《后现代性的哲学话语》，第40页。
② 《权力意志》，第7页。

的概念。尼采摧毁了意识的宰制地位而将身体突出来，这一点，福柯铭记在心。尼采的身体一元论和决定论使福柯认识到，历史在某种意义上只能是身体的历史，历史将它的痕迹纷纷地铭写在身体上。在70年代，福柯决心要从身体出发来构造自己的社会理论，来构造自己的谱系学，这样一个谱系学断然地根除了意识和意识形态在历史中的主宰位置，断然地拒绝了主体假设，断然地同形形色色的精神现象学决裂。如果说，尼采认为身体是一切事物的起点的话，那么，福柯同样看到了，社会，它的各种各样的实践内容和组织形式，它的各种各样的权力技术，它的各种各样的历史悲喜剧，都围绕着身体而展开角逐，都将身体作为一个焦点，都对身体进行精心的规划、设计和表现。身体成为各种权力的追逐目标，权力在试探它，挑逗它，控制它，生产它。正是在对身体做各种各样的规划的过程中，权力的秘密、社会的秘密和历史的秘密昭然若揭。同尼采和德勒兹一样，福柯将身体作为纷乱的社会组织中的一个醒目的焦点突出来。他和尼采一样相信，是身体而不是意识处在历史的紧迫关头，"身体是事件被铭写的表面（语言对事件进行追记，思想对事件进行解散），是自我被拆解的处所（自我具备一种物质整体性幻觉），是一个永远在风化瓦解的器具"[①]。因此，考察来源的谱系学，必须深深地沉浸在身体和历史复杂的连接地带。在这个连接地带中，身体刻写了历史的印记，而历史则在摧毁和塑造身体。这样，在福柯社会理论的核心，矗立着的是身体和权力的关系。自我和自我意识，围绕着意识的争斗，以及意识形态的巧妙改造，却成为无关紧要的话题。在福柯这里，权力和身体这密切而又纷争的一对，成为历史的主导内容；在阿尔都塞那里，主体和意识形态紧

---

① Michel Foucault, *Language*, *Counter-Memory*, *Practice*, Bouchard, 1981, p. 148.

密相关，它们成为历史的重要叙事。前者将身体作为社会理论的核心，后者将主体作为核心，这，正是福柯（通过尼采）和马克思主义脱离开来的一个显著征兆。

不过，福柯又稍稍地偏离了尼采的道路。尽管他们都将身体和历史连接起来，但尼采和德勒兹将身体看作生产性的，身体具有一种强大的生产力，它生产了社会现实，生产了历史，身体的生产就是社会生产。尽管尼采和德勒兹都将历史看作一个不断对身体惩罚或者编码的过程［在尼采那里，最早的"国家"作为一个可怕的暴君对那些"半野兽"进行揉捏，并使之驯服、定形；在德勒兹（和加塔利）这里，资本主义对身体进行了严格的管治和编码］，但他们还是相信，身体最终能冲毁这些编码。尼采的作为权力意志的身体是爆炸性的，它可以撕开一切封闭的伦理体制和真理体制。德勒兹的作为欲望的身体同样可以无休无止地生成、流变、闯荡。正是因为身体的冲动性和生产性，他们才诉诸身体。在尼采这里，对身体的强调，预示着超人的出现。身体从来没出现在上帝的眼里，因此，只有在上帝死了之后，只有在将灵魂从人那里剔除之后，只有怀有这样的信仰的"人"和理性的"人"死了之后，只有人和上帝的那种负罪关系终结之后，只有身体义无反顾地凸显之后，超人才能如期而至地出现在尼采勾勒的地平线上，他才能精神饱满，体力充沛。福柯恰好相反，他不认为身体具有无坚不摧的生产性。在他这里，是"历史摧毁了身体"。尼采身体的主动生产性变成了福柯身体的被动铭写性，尽管身体在两者那里都是历史的焦点，都是权力纷争的核心场所，都是多义性的一元论，都是没有灵魂和意识的基础本体，尽管身体的历史是他们的共同谱系学内容。在福柯这里，今天的社会惩罚，"最终涉及的总是身体，即身体及其力量、它们的可利用性和可驯服性、对它们的安排和征服"。身体总是卷入政治领域中，"权力关系总是直接控制它，干预它，给它打上标记,训练它,折磨它,强迫它完成某些任务、表现某些仪式和发出某些信号"①。这样的身体因此是备受蹂躏的身体,是被宰制、改造、矫正和规范化的身体,是被一遍遍反复训练的身体。我们看到,这样的身体不再是洋溢着动物精神的身体,洋溢着权力意志的身体,洋溢着超人或者精神分裂症理想的身体。这不是喜气洋洋的身体,而是悲观、被动、呆滞的身体。既不像尼采,福柯没有宣告一种超人即将来到的未来哲学,也不像德勒兹,福柯没有宣布一个欲望政治学的解放计划。被动的身体的最终出路只能是隐秘的自我美学改造:身体不是根据自身的主动力量而展开,而是根据美学目标来自我发明。

福柯和尼采在这一点上——身体的被动性和主动性——拉开了距离。但是,福柯分享了尼采身体的多义性的一元论。在尼采这里,身体就是权力意志本身,而权力意志从来就不是静止的,它是差异关系,是力和力的较量关系,是力的纷争关系。这样的身体尽管是一个基础性本体,但这个本体又不无悖论地是动态的、生成着的、可变的、偶然性的。福柯的身体也是可变性的基础本体。"有一种无政府主义式的身体,它的等级、区域化、排列,或者说,它的有机性,正处在解体的过程中……这是某种'不可命名'的东西,这个东西完全被快感所锻造,它自我敞开、变紧、颤动、跳动、打哈欠。"② 作为一个本体,历史和权力以它为落脚点,总要抚摸、占有和穿越它,总要和它发生动态关系;作为可变性的身体,历史和权力总要影响、改变、铸造它。可变性的身体,在尼采和德勒兹那里表现为积极的活力生产,是身体在不停地向历史进犯;在福柯这里则表现为被动的权力改造,是权力向身体的进犯。

---

① 福柯:《规训与惩罚》,刘北成、杨远婴译,三联书店,1999年,第27页。
② *Foucault Life*, edited by Sylvere Lotringer, MIT Press, 1996, pp. 186—187.

这样，福柯的身体和尼采的身体尽管都占据着历史、政治和哲学的中心，但是，前者的中心形式是被动的，后者则是主动的。

这样就出现了相对立的身体方向。在某种意义上，这两种方向主宰了今天的身体讨论的大部分内容。这两种方向都让我们的政治和历史的目光投向身体，都让身体和历史发生互动；但是，它们让人们看到了历史和身体连接后的不同效应。让我们这样来说吧，尼采的身体的可变性和不稳性，让福柯发现权力有一个合适的落脚点，发现权力对身体具备改造能力。学术机器中庞大的身体政治学就诞生在这样的精巧改造中。身体问题在今天同日益强化的消费主义结合在一起，也就是说，身体的改造可能从福柯的权力改造开始悄悄地发生了变化。福柯关注的历史，是身体遭受惩罚的历史，是身体被纳入生产计划和生产目的中的历史，是权力将身体作为一个驯服的生产工具进行改造的历史；那是生产主义的历史。而今天的历史，是身体处在消费主义中的历史，是身体被纳入消费计划和消费目的中的历史，是权力让身体成为消费对象的历史，是身体受到赞美、欣赏和把玩的历史。身体从它的生产主义牢笼中解放出来，但是今天，它不可自制地陷入了消费主义的陷阱。一成不变地贯穿着这两个阶段的，就是权力（它隐藏在政治、经济、文化的实践中）对身体精心而巧妙的改造。

20世纪有三个伟大传统将身体拖出了意识（主体）哲学的深渊。追随胡塞尔的梅洛-庞蒂将身体毅然地插入知识的起源中，他取消了意识在这个领域中的特权位置，但是，他并没有让身体听到社会历史的轰鸣。涂尔干、莫斯、布尔迪厄这一人类学传统重视个人的身体实践和训练，这一反复的实践逐渐内化进身体中并养成习性，但是这个习性不仅仅是身体性的，它也以认知的形式出现。布尔迪厄试图用他的实践一元论来克服身体和意识的二元对立，尤其是要克服意识在认知和实践中对身体的压制，身体和意识在此水乳交融。尼采及福柯的传统根本不想调和身体与意识的对立，在这个传统中，只有身体和历史、身体和权力、身体和社会的复杂纠葛。从尼采和福柯这里开始，历史终于露出了它被压抑的一面。一切的身体烦恼，现在，都可以在历史中，在哲学中，高声地尖叫。

身体的技术：政治、性和自我的毁灭

身体与生命政治

身体，这是个人最后一份私有财产。一个一无所有的乞丐仍旧拥有自己的身体，并能完全支配自己的身体。身体是自我的一个标志性特征。但长期以来的事实是，人们总是习惯性地将死亡同生命相关联，而不是同身体相关联。事实上，身体是生命的限度，正是在身体这一根基上，生命及其各种各样的意义才爆发出来。通常的情况是，生的意义，或者更准确地说人的意义，总是置放在生命这个范畴内，而不是置放在身体这个范畴内。尽管死亡准确的定义是身体的最终衰竭，但死亡被一再凭吊的伤感场所，却是生命。在现代思想中，生命具有一种巨大的意义爆发力，它构成现代人文主义的基石，因而，它决不能无端地被人为摧残。实际上，伤悲、哭泣、灾难，这些悲剧性的事件描述，总是同生命的毁灭相关。生命，这是人文主义基本的内在要求。相形之下，身体被排除在人文主义思想之外，它纯粹是一个中性的物质性词语，它剔除了意义，而变成了一个客观的生物性事实。在现代思想中，它通常是一个科学（医学）词语，它的形象是躺在医院的手术台上的形象。而生命则负载了太多的意义,它是人的另一个指代——人们很少将诗歌献给身体,对生命的吟诵却是一个经典主题。

不过,生命和身体紧密相关,身体是生命的根基。但生命只有变成阿甘本(Giorgio Agamben)所说的"赤裸生命"(bare life)的时候,它和身体才是等同的。赤裸生命就是一个剥去了意义的身体,一个剥去了人性的身体,一个剥去了生命形式和价值的身体,一个纯粹的动物般的身体。这种动物性身体,一旦被卷入政治领域,既可以毫不迟疑地被杀死而毫无牺牲价值,也可以被看作权利的合法基石而去抵御外在权力的侵蚀;既可以被权力肆无忌惮地任意处理,也可以被权力积极地干预、教化和投资。在福柯那里,从18世纪开始,政治大规模地包围着身体,身体进入了"知识控制与权力干预的领域"①。权力在设法保持身体的健康,在投资身体,"权力围绕着生命,沿着生命的过程建立自己的支点"。福柯的生命,就是阿甘本意义上的赤裸生命,也就是一个生物性的身体现实——一个动物有机体的身体。福柯刻意强调现代时期——17、18世纪以来——权力管理生命的两种形式:一种是权力对单个身体的强化训练,权力对单个身体的这种管理被称为身体的解剖政治学;另一种是权力对总体的人口的管理调控,这即是人口的解剖政治学。权力对单个身体和总体的人口进行技术性控制,福柯将这样的权力机制——其特点是对身体进行积极性管理和生产——称作生命权力。在此,福柯的身体概念基本上是被动的,它听凭权力的锻造,它是权力在其上运作的支点和中转站。

阿甘本同样注意到了这样一个过程,注意到了身体作为政治的支点发挥作用的历程。同样是从17、18世纪开始,身体在现代政治中成为一个重要的角色。阿甘本补充了福柯的漏洞,福柯全力关

---

① 《福柯集》,第377页。

注的是权力对身体的支配,但身体——尤其是纯粹的出生——对权力的影响,在福柯那里是缺失的。阿甘本的身体(纯粹生命)并非被动的,并非被权力任意地揉捏。事实上,阿甘本的身体,也成为政治的出发点,不过,这个身体-政治形式的表现与福柯不同:身体不仅是权力的被动干预之所,还是权利的起源之处。身体的出生,恰好是人权的基础。作为赤裸生命的身体是现代民主国家的基础。它进入了国家的政治结构,"成为国家合法性和主权的世俗基础"[①]。阿甘本在《人身保护法令》和《人权宣言》这些奠基性的政治文本中发现,身体是政治保护的对象,权利正是对身体的自然保护。正是将身体作为权利的基石的理念,使现代民主国家同古代国家区分开来。在17世纪之后的现代时期,"成为新的政治主体的不是自由人(及其法律和特权),甚至不是绝对的人,而毋宁说是身体。民主恰恰是作为对这个身体的维护和呈现而诞生的"[②]。身体成为民主政治的基础。正是在这个意义上,资产阶级民主国家才发展出这样一套观念:私人优先于公家,个人优先于集体。而在古代国家和中世纪国家,这样作为政制的基石的身体并不存在。在中世纪,身体是属于上帝的,它并没有自主性,它对权利的反射无能为力。而现代社会的权利观念正是借助身体而滋生出来,权利反射了身体。这其中最显著的例子是,出生,即纯粹的自然生命本身——我们所说的纯粹身体——"在这里第一次成为主权的直接载体"[③]。出生和主权,在古代政制中是分离的,出生并不自然地和主权相

[①] 阿甘本:《生命的政治化》,严泽胜译,见《生产》第二辑,广西师范大学出版社,2005年,第224页。原文见 Giorgio Agamben, *Homo Sacer: Sovereign Power and Bare Life*, Tr. Heller-Roazen, Stanford University Press, 1995。
[②] 同上书,第221页。
[③] 同上书,第225页。

关。在这个意义上，身体是不是主权的载体，就成为古代政体和现代政体的一个基本差异。

但是，身体成为主权的载体，并非没有前提。身体只有获得了公民身份，才能获得权利，才能和主权发生关系，才能承载主权。一个赤裸的生命，一个单纯的身体，怎样获得公民身份？只能借助出生，"出生（birth）直接成为民族（nation），以至这两个术语不可分割"①。出生-身体，在法国大革命时期，成为公民的身份标志。出生在一个民族和一个地点（它们的意象是血和土）后，你才能获取这个民族国家的公民身份。公民身份不仅仅是平等原则的体现，还是对主权国家成员的确认。而只有获得公民身份，你才能获得权利。因此，身体和权利的联系通途必须有一个公民身份作为中介。置身于任何语境之外的人，置身于任何特定关系之外的人，置身于任何历史处境之外的人，也就是我们说的纯粹的人，或者说，赤裸的生命，纯粹的身体-生命本身，并不能自然地通向各种权利。难民，正是这样一个赤裸生命，一个典型的纯粹的人，他没有公民身份，因此，他的权利——也就是我们说的普遍人权——并不能获得保障。所谓神圣而不可剥夺的人权，"当它们不再具有属于一个国家的公民的权利形式时，表现出自己缺乏任何的保护和现实性"。正是在这个意义上，阿伦特才相信，"民族国家的衰落和人权的终结"，这二者之间，存在必然的联系。

这就是法国大革命时期奠定的关于身体和权利的基本观点，也就是阿甘本所说的生命政治的核心思想。但是，这种生命政治的思想在随后不断地发生变化。出生-身体和权利经常性地发生脱节。一方面，在20世纪，难民大量地出现，因为没有公民身份，这些难民无法在他们置身其中的新的领土获得权利；另一方面，一些国

---

① 《生产》第二辑，第225页。

家制定了剥夺其居民的公民身份和国籍的法律（犹太人先被剥夺了公民身份，然后才被投进了集中营）。这两点，斩断了身体和权利的自然通道。这就导致了这样一个事实，即在一个民族国家的领地内，存在两种性质的身体-生命：一种是有公民权利的生命，另一种是没有公民权利的生命；一种是本真的生命，另一种是没有政治价值的生命；一种是要保护的生命，另一种是不值得保护的生命。在这两类生命之间存在一个分水岭，一条截然分明的界线，正是在这条界线的两侧，生命要么被国家法律秩序政治化，要么被国家法律秩序所排除，也就是说，要么是一个有权利的生命，要么是一个赤裸生命；要么是一个具有公民身份的人，要么是一个可以随意处死的牺牲人①。在牺牲人这里，身体并没有自然地通向权利。所以，这些难民，这些没有公民权利的人，他们并不受到政治机构的保护，而只是受到人道主义组织——一些并不具有政治能力和使命的组织——的眷顾。人道主义组织无论如何宣称人权的神圣性，但还是无以为计，它们没有实际能力使这种权利现实化。纳粹主义的种族屠杀正好可以放在这样一个生命政治的背景下来考虑。它的种族灭绝计划，是现代生命政治发展的逻辑顶点。集中营中的人，就是被排斥在政治共同体之外的人，他们没有权利，只"是在生物意义上活着，因此，他们逐渐被置入生命与死亡、内在与外在之间的边界地带，在此，他们仅仅是赤裸生命。那些被判死刑的人和那些在集中营里的人因而在某种程度上被无意识地等同于牺牲人，等同于无须杀人的授权就可被杀死的生命"②。

---

① 牺牲人（homo sacer），是古罗马法中的一个概念，指的是那些受到责罚的人，他（她）可以被任何人不需承担责任地杀死，但不能在宗教仪式中被用来献祭。这个人被剥夺了一切权利。阿甘本将这个概念复活了，指的是那些被驱逐和排斥的人，那些丧失了权利的人。

② 《生产》第二辑，第252页。

福柯发现，18 世纪以来的管治术，就是对生命的管治。阿甘本据此发现，国家社会主义对生命的管治，走向了一个极端。它将政治（politik）和管治（polizei）结合起来。政治指的是否定性的战斗，是力图消灭外部和内部的敌人。福柯式的管治则是对生命的积极性的管治和照看。国家社会主义的生命政治，就是将积极照看生命和消极消灭生命结合起来。具体地说，就是将大屠杀和保护人民的生命结合起来，就是将消除种族的威胁和保护种族的身体结合起来。"国家社会主义的每一个政治举措都是为人民的生命服务……今天，我们认识到，只要人民身体的种族特征和遗传的健康得到保持，那么人民的生命就能得到保障。"[①] 塑造和照管人民的身体，是国家社会主义的首要使命。正是在照看生命这样一个生命政治的逻辑下，种族屠杀才能发生。杀戮其他的种族，就是为了让自己的种族的身体更加纯洁和健康。阿甘本一再强调，这种种族屠杀的前提，就是让犹太人的生命成为赤裸生命，让犹太人成为牺牲人。

　　生物性的身体-生命就这样政治化了。这就是现代生命政治的新颖之处："生物性事实本身直接就是政治性的，而政治性事实本身直接就是生物性事实。"[②] 这就是身体-生命和政治的现实关系。这同福柯的观点非常接近。福柯注意到种族屠杀的事实，种族屠杀是因为纳粹要让自己的种族更加纯洁，让种族处在更加安全的状态，让种族消除来自其他种族的威胁。这样，杀戮实际上是为了更好地生存，是为了让自己的种族的身体更加健康。战争和屠杀就是在这样的生命政治逻辑下展开的："战争不再以保卫君王的名义，而是以保卫全体人民生存的名义而进行。不同国家的人民被动员起来为生存而互相残杀……将一个国家的人民置于死地的权力同时也

[①] 《生产》第二辑，第 241 页。
[②] 同上。

就是保证另一个国家的人民的生命安全的权力。战场上为了生存而杀人的原则变成了国与国之间的战略原则；但是，受到威胁的，不再是王权的合法地位，而是一个国家的人民作为生物的存在。"①阿甘本完全遵从这一福柯式的生命政治逻辑。但阿甘本的创造性贡献是，他弥补了福柯的一个缺陷，福柯只注意到了这个屠杀的起源和目标，对屠杀的技术性前提却没有加以考虑。为了自己的生存，就能任意而不负责任地屠杀一个生物性身体吗？如果在欧洲的观念史上，确实在 18 世纪末期存在一个公民权利的概念，那么，屠杀一个有权利的公民的技术依据何在？阿甘本借助阿伦特，历史性地回顾了这个自然身体的权利起源，以及这种身体/权利连接绳索的历史性断裂。纳粹主义屠杀的技术性前提，就是将 18 世纪奠定的权利、公民身份和身体的连接绳索扯断，从而让身体-生命变成一个脱离了权利和历史语境的赤裸生命，变成一个纯生物性生命。这样，被屠杀者失去主权，失去公民身份，变成牺牲人。这个赤裸生命，就是个不该活着的生命，人们可以杀死他而不用接受任何的惩罚。只有这样，屠杀才能轻松自如，肆无忌惮，最终顺畅地抵达屠杀者谋求种族身体健康的目的。

正是在这个意义上，齐泽克强调，阿富汗战争和伊拉克战争中被炸死的平民，属于同样意义上的牺牲人，属于同样意义上的赤裸生命。他们没有权利和公民身份，没有得到任何历史语境的庇护，而被视为单纯的生物性事实。这是些典型的如同难民一样的抽象之人，他们被任何一个民族国家、被任何一种政治法律秩序所驱逐和排斥。这些赤裸生命的死亡，仅引发了人道主义者的感叹，而屠杀者既不会受到法律的制裁，也不会受到政治的追究。这，就是牺牲人的命运。阿富汗的那些牺牲人的赤裸生命，十分典型地既被人道

---

① 《福柯集》，第 373 页。

主义者眷顾,也被从天而降的炸弹肆意袭击,这些生命没有法律和政治上的保障。具有讽刺意义的是,这种人道式的眷顾和非人道的屠杀,居然来自同一个意象:阿富汗上空的美国战机。齐泽克就此讽刺道:"你永远也不知道它投下的是炸弹还是食物包裹。"① 这就是失去权利的牺牲人的命运:被抽象而无力的人道主义目光注视,但同时,也被呼啸的匿名炸弹轻易地杀死。人道主义的目光无法削弱炸弹的威力。所有这些赤裸生命,都在这样的不对称的双重性中找到自己的归宿。同以前的难民稍稍有点差异的是,此处的人道主义不是来自一个交战双方之外的中立组织,而就是来自屠杀者本人。屠杀者和人道主义者前所未有地融为一体。那些没有被杀死而成为俘虏的活的恐怖分子,由于早就被确定为牺牲人,同样得不到法律上的权利保障。同样是罪犯,美国本土的罪犯是"合法"的罪犯,他们是公民-罪犯,因而享有基本的人权,这种人权使他们免于刑讯。而恐怖分子,则被剥夺了任何的权利。就此,当媒体讨论基地恐怖分子是否该受刑时,拉姆斯菲尔德说,他"优先考虑的,是美国人的生命,而非一个位居高层的恐怖分子的人权"。这,即是典型的生命政治逻辑。虐俘就是在这样一个背景——剥夺了俘虏的权利,使他变成赤裸生命——下出现的。这个赤裸生命的一个反面典型证是:在伊拉克被美国兵枪杀的意大利特工。这个不幸的特工的死亡引起了整个意大利的愤怒,伴随而来的还有法律调查和美国人的道歉。这是因为,这个特工的生命不是赤裸的,他属于一个民族国家,他的生命具有权利上的政治形式,他得到了法律的庇护。而所有这些,恰好为伊拉克和阿富汗的平民所阙如。

阿甘本对赤裸生命的强调,尤其是对出生-身体和权利之间关

---

① 齐泽克:《我们卷入战争了吗?我们有敌人吗?》,邱瑾译,见《生产》第一辑,广西师范大学出版社,2004年,第76页。

系的强调,是福柯所没有注意到的。由于福柯强调的是微观权力对身体的支配关系,而不是政府-司法权力对身体的统治关系(他的研究的目标之一就是要砍掉法律的头颅),所以他很少从法律和权利的角度去对待身体,而只是单纯从权力——匿名的但又是无所不在的权力——的角度去对待身体。权力并不是自上而下的统治权力,相反,它在社会的每个毛细血管内运作。在福柯的生命政治概念中,身体并不反射主权和权利。而阿甘本将18世纪的身体(赤裸生命)和主权的反射关系,视作现代政制的一个特征,它预示了议会民主制的来临。(阿甘本也正是在这个意义上,将其书命名为《牺牲人:主权和赤裸生命》。)不过,在另一些情况下,身体(赤裸生命)卷入政治领域,还可能导致残酷的集权主义。在纳粹集中营里,生命的意义、价值和形式被剥夺了,它被降低到动物-身体的状况。在集中营里,在生命被身体化的时候,在赤裸生命诞生的场所,权利完全没有得到反射。相反,权力却在肆无忌惮,它让这种身体-生命彻底地消失。这样的生命可以任意屠杀,它没有任何的献祭价值,没有任何的神圣价值。由此,作为赤裸生命的身体,一旦被卷入政治领域,就会呈现出两种截然相反的模式:在纳粹式的集权主义国家,赤裸生命会从死的权利的角度得到理解,而在民主国家,赤裸生命会从生的权利的角度得到理解。在集权主义的背景下,赤裸生命纯粹是没有价值的不该活的动物,可以被任意地屠杀;在民主制度的背景下,赤裸生命——它也是身体-动物——借助血统和土地,获取了公民身份,并自然地通向了各种政治性的公民权利。尽管如此,二者享有一个共同的前提:身体和赤裸生命被卷入政治领域,政治都将身体-生命作为对象。生命变成了国家政治的主客体,这就是"生命和政治的能动的同一性"[①]。生物性通

[①] 《生产》第二辑,第242页。

过政治性反映出来,生存的"一部分已经进入了知识控制与权力干预的领域……权力是通过对生命负责而不是以死亡进行威胁而直达人体的"①。集权国家和民主国家分享了这个生命政治前提,这就解释了"20世纪的议会民主国家何以能够迅速地转变为集权主义国家,而这个世纪的集权主义国家何以能够迅速地、几乎是毫无障碍地转变为议会民主国家"②。二者都是将身体作为政治的独特领域,不过是快速地转换了身体的语义学。身体得到了多样性的解释和处理。将生命还原为动物-身体,还原为赤裸生命,这既是各种屠杀和侮辱身体的基本技术性前提—— 这些动物性的身体,可以被肆意地处置而不受到任何的惩罚,也是各种私人权利获得肯定的技术性前提—— 这些身体,因为其出生地点,因为其血统渊源,获得了公民身份和权利,并获得了法律的庇护。同样是身体,在意大利的特工和伊拉克平民身上,却拥有完全不同的生命价值。

我们看到,在一个民族国家内部,对公民身体的照看和呵护成为生命政治的核心。我们可以将死刑放在生命政治的范畴内来对待。在充斥着生命政治的国度,以管理、投资和促进生命为目标的权力,为什么还要保留死刑这种形式?这是因为,"人们更多地是以罪犯的残暴和屡教不改及保卫社会安全为理由,而不仅仅是以罪行的严重程度为理由,保留了死刑。人们以合法的手段处死那些对于其他所有人构成生存威胁的人"③。但是我们看到,围绕死刑的争论从来就不间断。死刑犯必须被剥夺公民权利,必须成为一个赤裸生命,只有这样,只有先从法律上让罪犯丧失权利,然后才能杀死他。但是,即便丧失了所有的权利,一个赤裸的生命,一个动物般的身体,就该被消灭吗?生命本身不是有权利吗?对一个罪犯的

---

① 《福柯集》,第377页。
② 《生产》第二辑,第219页。
③ 《福柯集》,第373—374页。

求生和置死的冲突性争论，就是对抽象的人道主义和历史性的生命政治的争论。人道主义信奉的神圣人权要求取消死刑，而生命政治的置死逻辑则要求杀死犯人。本来都是对生命的管理和呵护，但人道主义和生命政治在一个十字路口发生了分歧，关于死刑存废的争论，让人道主义和生命政治的紧张暴露在现代性的门槛上。

这样，身体获得了两种截然相反的政治视野。它"是两面性的存在物，既负载着对最高权力的屈从，又负载着个体的自由"①。一种生物/身体式的生命，自从被卷入政治领域，就获得了截然相反的两种命运。这种赤裸生命获得的两类政治命运，就如同动物今天从人类那里获得的截然相反的两种命运。一方面，人类可以随意处置动物，各种捕杀动物的行动层出不穷，动物并没有活下去的特殊的神圣意义，因此，这种捕杀简单、直接，而且不会带来任何的愧疚感和责罚。人类对动物的这种居高临下的态度，恰好是纳粹对犹太人的态度，后者被单纯地还原为动物-身体。纳粹和日本人在战时对人体的试验，同今天的医生对动物的试验模式如出一辙。另一方面，动物，纯粹是因为它们是动物，它们有它们的存活权利，而且这种权利应该被合法化。我们在家庭妇女怀抱中的宠物身上已经看到，动物来势汹汹，它们不仅在掠取人的权利，还在掠取人的感情。

国家的身体控制技术

我们看到，生命政治是在特定的条件下导致了大屠杀。在另一些情况下，如果求生的权利并不必然导向置死的权利呢？如果生命政治并不是转向死亡的政治呢？如果生命政治并不发生逆转呢？这

---

① 《生产》第二辑，第 222 页。

样，我们就看到了现代国家建设和投资身体的诸种途径。身体被纳入了政治的轨道。身体和生命一并被纳入政治学的规划之中。现代国家从功能的角度积极地强化身体、训练身体、投资身体和管理身体。强化身体是为了将身体纳入国家理性的轨道内，并让身体服从于这种理性逻辑，使身体成为国家理性实践的完美手段。身体在民族国家的政治经济目标内，既是为了生产，也是为了同其他国家竞技；既是为了提高效率，也是为了提高民族的身体质量；既是国家强化自身目标的一部分，也是抵御外来侮辱的基本技术要求。国家理性实践的宗旨和目的就是身体。现代国家，它的最大使命就是保护身体、完善身体和强化身体。因此，身体既是对象，又是手段；既是目的，又是方法；国家政治经济活动深陷身体目的论的陷阱中。

此刻，身体既是民族国家的政治经济对象，也是民族国家自身的隐喻。说它是政治经济对象，是因为，一个孩子，从他出生起，就受到各种各样的知识-权力的干预和监督。国家的干预有时是直接的，有时是通过家庭来实现的。出生的合法证明、怀孕指南、新生儿的免费疫苗接种、社区保健、专门的妇产医院和儿科医院的建立，还有各种各样的育儿指导、咨询讲座、定期体检，等等，所有这些，都旨在大力降低婴儿死亡率，矫正出生缺陷，根除疾病，让婴儿养成良好的睡眠、饮食和卫生习惯，从而产生、培养和维护一个标准化的身体。这些身体的维护技术，其标准由国家权威卫生组织制定。不符合这个标准的婴儿都应该得到干预性的矫正。孩童就这样被纳入整个卫生监督体系的监测范围之内。身体的检测就是强化身体的动力机制，它力图使身体达到标准，使整个民族处在一个强有力的身体状态，使整个民族的身体维护技术处于一种亢奋状态。事实上，国家遍布着各种各样的身体检测机制和程序。这个体检过程，在人一生的某些关键时刻，起着甄别、判断、区分的作用。上学（学校），就业（单位），结婚（家庭），在个体成长的每个爆发点上，身体必须经受盘查和考验。在所有的测试中，身体的测试不可或缺，身体就这样成为国家权力的焦点，成为国家目光紧盯着的对象。身体在发展的每一个阶段，都会被强制性地检测，身体因而一再被拖入个体命运的旋涡中。围绕着身体，一系列的规范化程序在现代社会大规模地出现。关于身体的知识成为最普及的知识。怎样对待一般疾病，怎样对待肥胖，怎样进行体育活动，怎样预防传染病，保健秘诀何在，如何保持膳食平衡？这些问题被铺天盖地地宣传，它们冲出了医学话语的神秘雾霭，一再变成普通知识，并且深入人心。今天，几乎每个人都了解食品的健康与否，每个人都知道运动之于身体的重要性，每个人都知道肥胖和健康的关系。没有哪一种知识比健康知识更加基本、更加广为流传。

在什么意义上，一个民族国家就是一个身体呢？民族国家要建立强健的个人身体，反过来，个人身体也是民族国家身体强健的隐喻。民族国家身体和个人身体，按照尼采的说法，它们都是力本身，它们借助力本身而获得了统一。国家和个体同样都是身体，都是一种力的意志。它们统一在力的竞技中，统一在力的自我强化本能中。力总是处在一个针对他者的对峙境遇中，力总是处在同其他的力的竞技关系中，这样一个处于对抗中的力，才能自我攀升、自我强化。民族国家身体和个人身体，这二重力的强化，既依赖于它们同其对立面的冲突，也依赖于这二者之间的相互支撑和指代：民族国家身体需要借助个人之力才能强化自身，它是个人之力的聚集、表达和再现，只有个人身体得到强化，国家身体才能得到强化，这二者相互追逐，相互嬉戏，相互吸引。只有个人身体健康，作为一个整体的民族国家身体才能在和敌国的较量中占据上风。同样，个人之力只有在民族国家内部才能施展，个人身体借助民族国家身体的强化而得到强化，民族国家身体是个人身体的催化剂，是它的框架、氛围和基石。正是在这个意义上，民族国家身体与个人身体才能统一和协调起来，民族国家身体与个人身体才能相互隐喻和指代。个人身体依附于一个民族国家身体，正如个人文化依附于民族文化一样。我们总是从文化的同一性的角度去解释民族的起源，也许，我们还可以从身体的角度——身体的同一性角度——去解释民族的起源；这些单一的个人身体，不是同时反映了一个国家的身体，同时在一个国家身体之内被反射，才能编织而成一个身体共同体吗？这种个人和国家合而为一的身体只有在强化的过程中，只有在政治共同体的框架下，才能对外在的身体进行征服。正是在这个意义上，我们能够解释为什么国家身体要不断地照看、投资、强化和训练个人身体。同样，我们也能够理解，为什么个人身体不可抑制地期待国家身体的强壮有力，为什么个人身体在国家身体衰弱的时候会悲泣和哀鸣。我们在同样的意义上也能够理解，为什么一场单纯的个人身体之间的体育竞技会让整个国家疯狂，为什么一场象征性的体育赛事——它对政治和经济没有任何影响——会令竞技双方的国家的民众产生强烈对峙。个人身体的对峙——即便是象征意义上的——总是国家身体的对峙。就此，我们同样能够理解为什么军事和体育这些竞技领域才是国家训练和干预个人身体最重要的领域。国家总是在这两个领域呕心沥血，将举国之力注入军事，这是历史一再上演的戏剧。国家身体的本能，既要象征性的力的征服，也要事实性的力的征服。体育竞技是国家间象征性的对抗，军事冲突则是国家间事实性的对抗。它们都是身体冲动的形式，它们具备完全相同的气质，能够彼此替代。体育绝非对战争的克服，友谊在体育中一再被强调，恰好是为了掩盖体育的战争本性。在事实性的力的征服和对抗以及军事和战争行动尚未获得恰当机缘的时候，人们发明了体育竞赛，以此来替代性地满足征服和战斗的欲望。当真实的战争来临，体育比赛就会自行消失，悄悄地退到幕后。体育比赛只是发生在战争的间隙，它不过是和平的反讽插曲。身体，因为它强化性的自我驱动，将不可抑制地被卷入同别的身体——不论是个人的身体还是国家的身体——的自然对抗中。

这样一种身体，就是一部德勒兹意义上的欲望机器，它是力的抽象，这种身体之力在永不停息地生产和创造。这就是说，身体永远是冲撞性的，永远要外溢扩张，永远要冲出自己的领域，身体的特征就是要非空间化、非固定化、非辖域化，身体的本质就是要游牧，就是要在成千上万座无边无际的高原上狂奔。在这个意义上，身体和密闭的空间永远处于一种紧张状态，身体总是要突破禁锢自己的空间。只有相互对峙的两种身体之力达到临时的平衡的时候，只有两种身体经过盘算后踌躇的时候，只有它们各自的空间暂时能够承受身体之力撞击的时候，身体的空间界限才能保持相对的稳定。但是，我们早就看到，领土和国家一再地改写它们的界线，地图在不断重绘，疆域在动荡起伏，领地在不断易主。总之，任何既定的空间界限总会颤抖。我们甚至要说，世界的历史，就是空间在不断地重新配置的历史，就是身体在重组空间的历史。这种空间重组的技术多种多样，但是，所有的重组技术都埋藏着战争关系，埋藏着身体之力的较量关系。动荡的空间，正是身体和身体冲撞的场所，是战争的场所，是尼采式的权力意志勃发的场所。战争，绝不是屠杀本身的快感所致，战争是解决身体生存的方式，是满足身体本能的方式，是满足身体对空间扩大再生产欲望的方式。福柯说，战争，是国家为了确保人民的安全而力图消除威胁，屠杀敌人。但是，这种屠杀并不是发生在一个虚无之处，屠杀总是在一个空间内的屠杀，总是特定空间内的身体屠杀，是力图改变空间政治格局的屠杀。只有借助这种屠杀，空间的主宰者得以改变，身体和空间的关系得以重新配置。战争和屠杀，是身体重新想象空间的手段。

第一部分　身体的技术

但是，身体，除了它基本的扩张品质外，为什么要重新想象空间？国家，除了具有身体这种基本冲动外，还存在一套理性的盘算和驾驭身体的机制。我们发现，只要理性和冲动在某一个时刻恰当地结合，国家身体就会展开它有限的空间战争。此刻，空间之战虽是冲动的，但也纳入了国家理性的轨道之内。这种空间战争，就变成国家调节人口的方式。国家，它最直接而表面的形象就是，一群特定的人，生存在一个固定的疆域内。在此，大量的身体，编织成了一个庞大的人口规模，这种规模化的人口，被安置在一个领土空间中。一旦数量庞大的身体挤压空间，并使这个固定空间无法承受这种身体需要，空间和身体的紧张状态就务必要解决，二者必须处于一种平衡状态。其结果，要么是在这个固定空间内的不同身体之间展开的一场自我杀戮，要么是越出这个空间的外向征战。前者的解决之道，不是将既定的空间扩大，而是将空间内的人口数量减少；后者不是将人口数量减少，而是将原有的空间扩大。这样，内战和外战，这两种大规模的杀戮形式，就作为调节人口和空间紧张关系的技术出现了。战争，就这样以安全和生存的名义，进行空间和疆界的重新规划。战争、身体和空间，它们的关系就这样组织起来。在这个三角关系中，如果国家身体羸弱无力，无法改变自己的空间版图，那么，即便是身体和空间产生了剧烈的摩擦，国家还是无力发动一场外向的战争。这个时候，调节人口的方式要么是内战，要么是无序的听天由命的饥荒和瘟疫，要么是内战和饥荒的混乱而茫然的交织，所有这些都会导致剧烈的人口波动，直至人口和空间的比例关系重新达成平衡。

除此之外，在现代时期，如果国家理性足够强大，它左右权衡，既能抑制空间扩张的本能，也能抑制内战的爆发，那么，人口和空间的关系危机，只能通过控制生育的形式得以解决。生育控制是战争之外调节人口的重要方式。它是现代社会的发明，此刻，国家以此之名深入身体的每一个腹地。医学正是在这样的强烈驱动下，发展了避孕技术。避孕技术和生育技术不是独立的，它要么和法律相结合，要么和政策相结合，要么和观念相结合。借此，现代社会的出生率就能得到有效的控制和引导。国家根据自己的状况，选择调节人口的方式。为此，除了不断地强化它的生育意识形态外，它还制定各种各样的鼓励或节制生育的政策。在某些严厉的情况下，国家甚至强行将生育控制纳入法律的视野中。身体，就此受到国家的管治，它最隐秘的行为不仅不具有自主性，而且可能是对法律的冒犯。在这样的严格控制下，身体，并没有获得自身的主权。为达到控制人口的目标，国家一方面优化避孕技术，另一方面强化惩罚手段。前者是对生育控制的物质性的技术完善，后者是对生育控制强大的心理震慑。这两者编织得天衣无缝，它们一起将生育观念变成了意识形态，变成了本能。人们忘却了自己丰富的生育前史。我们看到，在所有的医疗实践中，对避孕的实践最为普遍，它不仅仅是对健康和安全的允诺与保证，更重要的是，它还是人口调配的审慎手段。国家借助避孕技术，对身体进行了严格的个人管治。这种国家管治个人身体的技术，在某些特殊的情况下，被大规模地强制性运用。在传染病流行的季节，国家直接触摸个人身体。它掌握每一个身体的知识，这样一种身体检查的权力没有漏洞、缝隙，它十分流畅。此刻，身体被一张权力之网大规模地包围和分类，从而成为一种被监禁和区分的纯粹客体。

这样，从质量上来说，国家身体在强化个人身体；从数量上来说，国家身体在控制个人身体。但是，国家身体拼命地强化个人身体，必须是让这个身体在国家身体所设置的理性轨道之内。个人强壮的身体必须保持规范，这个身体必须顺从国家意志，它是国家安全而有效的手段，而不是到处泛滥自身的激情。国家管治身体的另一个方面，是使身体收敛自身的欲望。但是，身体和激情，从来就相辅相成。健康而强壮的身体，自发地充沛着激情。因此，国家在强化身体的同时，也会发明大量的统治机构来消极地驾驭身体。这其中的典型意象是四处潜伏着的监狱。这些监狱沉默不语，但冷酷无情，它是法律的威严面孔。与此相对的是那些沸腾的体育馆，它们是身体激情和潜能的爆发性的实践场所，在那里，身体之力——无论是运动员还是观众——畅通无阻。监狱和体育馆，一个在城市的边缘，一个在城市的中心；一个安静，一个喧闹；一个是封闭的，一个是开放的；一个是规训的，一个是放纵的；一个是法律在其中严格地运作的，一个是秩序在其中被中止的。体育馆中的身体就是国家身体的理想，是国家身体强化自身的手段，但是，监狱中的身体，是国家身体的反面，是国家身体要改造和制服的对象。国家对待身体就显现出这样两张面孔，它既要强化个人身体，也要驯服个人身体。它要造就被驯服而有用的身体。国家的这两张面孔轮番出现，有时能够快速地相互转换。我们看到，体育馆的警察和监狱的警察一样密集，国家身体的秘密在这两个空间中暴露无遗。而死刑，就是国家身体处置个人身体的最后手段。国家宣扬法律的权威性时刻，是将身体紧闭的时刻。国家统治的最后栅栏是身体的栅栏。身体既是国家建设的起点，也是国家统治的终点。政治，一旦怒不可遏，就会将惩罚施加于身体之上。国家对于身体的惩罚，渗透到各种各样的社会微型机制之中。家庭对儿童的惩罚，学校对学生的惩罚，这些惩罚一旦夹杂着怒火，它们总是将终点落实到孩子们的身体之上。身体不仅是惩罚的终点，还是发泄愤怒和实施羞辱的媒介。这就是为什么在处置那些罪大恶极的人的时候，不是让他们的生命快速地消失，而是反反复复地折磨他们的身体。在此，对生命的惩罚变成了对身体的惩罚，生命的苦痛变成了身体的苦痛。

在政治领域，福柯和阿甘本将身体作为支点提出来。生命不断地向身体返归。在这个意义上，17—18世纪以来的重要趋势，就是政治变成了生命政治。发生在 17—18 世纪的这个历史过程，正好是现代性的启动过程，也是一个世俗化过程。萨德是其中的一个充满光辉的转折点，在他这里，倒错性行为的房间，不仅仅是身体的自我技术实践的房间，同时也是一个君主和奴隶的交错式权力游戏的政治房间。身体是性和政治的中介，正如性是身体和政治的中介一样。以萨德为中介，巴塔耶将我们引向了色情活动。这次，身体，是一个剧烈的性经验的通道。

性感和外在性

确实，这是一个全面返归身体的时代，在政治领域，权利和身体结合起来。在性的领域，性的经验完全被动物-身体占领，而不断地剥去了人性的成分。今天，当提到身体人们总是莞尔一笑的时候，当身体被下半身所命名的时候，当性成为话语焦点的时候，当性话语在爆破般成长的时候，总之，当身体被话语压缩了性，并和性等同起来的时候，当身体和性的接近畅通无阻的时候，性在广阔的空间中便毫无负重之感。它所向披靡，轻松自在，空洞阙如，毫不紧张。此刻，性席卷了一切，却毫无意义。它既不粗蛮，也不精致；既不勇猛，也不胆怯；既不果断，也不犹豫；既不诧异，也不平静。性不再以一个革命者的形象出现，性的表演如今成为一场充满悖论的闹剧，这场悖论闹剧无论如何不能免除它的悲剧色彩。这就是：当它轻而易举地冲破了为它编织的牢笼之际，性的革命，以及伴随着革命的美学同时荡然无存。性一举抽除了它的内在性，成为一个轻松的能指，它四处飘荡，到处流窜。人们在这里只能找到无激情的快乐，无义愤的满足，无爆炸感的嬉笑，无危险的勇气。人们可以找到各种各样的性的替代品。人们只能发现无性之性。性

第一部分　身体的技术

平庸至极，犹如平原之漫步。到处都是性和身体，但到处都是空洞的性和身体。在这样的性环境中，谴责和颂歌同时奏响，但它们不过是一个曲子的二重奏。这是性的解放，还是以解放的手势对性的掏空？当性被控制的时候，我们经验不到性；当性畅通无阻的时候，我们还是经验不到性。也许，我们总是在性的边缘和缝隙徘徊。也许，性只是少数人的经验，在性话语的沉默地带，他们孤注一掷，置身于山谷斜坡，并且在迎接着一次面向死亡的坠落，在一个巴塔耶式的矛盾震颤中自我耗尽。只是在这一刻，性统治了身体，并成为身体的祭坛。性话语的激增不是让性变得狂暴，而恰恰是让性变得安静；不是让性变得更加有力，而是让性变得更加乏味。性话语的透明感照亮了性的深渊。没有秘密的性就不能被发明、被创造、被感悟，性的力量迷失在性话语的丛林中。总之，性变得乏味，它失去了魔力。在巨大的聚光灯下，在频繁的毫无意外感的性实践中，在法律和纪律紧闭双眼的情形下，在喧闹的没日没夜的自发争吵中，在各种各样激励性的性策略中，性却在创造自己的制度和理性。冲动的性在无政府主义状态下设置了自己的规范，性充满惰性地锻造了自己的习性。今天，性不受任何东西的折磨，除了性话语的折磨。这种新的性实践形式锻造出的习性即是：性是直接的，它已经去神秘化了。它成为焦点，却是一个没有负荷的焦点，是一个轻松的毫不焦虑的焦点，是一个没有危险的戏剧性焦点。我们看到，性摆脱了它曾经有过的复杂网络，这个网络曾使性迷雾重重，使性夹杂着苦痛和欢快。欲望和禁忌、贪婪和恐惧融为一体，难解难分。这使性在生和死相交织的领域愤然爆发，性一直就是一个可怕的地雷，一旦踏上它，就会引发巨大的能量爆炸。因此，人们总是在小心翼翼地呵护着性，人们总是将性隐藏在某个漆黑的场所。性要么固守在一个合法的夫妻床笫之上，要么躲藏在某个不为人知的黑暗角落。但现在，性再也不具有爆炸性力量了，它的尖锐性荡然无存，它的复杂性和神秘性被轻而易举地驱散，性因为其固有的动物性而流露出的羞涩遭到了耻笑。性恰恰在不断地公开陈述，这种陈述沉着、大方，有时还不免夸大其词。但这种陈述绝对不是忏悔，不是自责，也不是向道德法庭的认错，相反，这种陈述是炫耀，是勇气，是成熟和经验的自我确证，是骄傲而得意扬扬的身份认同。在某种意义上，性再也不是一种特殊而私有的生活实践形式了。性成为公开的无所禁忌的普通生活，它既不丑陋，也无诗意；既不肮脏，也不圣洁。性的禁忌，以及这种禁忌滋生的种种文化焦虑被最大限度地削弱了。性实践，成为一个庸碌的行动。它唾手可得，用之即弃，没有强大的事后效应。它如此之单纯、简洁、平庸，如同身体的另一种基本需求——饮食——一样毫无刺激、毫无悬念。

这样一个全新的性形式，或者说，身体的这样一个不受管治的任意冲动，难道不是一种身体的自主性逆转吗？当身体推开了施加于它的禁忌而不再犹豫不决时，当身体的欲望直截了当并且不受到任何否定的中介要素的辩证调节时，当性不再纠缠于巴塔耶所说的极端的矛盾情感并彼此激烈冲撞时，这样的身体，不是意味着动物性的直接和果断吗？身体，正是动物和人共有的特质。黑格尔和柯耶夫说，人对于身体的管治，恰好是人超越于动物之处。而今，人推翻了这种管治，这不恰恰是一种新的动物生成吗？我们已经看到了德勒兹的生成动物的回声。人的历史是一个不断地远离动物的历史，但是，是不是还存在一个往动物返归的历史？

性松弛下来，性表演毫不紧张地在大行其道。这是性的黄金时代，也是性的平庸时代。性同时解除了文化和政治上的双重控制。今天，性既不属于公共政治的领域，也不属于公共道德的领域，性只属于自我技术的领域。性可以自主行事，可以自我驾驭，性不再追逐既定伦理的法则，它反过来创造和发明自己的法则。如果说这种摆脱了羁绊的性还受到什么宰制的话，那也不是信念的宰制，而是利益的宰制。性要么是激情的毫不掩饰的迸发，要么是充满理性的算术式推断。不过，性的利益宰制不是在压抑性，不是让性自我收敛和瞻前顾后，相反，它是对性的激励和鼓动。性不在政治和文化的轨道上步履蹒跚地跋涉，而只是在经济实用主义的轨道内滑行。性在算计和被算计，正是这些算计的复杂技术，使性在不断地激励和强化自身，性既要强化自身的能量，也要强化自身的表演。性有时候是快感的目标，有时候又必须将自己变成强大的手段。它既在夜晚密谋，又在白天喧闹。它充满狡黠，没有危险。这种性的算计，同各种各样的性激励机制一样，让性更加喧哗。算计的性，同不能自已的性一道，使整个社会充斥着性。这个氛围和性的言谈相辅相成——性话语如此之公开，如此之频繁，如此之坦荡，以至性的尖锐感总是在笑话中被磨平。性和笑话像一对孪生子一样亲密无间。它们相互借力，穿行在日常生活的各个空间里，战无不胜。有时候，性话语的快乐胜过了性本身。性话语像旋涡，具有强大的吸附力，同时又有强大的穿透力。它突破重重关卡，到处弥漫。

在这个无所不在的性氛围中，身体只能作为性的载体出现，它只有放在性目光的审视之下才能获得自己的定义和等级。身体被性的氛围所环绕：没有健康的身体，只有性感的身体；没有机器般的冷峻身体，只有感官性的热情身体；没有功能性的力量身体，只有充满着象征意味的符号身体。这是身体和符号学百年难遇的色情神曲。人们不再注重身体的功能性力量。或者说，身体的力量总是和性联系在一起，它只是在性的轨道上伸展。身体被限制在性氛围的领域。身体的光辉是性的光辉。健康被性感隐藏，退居到身体的沉默地带。身体的巨大咆哮，不过是性在公开尖叫。

身体作为一种事件，要么为疾病所累，要么为性感所累。性感和疾病是身体的两大主题，它们如今却奇特地相互对立。疾病的反面不是健康，而是性感。疾病是个人的私事，它是内敛的，被个人埋藏起来，它既危险又令人伤悲，只好一再束缚于自己的孤独语境之中。疾病在不停地诉说，但总是喃喃低语。性感的身体在大声喧哗，它兴奋高亢，冲出了自己的狭隘领地，并总是保持节日般的公开状态。这两类身体构成自身的事件：一个事件令人难受地压抑，另一个事件则充满着戏剧般的欢快。身体在被这两种状况压倒性地统治的时候，就会获得自身的主权。此刻，身体就会反射自身，身体就会受到自身的关注。健康构成了性感和疾病之间的一个中间地带。大部分时候，健康作为一个隐含的法则，默默无闻。它不构成一个身体事件。只有处在疾病状态下，或者只有在对疾病恐惧的状态下，健康才以一个清晰的形象猛然来临。人们谈论健康，人们拼命地注意健康，人们传授各种各样的保健秘诀，不过是为了让自己逃离疾病这个痛苦的悲剧。健康的目标并不在于自身，它不过是对其反面状态的躲避。因此，健康通常变成人们的自我庆幸，而不是人们的自我满足和自我表现。它是抵制突如其来的灾难的阀门，并不具有功能主义之外的美学意义。健康就成为身体的常识状态，它并不将人的目光引向自身。性感却全然不同，它毫不掩饰自己的表现性。性感就是要引发观看，它要在公共空间中经受目光的洗礼，它要自我追逐。性感决不羞羞答答地躲藏。性感，作为一种形式，具有身体的物质性。在某种意义上，性感的意义就在于身体的公共品质。显然，性感将自身作为强大的目标，并深陷于自我目的论中。就此而言，性感一定是表现主义的。

性感由于其强大意愿，身体对它的追逐，有时候甚至甘冒疾病之风险。为了性感，有时候要不惜牺牲健康，有时候还要忍受肉体的苦痛。性感和健康的错位如此频繁，它们之间的冲突演变为身体内部的争斗性事件。如果说，健康的因素埋藏在身体不可见的内部，那么，性感的因素则埋藏在身体可见的外部。因此，身体的内部战争，在某种意义上，也是身体的内在性和外在性的战争，是身体能指和所指的战争。女性的身体，通常是这种战争的场所：内在性和外在性，在这里残酷对决。女性的身体，因此变得负荷累累，其叙事，则跌宕起伏。女性的身体，也因此变成今天最重要和最有吸引力的文化主题之一。在此，与其说女性身体的巨大魅力是性和性感本身，不如说女性对性感的执着追逐意愿，是性感强烈的表意形式，是性感和健康之间的戏剧性的深刻分歧。吸引人的并非裸露的身体，而是裸露身体不可抑制的意念，是这种意念的强烈的战争形式。我们已经看到，这种身体内部的战争最常见的表现形式是节食，它携带着身体内部的巨大矛盾出场，使快感和审美展开了一场长达半个世纪的大战。这是最常见的身体内部的战争形式。但是，健康和性感有时候能自然地相互结合，在这个意义上，身体就会获得它的完美性。而这，几乎是今天所有人的身体理想。各种各样的身体技术，都是为了实现这个身体理想的苦行。身体的健康和性感，内在性和外在性，将它们缝合起来的恰如其分的代言人是光芒四射的体育明星。身材如何，现在不再单纯是衡量健康的标准，而且被性感的尺度衡量。即便在单纯的身体力量的竞技中，性感有时候也有所僭越，出人意料地获得了主宰性：一些运动员不是因为击败了对手而是因为比对手性感而获得了巨大的成功。

  由于健康被置于身体内，而且它通常只是个人的特殊知识，所以，健康是隐秘的东西。对于个人来说，健康和疾病是一个模糊的地带，它并不轻易地被感知——只有在特定的时刻，疾病才冲出体内开始腐蚀外在性。对于他人来说，个人自身的健康和疾病是不存在的身体要素。但是，身体的外在性，无论是对于个人还是对于他人来说，都是一个显见的立刻事实。身体的外在性，就是身体的公共尺度。身体的内在性被绑缚在个人那里，身体的外在性则同自身之外的他人打交道。身体的外在性从属于社会。它必须受到他者的目光审查。一个身体如果出现在公共场合，它只能遵循外在性标准展开实践游戏。被疾病慢慢侵蚀的人（即便是身患绝症）——只要这种疾病暂时还不至于滞碍他的行动——如果身体的外在性尚未受到影响，他可以一如既往地在公共空间中活动。但是，即便内在性一成不变，如果身体的外在性被改变，身体在公共空间中的位置就可能被改变。我们看到，公共身体完全被外在性所统治。因此，制造一个外在的身体形象，就成为迫切的个人任务。对于整个社会而言，身体的价值是由外在性决定的。为了方便地进入这个外在世界，进入外在世界的观念体系，进入外在世界的法则，就有必要打造一个恰如其分的身体。反过来，外在世界——不论是哪个世界——都存在一个潜在的并非强制性的身体标准法则，这个法则需要一个恰当的身体形象。这就要求塑造一个外在身体。性感，不过是这个外在性的基本标准之一。在某些特定的社会场合，性感直接就是价格的基础，它是人的一切，这在性交易中淋漓尽致地得到了表达。内在性的标志——健康、有力——已经无关紧要了（显然，一个患上了性病但漂亮的妓女比一个健康但相貌平平的妓女更受欢迎）。性交易实践中对外在性的推崇这个事实，弥漫在整个社会生活中，尽管在每个领域，强度有所不同。在这个外在性的统治下，身体的内在力量，不再是一件显赫之事。事实上，一度让人们自豪的身体力量失去了它曾经显露过的辉煌。男人们不再兴趣盎然地比试力量。单个身体和身体之间的力量对峙在日常生活中渐渐消失，它们被挪置到表演性的体育馆中。将力量作为本质的身体概念，被分配给了专门性的运动员，他们既代表个别身体的力量极限，也代表民族国家本身的身体极限。

　　这个身体的外在性起着重要的统治作用。它越来越凌驾于内在的健康之上（只要疾病没有袭来，人们就对身体的内在性不置可否），也就是说，在健康状态下，身体的外在性才构成身体的价值，尽管健康是身体的基本。此外，在身体和心灵的长久对立之中，外在的身体形象取得了决定性的支配地位。心灵，越来越被当作一种虚构的发明而被掏空了。如果说在传统的观念中，作为一个符号体系的人，心灵和身体分别成为这个体系中的所指和能指，那么现在，它们的地位颠倒过来，身体成了所指。我们也可以说，心灵和身体并不是两个沟壑分明的领域，事实上，心灵被看作身体外在性的结果，或者说，身体的外在性本身就是心灵。人所展示出来的意义，通常被铭刻在身体的外部。一个人被赋予的主要知识，往往就是这种身体知识。这种外在性既是社会价值的基础，也是个人自身内在性的意义基础。"以貌取人"不再是对少数人的势利心态的谴责性判断，而是现代社会的铁律。职业化的模特和形形色色的选美大赛，将这个身体的外在性的主宰能力推到了极至，进而让它变成日常生活的常识。

身体就这样被单纯地抽象为一种形象，抽象为一种外在性，并和裸露相依为命。这是一个笼罩全球的事实：身体取代了树林和山水，成为崭新而巨大的自然风景。

绝食和自虐

身体总是被政治和性政治所包围，它成为当代社会理论的焦点。但身体有它自身的自然权利：食物和性。如果将食物和性作为身体的基本自然要求，那么，对食物和性的逆反，就是对身体的自然伤害。实际上，身体自身的两种极端形式正好发生在食物和性的领域：食物和性一旦远离了（无论是主动还是被动的）正常的需求，身体就会爆发出痉挛般的尖叫，并达到自身的高峰。单纯的身体正是在这两个方面借助它的痉挛而获得了额外辉光。就此而言，性和食物，以及围绕着性和食物的表演，变得具有巨大的象征意义。对于性和食物的处置，通常具有被动和主动两种形式。人类文明的历史之所以喧哗而骚动，就是因为对性和食物的权利被剥夺了，从而引发欲望的巨大咆哮。但是，还有一种主动的权利放弃，这就是节食和节欲。这些权利放弃是出于某些特定的目的而做出的自由选择。这是古老的自我技术的一种，它的历史同被动的节食和节欲一样古老。我们只能说，节食和节欲在今天表现出其独特形式，并暗含着今天的目标。节食不是出于历史上一度非常流行的宗教目的，甚至也不是控制欲望的修身实践，在漫长的历史中，节食通常基于身体外部的原因。今天，节食的目标正好在身体自身之内，它要么是让身体免于过多能量和脂肪的负荷而保持一种健康状态，要么是让身体保持特定的体形来适应社会的一种观看目光。节食，是改造身体的技术，它存在各种各样的社会学背景，但决不包含任何身体之外的道德宗旨和政治宗旨。只有绝食才是道德和政治关注的目标，它甚至成为一种普遍性的政治运用手段。绝食同节食不一样的是，它是对身体的自我伤害，是一种柔软而刚烈的具有自杀倾向的行为。绝食洞悉了身体的秘密，并对这种秘密巧妙地加以运用：身体和食物断然不可分离，食物是身体的磐石般的基础，身体只有在食物的意义上才能完成各种各样的表意。对于身体而言，如果有什么图腾般的悲剧，那绝对就是饥饿，这是我们文明人的一个重复性的从未被完全抹除的伤痕。直到今天，它依然不是记忆，而是事件。如果说，我们的文明能够在某个问题上达成无争议的共识的话，那就是对饥饿的消除和摒弃。绝食，恰恰是将饥饿作为身体自残的手段，它将身体最基本的需求放弃了，这是一个主动的放弃，巨大的无奈、悲愤和抗争就从这个放弃中升起——悲愤如此之强烈，以至生的需求都被遏制了。绝食同样有它的自我技术，它借助身体对食物的绝对依赖性，但是身体对食物的依赖并不是无时无刻的，它们之间存在一种时间性的张力关系，绝食不过是在慢慢地消耗身体。绝食巧妙地利用了这种关系，并将身体需求食物的时间无限地推迟。时间性对于绝食来说至关重要，身体和食物需求的错落的时间段拉得越长，绝食的效果就越好——绝食主要是追求一种效果，从形式上来说，它只是处在赴死的途中，而不是像自杀那样真正而果断地死去。这样，绝食就具有表演性，它不是真正的绝望，它是效果性的，是为了被观看的，是苦行表演，是奔赴死亡的表演。因此，对付绝食的方式，就不是不让绝食者绝食，而是不让绝食者在众目睽睽之下绝食。绝食，一旦离开了剧场，就会完全失去效应。绝食坚定的高潮时刻，就是昏厥——这是死的前奏，通常是在这个时候，绝食的政治要求得以最大限度地爆发，同时也得到最大限度的满足。昏厥，同时也表明绝食从来不会导致真正的死亡。昏厥意味着绝食的终止，因为死亡来临之前，身体失去了自主性，它被强行救助。这就是绝食的表演政治学。此刻，身体，不是通过它的咆哮，而是通过它的丧失自我意识的沉睡，达到自主性的巅峰。这个时候，身体以寂静的方式灌注着激情。

绝食并不是真正的死亡之行，因而就同自杀区分开来。除了绝食之外，还有各种各样的身体的自虐技术，自杀是各种自虐技术的极端。自虐，按照尼采心理学的说法，就是因为身体的内在力量无法向外发泄，只好内在地转向自身。激情无法施加于别人之上，或者说，它无法找到一个外部身体的目标，只好回过头来将自我的身体作为目标。这是失败者的自我技术。战败者、失恋者、弱者通常采用的就是这种自虐技术。自我虐待，毫无顾忌地趋向自我毁灭。存在各式各样程度不同的身体性的自我虐待，它们的特点，同绝食一样，是身体的自我伤害，但是，绝食的伤害是一个相对缓慢的过程，它的力量来自它漫长的一点一滴的损耗。显然，绝食是一个理性的数学式的盘算过程，它有回旋的余地，它充满表演，并在表演中满含希望,它有明确的外部要求,而且很少失控。而那些突发式的自虐行为,完全是在激情的自我把握之下,它爆发在一瞬间,并且置后果于不顾。比如,突然砍下自己的指头,这表达了意志的毫无回旋余地的决断。意志的强烈决断,有一种是指向外部并针对他者的,它被巨大的信心所标识;但是,还有一种意志决断,它是指向自身内部的,它是绝望的最后呼喊,这种绝望,有时候就以一种自毁性的暴力形态表现出来。这种绝望的强度,决定了决断的强度,最终决定了身体的自毁程度。身体就这样变成了意志的表意对象。绝望一旦抵达了它的核心,自杀就出现了。此时,整个的外在世界失去了光芒,生命不是陷入单纯的漆黑之中,而是陷入了对漆黑的难以忍受之中。这种难以忍受,不是通过自杀的方式将激情无情地磨灭,而是通过自杀的方式将激情剧烈地而且是最后一次地唤醒。

自杀,终于让身体消失了。但是今天,还有各种各样的方式让身体消失——不是死亡式的消失,而是使确定的身体概念消失,使人文主义视野中的身体概念消失。动物和机器,正在不断地摧毁身体为自己勾勒的边界。唐娜·哈拉维(Donald Haraway)的一系列文章告诉我们,身体、机器和动物的复杂关系成为今天最剧烈动荡的关系。身体再也不是自我的财产,不是自己能主宰的对象,我们和身体处于一种复杂而矛盾的关系中。也许有一天,我们会发现,人,冲出了人文主义的视野,变成了身体、机器和动物的一个古怪的拼盘。如果福柯曾经借助尼采在理论上宣告过人之死的话,那么在实践的意义上,今天不用宣告人会在历史的无情事实面前再次死亡。

尼采与身体

尼采的格言不仅仅期待着我们用眼睛去阅读，而且十分迫切地渴望着我们用耳朵去倾听。在尼采的文字面前，我们不仅应该调动理性、意识和知识，还应该打开我们的感官，应该让身体的各个部件准备就绪，随时承受尼采的高分贝的撞击。尼采的写作，是前所未有的高声写作，是演说、呵斥、大笑，是激情、节奏和措辞等多种修辞技术的奇妙混合。在尼采的格言里，修辞技术是为了提高音量，为了传向远方，为了压倒其他羸弱而平庸的陈词滥调，最终是为了被倾听。这和他的德国同胞卡夫卡截然相反，虽然他们共有着罕见的孤独和敏感。卡夫卡似乎对倾听完全丧失了希望，也许他从来就不愿被倾听。他的写作是喃喃独语，是无望的自我排遣，是一则记载和泄露内心搏斗的隐秘日记，这则日记充满着某种暗夜的敏感的羞涩，因而决不轻易示人。如果说卡夫卡的暗夜写作是拯救自我的话，那么，尼采的目标则大得多，他想拯救的是欧洲。

然而，在有生之年，他们都失败了，他们都获得了死后的声名。他们的失败方式跟他们的音量有关。尼采的音量太高，他越出了同时代人的倾听能力，越出了他们的听觉承受能力，这些同时代人从来没有用身体——尼采贯穿始终强调的主题——去感受尼采，而他们的知识系统正是尼采所鄙弃的。19世纪的知识框架无论如何套不住尼采的格言，在这些格言里，人们不知所措，人们只听见混乱的无节制的轰隆隆的雷声,但是根本无法预见雷声所携带的狂风暴雨,这种雷声最终被视作无足轻重的噪音,这就是尼采格言在19世纪的命运。而卡夫卡的音量太低了,太含糊了,太混乱了,他的写作散发着身陷囹圄的虫子般慌乱的脚步声和低回的嗡嗡声,对于周围人来说,这是个不堪一击的异类,不用说倾听,连交流都谈不上。卡夫卡阴鸷的眼神表明,孤独和绝望对于他来说不是临时的、片刻的,而是永久的、气质性的,命运般地与生俱来的。卡夫卡的眼神虽然集中而坚毅,但这种眼神不是向外观看的,不是对他物的凝视;相反,他的眼神正是泄露自我,泄露紧张的窗口,是供人透视内心世界的方便通道。尼采的眼神与此相反,它外视,灼灼逼人,像是在远眺,并且微微上扬。他还有另一个标志性特征,即他那浓密的、上扬的、充满讥笑意味的胡须——胡须当是生命力的表现,这些正好是他的哲学的身体隐喻:尼采的权力意志既处于他的哲学的中心,也处于身体的中心。力、哲学、身体在尼采这里奇特地达成了三位一体。

权力意志盘踞在世界里。如果说尼采哲学有一个焦点主题的话,他的那些破碎的格言正是这样一个主题的纷乱的引申性注解,"这个世界是,一个力的怪物,无始无终","这是权力意志的世界,此外一切皆无!你们自身也是权力意志——此外一切皆无!"[①] 在此,权力意志应理解为力与力的关系。权力意志是一个包容性的差异关系,它意味着两种截然不同的力:引力和驱力,统治力和臣属力,施力和受力,等等,这些力相互竞争、相互对抗、相互冲突,权力不应从一元和单向的角度来判定,也不应从压抑的维度来考察。在尼采这里,权力不意味着监禁、压迫、否定和阻挡,也不意味着控制性的国家机器,权力毋宁说是两面性的,它是事物间复杂

[①] 《权力意志》,第7页。

的冲突形式的策略性命名,它指涉着力与力的能动关系。当尼采说世界就是权力意志时,"他使我们的注意力离开物质、主体、事物,而将这种注意力转向这些物质间的关系"①。力因而是多元的,是复数的,是诸力之关系,以及这种关系的嬉戏。能动的、原初的、征服的、支配的力,与反动的、次要的、适应的、调节的力相互缠绕及争斗。这两种力在质和量上都存在根本与绝对的差异,因而可以断定,权力意志并非铁板一块,它也不是稳定的和呆滞的,相反,它是一个变易、流动、生成、竞赛的戏剧。

世界就是这样一个变易、生成的舞台。为此,海德格尔将尼采纳入形而上学家的行列,因为尼采将权力意志视作世界的本质。尼采说,权力意志是"存在的最内在的本质",这样的断言正好符合形而上学的问题模型。形而上学的特征正是为存在者的存在寻求答案,海德格尔就此断言,"只有在形而上学的意义上,权力意志的本质才能被追问与思考"②。但是,如果权力意志是变动的、可塑的、来去无踪的呢?权力意志的变易怎样确保它是一个稳固的存在范畴呢?在形而上学那里,本质必定是一个牢固的基础性的东西,必定是一个静态的单一的内核式的东西,而权力意志显然与形而上学呆滞的本质不相匹配。一个自身无以定形的东西,一个变化和过程性的东西,一个瞬间性和多元性的东西,一个难以驯化和把握的东西,怎样有权利成为形而上学的规定性源头呢?

德勒兹正是在这个意义上捍卫尼采的非形而上学家身份,"即使权力意志是一元的,这种一元性仍为多元性所确定"③。就尼采的世界就是权力意志这一断言而言,他是形而上学家;就权力意志

---

① 阿兰·D.希瑞夫特:《激活尼采:以德勒兹为例》,引自《尼采的幽灵》,汪民安、陈永国编,社会科学文献出版社,2001年,第179页。
② *Nietzsche*, Volume 2, p. 986.
③ 《尼采与哲学》,第85—86页。

的不稳性和可塑性而言，尼采不是形而上学家。不过，尼采的形而上学家身份并不重要，重要的是，世界如今不再以一个深度模型的形式展开，也不再以一个派生形式展开。世界不再有此岸和彼岸，不再有天国和人间，不再有本质和表象，不再有深层和表层。权力意志搅乱了这些等级模型，它将它们的生硬对立，将它们的派生形式，将这些稳固的二元模型冲毁了，权力意志的世界是个对抗冲突的世界。但这种对抗冲突不是整齐的双偶冲突，这种对抗冲突是差异性的、嬉戏式的，因而是变易的、不断流动的和生成的。它也是对任何定规、模式、公理、法则的冲毁和逃逸，是对任何稳定性的冲毁和逃逸。这个世界"无始无终"，无处不在的力"忽而为一，忽而为众……此处聚集而彼处消减，像自身吞吐翻腾的大海，变幻不息，永恒复归"。力就这样同世界一道翻江倒海，它"不知疲倦，不知厌烦"[1]。权力意志并没有设定一个外在目标，它既不依附也不指向一个他者，它自足地发展，它自我充实、丰富、提升，它的对抗也是权力内部的对抗，而非同权力外的实在物的对抗。权力的非目的性、非他者性、非意志性正式宣告了同再现主义的告别。而再现论则预示了一个深度模型，在这个深度的底部，埋藏着一个秘密，这个秘密正是这个模型的核心所在。表象物、表层物正是从这里发芽、显现、生长，它们无论如何流光溢彩，也总能在这个底部，在这个秘密处寻找到其派生性种子。再现主义正是基于这样的信仰而满怀信心地把这个秘密翻出来，让它重见天日，让它获得可见性和外在性，同时也让它获得整体性和完整性。再现主义相信对称而整齐的二元主义，它意图用一种符号指称一种事物，用一种知识涵盖一种真理，用一种象征指代一种秘密，它就在这种词与物之间，知识与真理之间，象征与秘密之间寻求联结、等式、符合。

---

[1]《权力意志》，第7页。

但是，如果权力意志的世界只是在一个平面内差异性地嬉戏呢？如果权力意志永恒回归而并没有一个终极目标呢？如果权力意志从不信奉那种安静的牢固的等级模型呢？尼采彻头彻尾地拒绝了这种再现式的二元论，"他不认为事物必然有其反面"①，他揭示了再现论内在的屈从、虚伪和假面具，"尼采无休无止地与深度进行了长期斗争，在尼采那里，有一种对理想的深度、对意识的深度的批判"②。这种深度，这种再现论，是哲学家的发明。世界与其说契合这种等级模型，毋宁说是一个差异系统的嬉戏，世界即使充满着力的对抗，这种对抗也既非屈从的、强弱分明的，亦非深度的、位于两个不同层次之间的。

世界不再有一个秘密的开端，那么解释呢？解释如果不是探寻秘密的话，它又是什么？解释的确是一种探寻、说明、观察，但是在尼采这里，解释也仅仅是从某个角度出发的探寻、说明、观察。解释与其说保持绝对的中立性和冷静进而从容地剥开各种各样神秘的面纱，与其说是对深度秘密的客观揭发，与其说是对本质的直线般的回溯搜索，不如说充满了力学效果和力学角度，远离了客观性和冷静的超然性，沾染了血性、体温和变幻莫测的心跳。解释充满了人的目光，这种目光从来不是垂直的，也不是穿透性的。它是横向的、透视的、斜视的，因而也绝非不偏不倚。尼采就这样将目光、透视，以及这种目光的透视所携带的诡计注入解释学中，最终注入解释学的对象中。

承认解释的力学角度，承认解释的透视性和功利性，也就承认了解释的偶然性、临时性和投机性。这样，解释永远不能一蹴而就，它永远在进行中，它是无限解释循环中的任意一环。在解释的

---

① 《权力意志》，第191页。
② 福柯：《尼采·弗洛伊德·马克思》，见《尼采的幽灵》，第100页。

后面还有解释，在秘密的后面还有秘密，解释的结果还有待解释，解释的结果总是一个仓促的结果，是一个临时应付的结果。解释，确确实实，不存在一个绝对的起点，不存在一个八面玲珑的解释者，不存在一个理想的全知视角，因而也不会有一个客观的绝对终点。解释总是处于未完成的途中，对客观性和真实性的诉求欲望一再被推迟，"对我们来说，不存在什么真实"，"那儿的一座山呀！那儿的一片云啊！它们的真实又是什么呢？你们，清醒的人们啊，能抽掉那山那云的幻象和人为的添加物吗？你们能遗忘自己的出身、过去的历史、学前的教育，即你们整个的人性和兽性吗？"① 没有一条通向客观性和真实性的解释之路。

解释是力的穿透、传递，也是身体力量的穿透和传递。"你们自身也是权力意志"，身体被力量所主宰、推动、造就，而不再听命于意识、灵魂和精神。身体与意识的二元关系，是形而上学的一个典范模式，尼采对意识展开了激烈的批判，从而将身体突出和暴露出来。他感慨万千地说："哲学不谈身体，这就扭曲了感觉的概念，沾染了现存逻辑学的所有毛病"②，"身体乃是比陈旧的灵魂更令人惊异的思想"，"对身体的信仰始终胜于对精神的信仰"，因此，我们的原则是，"要以身体为准绳"③。但是长期以来，存在一个根本错误，即将"意识设定为标准"④，但意识是什么？灵魂是什么？精神是什么？它们不过是些发明。只有身体实实在在，力贯注其间，力和身体是一体式的，它们一起跳跃、欢腾、舞蹈。身体不再是一个可悲的听凭观念驱使的被动机器，也不是一个需要驯服管治的令人恼火的捣蛋怪物。它不再沉默、冷淡、无动于衷，不再被忽

---

① 尼采：《快乐的知识》，黄明嘉译，中央编译出版社，1999年，第59—60页。
② 同上书，第80页。
③ 《权力意志》，第38页。
④ 同上书，第18页。

视,被打入冷宫。尼采让身体自足地运转起来,让万事万物遭受身体的检测,是身体而非意识成为行动的凭据和基础。尼采从身体的角度"重新审视一切,将历史、艺术和理性都作为人体弃取的动态产物"①,世界不再与身体无关,世界正是身体的透视性解释,是身体和权力意志的产品。因为其嬉戏、舞蹈和感性的力学效果,因为其激烈的动态性,身体不再表现得彬彬有礼,井然有序,循规蹈矩。身体的世界,身体所阐释的世界,再也无法融入逻辑的框架内,就此,身体和推理相对,和语法相对,和普遍的知识相对,和形而上学的真理观相对。如果说知识是对世界的清理、整饬、下结论的话,如果说知识总是以一种定义的形式,一种了然的形式,一种客观的口吻,一种规划、整体和终结的面目出现的话,如果说真理凭借这样的知识,如果说抵达真理的路径是逻辑和语法,如果说真理是客观的、绝对的、难以撼动的话,那么,尼采的身体正是对这样的知识观和真理观的毁灭性爆炸。他根本不相信从知识的角度对世界的通盘考察,他只信奉从身体的角度对世界的局部解释,因为"要真理的意志基本上是解释的技艺"②。真理和知识现在是身体的解释产品,这种知识不再从意识中产生,它产生于身体的快感或疼痛,欢乐或苦楚,笑声或眼泪,它产生于身体的灵机一动。知识和真理注入了身体的感受力,绝不再摆出公正无私的面目,它们为身体谋取福利。应该在利益的框架内对待真理,随着身体和利益的改变,真理和知识也见风使舵,来回摆动,毫无常性。没有客观的真理,只有一种投机商式的实用真理。千万不要根据逻辑学去寻求真理和知识,因为"整个逻辑学的表现形式是非人的、残暴的、

---

① 雅克·德里达:《阐释签名(尼采/海德格尔):两个问题》,见《尼采的幽灵》,第393页。
② 《权力意志》,第141页。

恐怖无比的"①。以逻辑程序为背景"……千方百计去认知,去追寻那最终会郑重其事地命名为真理的东西",这当然会"铸成典型的偏见"。②

在此,尼采的身体取代了笛卡尔式的主体。后者的内在特征正是意识、逻辑、认知和判断,这个主体与外物没有利益的纠葛及牵连,超然于外物世界,但自信能检验、测度、悟透外物。这样一个主体是全知型主体,是普遍主体,信奉逻辑、知识和理性的力量,通过它们,这个主体满怀信心地客观地抵达对象的深处。在尼采的身体这里,世界表现为一个变形之网,而在笛卡尔式的主体这里,世界表现得中规中矩,表现得纯粹、冷静、客观、中立,表现得一尘不染。如果说尼采的身体是权力意志本身的话,那么笛卡尔式的主体就是权力意志的基础,就是行为、进程的基础,"可事实上并没有这样的基础;在作为、行动、过程背后并没有一个'存在';'行动者'只是被想象附加给行动的——行动就是一切"。之所以如此,是"因为语言把所有的作为都理解和错解为受制于一个作为者的主体"③,尼采就这样对这种自信的、基础性的主体进行了抨击。

感性的身体不仅仅代替了理性的主体,还从上帝和神学的控制中挣脱出来。在尼采这里,身体和生命没有根本的差异,二者都充斥着积极的、活跃的、自我升腾的力量。尼采正是要将这种肯定的力量激活,这也正是他所标榜的价值所在:强健、有力、充盈、高扬、攀升,这种价值的理想存在正是那种至高卓绝的"超人"。超人表现得欢乐、无辜、自由,他驾驭着生命本身充满活力的流变,他肩负重任、神志健全、孔武有力,但又从容潇洒、镇静自若、严

---

① 尼采:《看哪这人》,张念东、凌素心译,中央编译出版社,2000年,第26页。
② 尼采:《超善恶》,张念东、凌素心译,中央编译出版社,2000年,第15页。
③ 《论道德的谱系》,第28页。

于律己。如果说超人尚未出现,"超人"仅仅是对未来的至高卓绝的人的描述的话,那么,超人的对立面则满目皆是,他们是"现代人,善良人,基督徒和其他虚无主义者"①。

超人的这些对立面受到尼采的尖锐嘲弄,否定的力量控制着他们,这些人无一例外地拜倒在基督脚下而瑟瑟发抖,正是基督和基督教造成了虚无主义的流行。因此,尼采时刻痛斥基督教:"反基督教已不再是我们的动因,而是我们的兴趣了";"基督教决意揭示世界的丑陋和恶劣,却反倒造成了世界的丑陋和恶劣"。②尼采的谱系学暴露了基督教驯化人类的"天才之举",基督教起源于怨恨,这些怨恨者是些"无耻的平庸者、无能者、低贱者,这些人的心灵是斜的,他们的精神喜欢隐蔽的角落、秘密的路径和后门;任何隐晦的事都能引起他们的兴趣,成为他们的世界,他们的保障,他们的安慰,他们擅长于沉默、记忆、等待,擅长于暂时地卑躬屈膝、低声下气"③。这些人将他们的特性,即无能、苦难、贫穷、卑贱、病态、乏力,想当然地设想为好。他们将这些特性划定为好的范畴,于是,他们自称好人,这就是这些无能者在道德上的自我确认。他们在今生今世历经磨难,但也只有他们,这些卑贱的"好"人,"善良"人,才能享受天国的幸福。他们自称"好"人的前提是,他们所怨恨的对象,他们的对立面,即那些强有力的统治者,那些贵族和勇猛的斗士,那些狮子般的猛士,他们是坏的和恶的。这些有力者、高贵者、强健者、统治者,被这些无能者进行了道德的贬义宣判。卑贱者和无能者的道德谱系是:你们是坏的和恶的,因而我们是善的和好的。他们的程序是:首先否定他者,然后才自我肯定。但是,那些高贵者和有力者呢?他们的程序刚好颠倒过

---

① 《看哪这人》,第 42 页。
② 《快乐的知识》,第 132—133 页。
③ 《论道德的谱系》,第 23 页。

来，他们先是自我肯定，然后才对他者进行否定：我们是好的，我们的强健，我们充溢的生命力，我们的主宰和支配，这些都归结于"好"和"善"的品质，于是，这些品质的对立面，即平庸、无能、病态、卑贱，才是坏的、恶的。高贵者和低贱者各自孕育了善恶的标准。对高贵者和强健者来说，善基本上是一种生机勃勃的、上升的力，善和肯定、积极、主动是同质性的，对低贱者和软弱者来说，善基本上同否定的力相关，善和否定、消极、被动是一体的。既然基督教是这些低贱者的发明，最终成为其信仰，它当然会在道德上要求驯服、无能、羸弱、苍白和贫贱。

在尼采看来，这两类人——强健的贵族和谦恭的教士——展开了一场旷日持久的道德战争，在这场战争中，教士一直稳占上风，基督教日益横行于世，它所携带的虚无主义铺天盖地。虚无主义正是以否定的力为基础，它对生存、强健、冲动都进行了反向的否定。虚无就是意志的泯灭，是叔本华式的放弃、断念，它要求恭顺、收缩、静寂，随时随地掐灭身体中的火焰，虚无意志趋向于无和零度状态。它"只承认衰弱的、残缺不全的、反动的生存"[①]。这种虚无主义在本质上是禁欲的，它全力以赴地让生命变得冰冷，让血肉变成僵尸，让繁荣变得荒芜，让扩张变为收缩，让变易变为凝滞，让繁殖变为简化，让多变为一。在虚无主义者看来，"生成和多样性是有罪的，这便是虚无主义最初和最后的话"[②]。

虚无主义、基督教，以及那些教士化的人民正是这样不折不扣地同权力意志针锋相对，他们将贵族和超人的价值观——这也是尼采从头至尾鼓吹的价值观——颠倒过来。在此，反动、否定、消极的力取得上风，奴隶被称作主人，弱者居然成了强者，卑鄙被说成

---

① 吉尔·都鲁兹：《解读尼采》，张唤民译，百花文艺出版社，2000年，第43页。
② 同上书，第53页。

了高尚，这一切都跟上帝的诡计有关。上帝让人类深深地负债于他，在人类和上帝的契约关系中，人占据着债务者的位置，人和上帝的关系成为一种负债关系，人这个债务者被仁慈的上帝免去了债务，也免除了因为债务而该得的惩罚，但人并不因此解脱，反而为此充满了罪感、内疚。这样，在上帝面前，人不仅应像绵羊一样恭顺、谦卑，还应该不停地牺牲，甚至可能偿付自己的身体、配偶、自由乃至生命。人在上帝面前的这种罪感意志使他无限地远离了上帝，并且将这种距离永恒化了，他和上帝之间断然横亘着一条鸿沟。这也使得上帝成为人的高高在上的对立面和裁判，成为人的派生性起源。上帝犹如形而上学中柏拉图式的理念，他隐而不现但又无处不在，他的控制犹如魔法，面对那些表象般可见的人，他是终极性的，也是战无不胜的。

基督教模型即形而上学模型，尼采的全部哲学正是对这种二位一体的模型所做的狂风暴雨般的攻击。尼采最后的话并非偶然地是对他的哲学的概括，他要求人们这样去理解他："狄奥尼索斯是十字架上的耶稣的对头。"① 这样的论断可以进行多重的隐喻改写：身体是主体的对头，感性是理性的对头，肯定是否定的对头，艺术是哲学的对头，谱系学是形而上学的对头，而生命则是上帝的对头。要让生命健康、笑声朗朗、朝气蓬勃，上帝就只能死去。上帝的形而上学范畴，即那些感觉领域之外的理念、逻各斯和绝对精神也将死去。尼采要上帝去死，他的理由十分充分："对生命的最大非难就是上帝的存在。"② 生命同身体一样，是活跃而旺盛的权力意志，是充溢和攀升的本能，是一往无前的肯定之流。但上帝在不停地平息生命的狂潮，他要让生命的咆哮变得平静，让生命的激情流于世

---

① 《看哪这人》，第 111 页。
② 《权力意志》，第 183 页。

俗，让生命的生成和变易凝固、停滞。在基督教里，生命被视作蠢事，"而否定生命竟成了生命的目的，发展的目的"①。经由基督教，生命居然不可思议地反对生命自身，生命被还原为一个呆滞、乏味和退化的权力意志。为了激发生命，恢复感性，促进生成和变易，埋葬这样一个超验的反动上帝就势在必行。

尼采拆除了生命的彼岸目标而回到了坚实的大地本身。就生命永不停息地生成而言，尼采不仅痛斥形而上学，还反对辩证法。辩证法也承认冲突、竞争、矛盾，但辩证法试图在一个更高级的层面解决这些冲突和矛盾。它要将这些矛盾统一起来，并使之和谐共存，这些矛盾的各方被融合进"一"之中，融合进整体之中，最终，辩证法要消灭绝对的差异，绝对的矛盾，绝对的多样性，绝对的变易性，辩证法的目的正是稳定和总体性。然而，在尼采这里，不再有一个稳定层次，永远不会有层次上的优越性，不会有高一级对低一级的吸纳、融合和控制，"均衡状态，根本就没有过"②，"过程就是本质"③，"因为力，不可停滞"④。于是，力贯注其间的生命就永远是流动的、变易的，它不听从一个遥远的目的地的召唤，也不停泊于一个外在的、非生命性的锚地。生命不知疲倦，它不歇息于任何一个等级系统中。它是持续的换喻，是绝对的动词，绝对的谓语，这个谓语不带宾语，它永远不会落实下来，平静下来，固定下来，它甚至不会在漫漫旅途中坐下来叹息。

生命不再有终点。尼采告诉我们，生命、生存、生成，"没有目的"，"没有存在状态"。⑤那么，起点呢？起源呢？开端呢？有

---

① 《权力意志》，第183页。
② 同上书，第31页。
③ 同上书，第42页。
④ 同上书，第31页。
⑤ 同上书，第286页。

一个固定的、内核式的起源吗？有一个开花、结果的孕育式种子吗？尼采的谱系学正是对于起点的探讨。这种谱系学告诉我们，不存在绝对的、单一的、稳固的起点。如果说事物确有其来源的话，这种来源也不是形而上学本体论意义上的本源，本源是个同质性的坚硬基石，而来源则可能头绪繁多，线索紊乱。来源与其说是同一的，不如说是多样的；与其说是必然的，不如说是偶然的；与其说是明确的，不如说是暧昧的；与其说是严肃的，不如说是嬉戏的；与其说是同质的，不如说是异质的；与其说是真实的，不如说是可疑的；与其说是高贵的，不如说是卑微的。来源并不具备必然性和真理性。来源处不是一个固定的场所，不是一个有待史学家拨开迷雾豁然开朗的庐山面目，来源处从来没有露出清晰的样貌。相反，它充满着纷争、对抗、鲜血，充满着琐碎、意外、投机，充满着歧异、混乱、莫测。尼采的谱系学并不信誓旦旦要挖掘普遍性和连续性的种子，它的目的要卑微和琐细得多。它将目光投向灰烬、微末、痕迹、偏差、错误，投向断层、裂缝、伤口、沟壑，投向感官的、性欲的、肮脏的肉体。正是肉体承受着来源的狂欢性、出其不意性和偶然性。来源处上演的是激烈的对抗戏剧。

但是，从某种意义而言，这种戏剧是千篇一律的"统治者和被统治者反复上演的戏剧。一部分人对另一部分人的统治，这就是价值分歧的开始；一个阶级对另一个阶级的统治，这就是自由观念的萌生；人们对生存必需的东西的攫取，给它们加上原本没有的持存，或者说粗暴地将它们相互同化，这就是逻辑的创造"[①]。这里上演的戏剧是异质物的较量和竞争。善和恶只能诞生于争斗中，诞生于"保持距离的狂热"[②] 中，诞生于对立互动的关系中。来源就

[①] 《福柯集》，第 154 页。
[②] 《论道德的谱系》，第 12 页。

在这种关系中摇晃、颠簸、闪烁。尼采的《论道德的谱系》表明,没有一个绝对的、冷静的、客观的、先天的本源,善和恶不是超验的,不是毋庸置疑的。善和无私、受益等特性并没有必然的勾连,善不再承担一劳永逸的内在性。善的确立必须踩在恶之上,反之亦然。善和恶进行着无休无止的彼此参照的相对主义游戏,一个以另一个为前提,一个又以另一个为对手,这种游戏、对抗、猜忌、争斗都受各自利益的驱使。道德远非那种冷静而正派的标准,道德产生于利益的嗜血般的纠纷。就此,不同阶层有不同阶层的善或恶,这样,才有价值转换的可能性。如果一切德行、一切理想、一切价值都绑扎在一个稳固的磐石上,我们怎能期待价值的转换?怎样尝试一切价值的重估?

价值的颠倒和转换是因为力与力的关系的颠倒和转换。这种颠倒、转换,这种相对性的争夺、战争,这种不时的此起彼伏,同样埋藏于漫漫风沙的历史中。历史的浪涛从不平静。"在历史中起作用的力量既不遵循目的,也不遵循机械性,它只顺应斗争的偶然性。"[①] 不要在历史中寻找规律。尼采一直小心翼翼,"免得谈论化学的规律"。涉及权力关系的问题时,"谈不上规律的尊严"[②],权力神出鬼没,它活动于其中的历史也漫无头绪。历史不再有理性、逻辑、因果,历史充满了感性。它扯断了贯穿始终的线索,因而表现出不严肃性。历史的河流总是不知所措地冲溃了规则的大坝。它一会儿和风细雨,一会儿暴虐疯狂;一会儿沮丧低回,一会儿剑拔弩张。历史拒绝连续性,粉碎整体性,搅乱稳定性。历史的形态就是力的形态,出尔反尔,反复无常,此消彼长,成者为王。因而,不存在一种历史的主体、理性、重心;不存在一种抽象的历史、正

[①] 《福柯集》,第157页。
[②] 《权力意志》,第41页。

统的历史、官修的历史。应该在历史中打捞感性,打捞权力争斗留下的碎片,打捞刀光剑影的反射痕迹,打捞肉体生物的发泄物和排泄物。就历史而言,"你们会痛恨推理演绎的"①。

而艺术恰恰是反推理演绎的,我们热衷于艺术,尼采说,是为了免遭真理的摧残,因为真理是借助推理演绎得出的。艺术在尼采那里意义非凡,它既可以作为形而上学的他者来攻击僵化的真理观,也可以作为权力意志来攻击基督教颓废的道德观。如果说,尼采的伟大颠倒正是对形而上学和基督教道德的颠倒的话,那么,艺术既是这种颠倒器具,也是颠倒后的目标。尼采的颠倒是要让生命充满欢乐、喜气洋洋,而"艺术则是生命的最高使命"②,它"有滋补强身之效,增加体力,激发快乐,激发一切更敏感的醉意记忆"③。就此,艺术和生命是同质性的,它们相互激发、追逐,艺术家意志充沛,势不可挡,他们"属于极健壮的种族",他们的反面是基督徒,即"制造贫困化的人,勒索鬼,吸血鬼,生命在他们的监视下受苦"。④ 对艺术构成否定的就是衰退、生命贫乏、无力、涣散、腐败。

如果说基督教的世界是一个道德世界,形而上学的世界是一个功利、算计和逻辑的世界的话,那么,艺术则位于这两种世界之外,艺术既是超道德的,也是反逻辑的。在尼采这里,艺术吞纳了一切,万事万物都应当遵从艺术的力量,它们最好成为艺术品。艺术是尼采诉诸的最后一块地盘。如果说尼采确实带有形而上学残渣的话,那么,艺术就扮演了一个本体论角色,尽管这并不是一个稳固的、呆板的一元本体。在此,艺术和权力意志有着严格的一致性

---

① 《看哪这人》,第 45 页。
② 尼采:《悲剧的诞生》,周国平译,三联书店,1986 年,第 2 页。
③ 《权力意志》,第 353 页。
④ 同上书,第 354 页。

和同构性。二者都是生命的激发力量，都是无定形的、生成的、流变的，都是尼采价值重估的器具和愿望。不同的是，艺术是一种构型，它有一种外在形式，而权力意志是无形的，它昙花一现，无从把握。如果说艺术尚有一个形式可以把握的话，权力意志则从来没有进入过我们的视野，我们永远不知道它的形状，不知道它的物理体态，不知道它有何真实面目。这正是艺术和权力意志的区别所在，但这种区别仅仅是表现形态的区别，仅仅是构型的区别。实际上，可以像海德格尔那样，将艺术称作权力意志的构型，而且是"最清晰和最常见的构型"①，这样，在某种程度上，权力意志可以作为艺术。它们都是对基督教道德、对形而上学、对虚无主义的反对。

艺术是权力意志的构型，它充斥着权力意志的素质。权力意志是生命的勃发力量，艺术也是生命的勃发力量。由于尼采的力具有十足的唯物主义特性，力在生命中与灵魂、精神无关，力更多是感性的和具体性的，生命在尼采这里被抽去了灵魂和意识这类东西而成为活生生的感官身体。因此，在尼采这里，权力意志、艺术、生命、身体几乎是同体的，也正是在这个意义上，尼采宣称，美学是实用生理学，艺术是身体性的。权力意志、艺术、生命、身体正是柏拉图处心积虑要抹擦掉的，柏拉图将这些统统置于一个无足轻重的位置，在尼采看来，"这是误解，或是病态，或者在它并不是单纯虚伪和自欺的地方，成为一种疗法"②。

尼采就这样同柏拉图主义针锋相对，他几乎在一切方面都唱着柏拉图主义的反调。如果说哲学最终是一种生活指南的话，尼采和柏拉图提供的是两条相对的道路。在柏拉图这里，理念、灵魂和精

---

① 《权力意志》，第 354 页。
② 同上书，第 55 页。

神是最高准则，生活的目标和意义正是要依赖它们，接近它们，再现它们，在理念的引导下，我们才不至迷失方向。实际上，基督教是柏拉图主义的一次具体改写，上帝正是柏拉图的理念的一个化身。基督教和柏拉图主义的生活取向是一致的。但是尼采怎样对待生活呢？生活要有一个基础、凭据、目标吗？生活为了接近某个目标而务必励精图治或者自我牺牲吗？为了接近这个目标它还必须循规蹈矩、遵纪守法吗？总之，生活要在一个理性轨道中一步一步地拾级而上吗？尼采断然抛弃了以目标为指南的生活，也抛弃了为达目标而务必遵循的生活准则、规范。尼采正是在这里表露了他的全部用心，生活应该是一种美学，"只有作为一种审美现象，人生和世界才显得是有充足理由的"①。美学化的生活是不需要凭据和理念的，是不需要深刻基础的，它同样不需要外在的目标和形而上学的保障。这种生活自我创造，如果说它有目标的话，那它也是以自我和身体为目标，以感性为目标；如果说它遵循法则的话，那它也是自我随机地立法，是嬉戏式地立法。生活就是要像艺术那样永远生成、变易、创造，生活就是要让身体成为艺术品，让身体不要陷入形而上学的圈套中，让身体自我嬉戏、寻欢作乐、优哉游哉。

生活以身体为目标，身体的力量和意志创造了生活，生活与身体的关系就此发生了置换：生活成为身体的结果，生活被身体的权力意志锻造和锤炼，在身体的激发下，生活成为一件艺术品。这样，生活、身体、自我处于无限的可能性之中，它们永远处于即刻性状态，永远在创造，永远在无休无止地进行艺术生产。

尼采的那些格言也是处于这种即刻性状态，这些格言呼啸而来，呼啸而去，它们并没有插入一个严肃缜密的推理性段落中，也不构成因果关系中的过渡环节。格言摆脱了理性的逻辑要求，它平

---

① 《悲剧的诞生》，第 105 页。

地而起，富有直觉性和力量。如果说逻辑、推理和因果正是形而上学的认知判断的话，那么尼采的格言写作同他对整个形而上学的拒斥保持着共鸣和呼应。如果说长期以来，哲学本身的内在性要求，它的长篇宏论形式，它的演绎归纳步骤，它的真理和本源本能，它的反隐喻反虚构面貌，所有这些都是哲学的必要素质的话，那么，尼采就是反哲学的。如果这种总体性哲学通过排斥纷乱的细节、驱逐冲突的异质物、压抑不和谐的变调而成为哲学暴君的话，那么，尼采的格言就是反暴君的。如果这种哲学形式浩浩荡荡、绵延千年，从而累积成一个强大的哲学——形而上学传统的话，那么，尼采就是扭断了哲学传统。

尼采就此展现了一个全新的哲学家形象，也可以说是一个反哲学家形象。这个全新的哲学家的著述从不刻意寻求那种冷静而中立的客观性，尼采的字里行间处处都充斥着他自己的音调，他几乎是唯一频繁地用第一人称进行著述的哲学家，第一人称"我"的大量使用，正是透视主义的明证。如果说"我"更多是指代个人而不是笛卡尔式的普遍主体的话，那么，从"我"出发的哲学也并非那种寻求真理的普遍性形而上学，"我"不是全知主体，而是一个充满激情充满喜悦的血肉躯体。哲学正是这个躯体的产品，思想变成了艺术，变成了"五光十色的风格技艺"，这种艺术构思巧妙，"它充满激情的内在紧张"①，划破了漫漫长夜的寂静。它最终是为了祛除疾病，增加欢乐，促进健康。就此，再一次地，哲学变成了生理学。

---

① 《看哪这人》，第45页。

我们时代的头发

身体上的植物

　　头发是我们身体的一部分吗?它内在于我们的身体还是外在于我们的身体?头发,这种细丝般的毛茸茸的根状物,这种人体顶端或长或短或密或疏的覆盖物,这种可塑的、易变的而且一直不屈不挠地生长的有机物,它同我们的身体到底处于一种怎样的关系?

　　这是一种暧昧的关系。头发和身体既非同质一体的,也非纯粹异质性的。头发具备身体性,但只是一种半身体性。头发从身体中生长出来,它的根部埋藏在身体的土壤中,它起源于身体。身体是头发的本体论。从因果关系的问题而言,身体和头发的关系不是松散的关系,二者间牵扯的不是一根松垮的形而上学等级轴线,它也不是可跳跃的、可偷工减料的、可省略的。身体和头发的等级线是具体、实在和牢固的,是严格意义上的形而上学等级线。头发无法脱离身体,身体既是它的起源,又是它的物质载体。头发受到身体的牵制、禁锢、束缚,听命于身体,这种听命是古老的形而上学意义上的听命。

　　但是,头发又不是纯粹意义上的身体。如果说,身体具有某种完满的总体性的话，头发则溢出了这种总体性，它不是身体的必要成分。头发在化学上起源于身体，同样在化学上又不完全归属于身体，这就是身体和头发的充满悖论的暧昧关系。身体的标志是动物性，它是感官体，是一台活的敏锐的感官机器，也是一台奔突不息的欲望机器，它是一个巨大的一体化和有机的能量源泉，它的内部舞蹈着力量和疯狂，这种力量和疯狂为快感而生，也为快感而灭。疯狂、快感和力量对身体是一种完全的吞噬。它们是身体的标志性建筑，是身体的唯一叙事，是身体的终极性的政治无意识。而头发与快感无关，它永远不会疯狂，它甚至没有快感的反面：痛感。头发不是反应物，它没有神经，没有血肉，没有感慨和喘息，没有激动和颤抖。头发是麻木而沉默的，这种沉默是空洞的沉默，是零度沉默，是无意义的沉默，是毫无策略性的沉默，是无机和无能的沉默，是麻木在其中压倒一切的沉默。头发只在风中抖动，但它从不因为自己的激动而抖动，它的抖动是外力引起的，是机械物理式的抖动，而绝非化学式的抖动。头发，是我们身上的植物，也就是说，是动物身上的植物，是栽种在动物身上但又可以与之决裂的植物。

因此，我们可以将头发视作身体的资产而非身体的器官。头发是身体的产品，但不是绝对的身体本身，这正是我们所说的半身体性。而器官正是身体本身，它们无法和身体割裂开来。器官是天赐的，独一无二的，无法替代和再生的，因而具有一种珍贵性；同时，器官是有用的，它们是身体平衡的一个必需的结构要素，是身体机器的齿轮，它们具备一种功能性。器官的珍贵性、功能性，以及身体感性正好是头发所缺乏的。器官正是身体的内涵所在，它们构成了身体的总体性，器官的残缺导致身体的残缺；而头发的残缺，对身体而言则无关宏旨。头发的耗损只是一种资产数量的耗损，是身体经济的耗损，而绝非身体功能上或气质上的耗损，绝非身体本身的耗损。头发的变形、增殖、削减、修改，头发的外在的人工处理，都无损于身体的快感，都不对身体的疯狂欲望施压，都不会从结构上、从本体论的意义上改造身体。而器官，比如鼻子或者手，从本质上来说是无法加以后天的处置的，它们不能被修改、被切割、被打点、被巧饰。它们各司其职，衔接紧凑，互相应和，浑然天成，不可或缺；它们是自然物，是身体素，是身体意指本身。器官和身体不是一种异质性的加减关系，而是一种同构性的代数关系。

头发和身体则可以构成一种加减关系，头发起源于身体，但是身体可以断然地减去它，可以视它为一个多余物或剩余物。头发不构成身体的一个基本功能素，它是无用的，因而也是廉价的；同时，头发还有倔强的绵绵不断的再生力，因而也绝非稀缺的。此外，头发和身体的分离是一种没有苦痛的分离，既没有精神的苦痛，也没有肉体的苦痛。这种分离是安全的、平静的、非伤害性的，因而也是随处可见的、触手可及的和平淡无奇的。头发的起因是严格地依赖于身体的，而它的结局与身体则只有脆弱的若有若无的关联。头发附着在身体上，不过是最脆弱地附着在身体上。

就此，头发和胡须有着类似的品质。但是，决不能将头发和胡须等同。二者最明显的差异是，胡须是性别化的，它只附着在男性身上，而且只附着在成年男性身上，因而，胡须是个雄性记号，它通常记载着力量、刚烈、威猛、暴躁，它是男性的一个基本表意符号。而头发则是中性的，头发不选择性别，它不标记身体的性别沟壑。头发是属于所有人的，而胡须是属于一个特定人群的。胡须通常被剔除掉，而头发则基本上被保留着。头发被完完全全地剔除和胡须被放任肆意地生长，都是一种鲜见而又具有象征性的现象。胡须，只要它不被削减，只要它肆意地生长，只要它醒目地包围双唇，它的表意性就一目了然，它象征着男性的孔武有力。这种表意也是单纯、简单和明确的，它无须破译、勘察、区分、探究。胡须是透彻明亮的能指，而头发的表意则繁杂得多，它具有多重意义。头发的造型也是多样的，这些不同的造型、不同的发式选择、不同的类别，都立体式地扩充着头发的意义。而胡须的形式单调得多，它的空间，它繁殖的地盘，它活动的区域，都是有限的。胡须局限于一小块面积，在数量上也无法与头发媲美，它的长度受到了严格控制，胡须一旦过长，就搅乱了嘴和鼻子的正常活动。最终，胡须的自由度和可塑性是有限的，它没有占据一个能够腾挪施展的空间，它的表现力因而大打折扣。它所受到的关注和呵护，它所激发的灵感，它所蕴含的意义，它所支撑的商业，较之头发而言，都是微不足道的和不足挂齿的。

发廊中的可写性

我们可以肯定地说，头发是人身上最具可塑性的东西，也是最具象征性和表现性的东西。如果我们承认身体的符号性，如果我们承认身体的阶级性，如果我们承认我们有装饰、改造身体的本能，如果我们承认我们体内有一种自恋性的美学趣味，那么，我们也应承认，对头发的一种拜物教式的关注迷恋不是一时的心血来潮。在今天，在我们这个时代，这种迷恋扎根于某种符号崇拜和身体崇拜，身体崇拜将这种迷恋引向头发，符号崇拜则将这种迷恋引向头发的造型。不过，头发确实不等同于身体，它和身体只是共存于同一个自我之中，它是身体的一个模糊能指，却是自我的一个明确所指。对于头发的迷恋，是对于身体的一个替代性迷恋；迷恋身体是迷恋快感，迷恋头发则是迷恋符号的快感、迷恋象征的快感。无论是对于身体的迷恋，还是对于头发的迷恋，都是对于自我及其快感的迷恋，也就是说，都带有早期的弗洛伊德式的自恋影子。

　　自我对于身体没有绝对的主宰权，但对于头发有绝对的控制权。头发的快速再生性，它的植物性和麻木性，它的柔软性和广阔性，它触手可及的暴露性和便利性，都为自我和他人对它的处置提供了客观的可能性。最重要的是，头发没有羞涩感，它只有微弱的隐私性，它的性意味几近于零，这就使头发可以作为一种中性物而被公开地合法地乃至肆意地摆弄。头发是自我的资产，它不受他者的控制。它既不受国家的控制，也不受本能的控制。它服从自我，只受自我的操纵和控制，这种控制是绝对的控制。对于头发来说，自我永远是它的帝王。

　　这样，头发就具有无限的可写性。它是人体上唯一可以书写的文本，是自我可以听凭想象固执地施展书写能力的空白文本。自我是头发的具体作者，而理发工业则是头发的普遍作者，个人对于头发的书写是通过美发厅（它还有另一个暧昧的名称：发廊）来完成的。在此，个人是主动的活蹦乱跳的言语项，美发厅则是一个秩序性的而又不失弹性的语法规则，发式正是在个人和美发厅、言语和语法的互动中产生的。也正是在此，头发开始摆脱它的植物性，开始摆脱自我的专横控制，开始摆脱它的（半）身体性，最终进入身体之外的语境，进入生产和交换的工业体系，进入意识形态再生产的流程。头发作为一个身体能指不可自制地闯入纷乱的社会中。头发，在其所指的框架里，已是负荷累累。

　　发廊是社会接纳头发的首要一站，它是围绕头发建立起来的一个庞大的加工业。发廊业是个彻头彻尾的形式主义产业，是个空心产业，是个符号产业，它不产出、不增值、不累积、不带来质变、不产生效用；它只是一种数量上的修修补补，它遵循的只是一种减法，它是种外在的、美学的和象征交换的生产，是个无用产业。但是，它和美容院并不完全等同，美容院也是美学式的，但它是一种化妆，它是对于身体的一种轻度的包裹，是一种改良式的遮遮掩掩。美容是一种身体骗局，是对身体的一种修辞书写；发廊则不是包裹性的，也不是欺诈性的，它是对于头发的一种逼真改写，是一种事实性的定形，它对头发直接施暴。而美容不是对于身体的实质性改造，它只是对身体进行一种外在装修。发廊可以对头发进行切割，美容院只能对身体进行舞弊；发廊的主要器具是冷漠而又锋利的刀剪，它毅然决然，对头发施行一种减法裁剪。美容院的道具则是化学药品，它轻柔细心，它是一种小心翼翼的呵护，它慢慢地，以无比的谨慎和耐心对身体的缺陷进行试探性的掩盖。

发廊这个无用的形式主义工业沾染上了一种无可推卸的意识形态。对于发廊的选择就是对意识形态的选择，对于发型的选择也是对于意识形态的选择。发廊是一种美学工业，它具有操纵性，正是在此，个人的选择性和创造性遇到了挫折，或者说，主体性碰上了结构。发廊是一个有序化和结构性的生产组织，它有巨大的消化力和吞噬力。发廊中的裁剪具有双重的结构意义，它既是对头发的裁剪，也是一种意识形态组织的裁剪，一种生活结构的裁剪。发廊是模式化和类型化的，发式正是成形于发廊。如果说，一种模式、一种类型代表一种生活结构和一种意识形态的话，那么，发廊最终成为时尚或者反时尚、革命或者反革命的策源地之一。头发正是在发廊中使身体和社会联结起来，美学和政治在发廊中挂钩了。

染 发 时 代

于是，头发表现出某种暧昧的阶级性。那些有规律性地频繁地走进发廊剪发的人，那些仅仅是去剪发的人，那些剪发是为了让自己保持精神劲儿和体面的人，那些不用理发师费心地琢磨发饰并一

第一部分　身体的技术

看就知道怎样着刀的人，那些剪完头之后从发廊出来很快就同大街上的人浑然一体的人，永远是这个时代的主流，永远是大众。频繁地剪发是为了稳健和稳定，为了适度。适度的头发是主流趣味，它被赋予一种自然性，一种标准性，一种恰当性。头发被修剪、被整理、被限制长度，如果我们打开历史之书，对历史稍稍地一瞥的话，会发现这些稳健的理性行为在最初却具有一种革命性，但这种革命渐渐失去了对象，这种革命性大规模地成功，最终，它慢慢地积淀为常识和标准。这种革命性荡然无存，它成为稳健和主流的记号，成为秩序、纪律、规范乃至礼仪的记号，它被视为整洁的、模范的和有必要遵循的，它被纳入社会的主流结构之中，最终，它是抑制革命的。头发的百年历史，恰恰是革命性退化为反革命性的历史。一种规范发式，是我们这个时代的美学主流，也是意识形态主流。这种选择既是有意的，也是无意的。对于某些体面阶层来说，剪发既要遵循自然性，还要遵循修饰性；不仅仅是剪发，还要艺术地剪发；不仅仅要遵循习惯，还要遵循美学。这样一种剪发，是一种明确的有意识的充满革新期待的剪发，因而也是一种有意的剪发。而另一些为数甚众的人，他们被一种盲目的自然性所控制，被一种习惯性的神话学所控制，他们要去掉头发，仅仅是因为头发溢出了习惯的边界，溢出了自然的常识，溢出了周围人的视野承受能力。正是这种习惯性的神话学，决定着他们的发式选择，对于他们来说，剪发是一种规训压迫下的本能，他们的头发主要受制于规范，而不受制于美学。

适度而稳健的头发神话学一旦获得了社会主导性，另一些发式当然就被视为异端的、反主流的、非道德的，总之，就是不自然的。这些不自然的发式大多是故意的、有目的性的，因此，它们代表着一种策略性的政治选择、美学选择和生活选择。

光头被认为是最不自然的，因为它去除了一切自然生长出来的头发，它是彻头彻尾的反自然。如果说，头发具有生命力的话，光头就是对生命力的扼杀，是连根拔起式的摧残。光头因此具有某种暴力性，某种撕毁一切的狠劲。光头将脑袋和盘托出，使头部无所遮掩，使头部暴露出其实体形象，而头部通常被认为是秘密的发端处，是精神和隐私的策源地，是需要覆盖和掩饰的矿藏。现在，这一隐秘性的精神策源地被公然地曝光，被醒目地张扬，这当然就透露出勇气和霸气，透露出蔑视感和傲慢感，透露出冒险性和气概，最终，这种白晃晃的、球形的、光秃秃的脑袋表现出的是舍身就义的悲剧感。

不过，光头很容易滑向喜剧。如果没有为霸气所支撑，如果没有傲慢与它相辅相成，光头上演的就是滑稽剧了。将大脑赤裸裸地暴露出来，如果不是表达勇气，就只能是表达自嘲式的笑料。霸气凌驾于自然性之上，滑稽则委屈于自然性之下。光头如果不是无畏的狠劲的象征，就是一个受捉弄的被讥笑的玩偶对象。大脑，如果失去了头发，就失去了它的合法性和理性，失去了它的内涵和定义，最终，失去的是它的自然性。就此而言，头发和日常意义上的大脑，和自然性的大脑是无以分割的，头发是大脑的结构要素。剔除了头发的光头，在悲剧和喜剧、崇高和滑稽、英雄和小丑之中，必择其一。

男人的长发处在与光头相对的另一个极点上。它被瞩目同样是因为它的反标准性和反自然性。不过，长发的表意比光头要复杂得多。光头与美、与形式无关，光头只与意义有关。长发既是形式的、美学的，也可能是意识形态的。男人的长发不仅仅遮住了脑袋，还遮住了脸、耳朵和脖子，长发是瀑布式地下垂的，正是这种长度、这种下垂带来的柔软性和飘逸性，这种下垂对于头部的掩盖性，使男性性别变得模糊起来，因为长发通常被视为女人的记号和专利，头发在此标记着性别身份。长发的柔软性和飘逸性，以及它下垂式的低回，最终体现出的是一种默默的母性。对男人来说，长发意味着对男性和女性的自然性的挑战，对性别身份的挑战，最终是对社会惯例的挑战，从哲学上而言，是对分类学和本质主义的挑战。长发实践着的是解构主义式的重复与差异。

长发不像光头那样极端和毅然决然，虽然它也溢出了自然性的限度。这既是由于它所特有的母性，也是因为它过多地承载了形式主义意味。长发还常常是一种饰物，一种剩余的和过量的符号补语，它可能是作为纯粹的饰品，作为一种空洞的形式装束而出现的，也就是说，它有可能剔除了任何政治性和身份性的教义。在此，长发属于修辞学，它等同于化妆，它是身体形式的一个符号增补。光头是对自然性和标准性实施减法，长发则是其加法。减法是一种了断，是一种无退路的凛然抉择；而加法则可以回旋，它有余地，可以伸缩，它慢慢地在时间之流中累积，因此是渐进的、过渡性的和无限延宕的。就此而言，光头是激进和暴躁的，长发则是策略性和深思熟虑的；光头是革命性的，长发是改良式的；光头瞬间而成，它无法立即回到自然状态，而长发则是缓慢而成，它可以瞬间回到自然状态。如果说对自然性的偏离是一种风险的话，光头的赌注超过了长发。

选择光头和长发的人群并不一定是某个抵抗类型的人群，光头和长发本身具有一种少数性和他者性，但是，剃光头者或留长发者并不一定具有危险性，就像那些保持自然性发型的人并不一定是安全的一样。光头和长发，以及其他所有的发式最终都可能是一种艺术道具，它们都可能是一种欺骗式的神话学，都可能是身份假象和性情诈骗，因为头发毕竟没有心跳，而只有物质、形式，以及嬉戏。如果说光头和长发是一种可能的骗局，那么，染发则是一种公然的骗局。

染发是我们这个时代的美学瘟疫，它以一种快速繁殖的形式在都市中爆炸般地传播开来。光头和长发如果带有某种激进性的话，染发则是纯粹的时尚；光头和长发如果说有一种悲剧式的凝重感，染发则带有一种滑稽式的轻浮感；光头和长发如果体现了某种决意和固执，染发则更多是一种模仿盲从；光头和长发如果是内在世界的表征，染发则主要是外在形象的改观。

长发奠基于稳定的神话学，染发则屈从于变化的神话学。长发似乎是固定的、充满惰性的形象，染发则是突变的、无常性的、不稳定的形象。正是这样，染发失去了其严肃性，而获得了好奇性和新鲜性。就头发而言，长发作用于其内在结构，染发则作用于其外在形式。染发不改变形状，只改变颜色，染发遵循的是表面哲学，它不探及深度，不探及冲突，不探及政治。长发具有焦虑性、冲突性、暴力性和决裂性，最终带有历史感和深度性，染发则充斥着戏剧性和嬉戏感。长发盛行于某种具有成熟价值观的群体中，它与嚎叫、摇滚、麻醉及革命相伴；染发则流行于少年群体之中，街头的流行乐是它恰如其分的伴奏。如果说长发是现代主义的，染发就是后现代主义的。头发颜色有种族学和生物学基础，它是种族记号，因而也是文化和历史记号。如果说我们曾经为我们的黑发而抒情，而歌唱，而倍感骄傲的话，那么染发则是对这种抒情的无声嘲笑，它无所顾忌地怠慢了我们的历史情怀，它是对这些记号的轻浮甩弃，是对文化和历史的甩弃。如果说长发和现实有潜在的冲突的话，染发则和历史有着决然的断裂。染发同现实没有冲突，相反，它是我们的现实、我们这个时代的症候。我们的时代正是在满街的黄头发中，表达出它的飘逸、它的瞬间性、它的能指快感和它的盲目的群众心理学。染发，洋溢着现时代的欢乐，它是现时代五颜六色的协奏曲。它回荡着起伏不定、来路不明的各种嘈杂声音。染发时代，不是一个激进的狂欢的时代，而是轻浮的嬉戏的时代。染发充斥着混杂性，这既是日常生活的混杂，是没有目标和焦点的混杂，也是一种种族想象式的混杂，是发色和肤色的一种拼贴式的混杂。正是染发的这种混杂性，表达了我们这个时代的西方想象，表达了我们的时代的全球化想象。

同光头和长发一样，染发也具有一种反自然性，它试图改变头发的原初色彩，但是，有真正的自然状态的头发吗？不错，确实存在一种头发的自然性，但这种自然性不是存在于那些稳健而理性的普通民众中，不是存在于匆匆忙忙的人群中，也不存在于少数派的另类中，不存在于高楼大厦的温馨家庭中。这种自然性只存在于任何发廊、任何符号工业之外，存在于任何剪刀、肥皂和护发素之外，它只存在于城市的灰暗角落、地下通道，以及垃圾堆旁。正是这些都市的流浪汉，这些无家可归的乞丐和精神分裂者，保持了头发的本性，在此，头发和器官一样从不进行外在修改。自然而然的蓬头垢面却成为这个时代的倒影。

性与民主

过去人们常常认为，维多利亚时期，性压抑十分严重。社会遍布着对性的压制性话语，有各种各样的审查制度、监督机制、惩罚律令、道德呵斥、忏悔仪式、讯问方式乃至教育手段。而这一切都试图将性，尤其是以享乐为目的的性压至地底，试图让它沉默、销声匿迹。人们将这一性压抑的意图同资本主义的发展联系起来。资本主义的生产组织方式，资本主义对劳动力的大量需求，资本主义的整体化和秩序化意愿，都同纵欲式的享乐格格不入，享乐是对劳动力的耗损，是对组织、秩序、纪律的骚扰，最终是新兴的资本主义趋势的阻力。于是，繁殖后代之外的性活动被严厉禁止，性只限于对劳动力的再生产方面，它的合法性依赖于它的工具性，享乐和快感则要被彻底地清除。

这一常识式的观点遭到了福柯的抨击。福柯在《性史》中将上述论调称为"压抑假说"。在他看来，这一"压抑假说"是有问题的。不错，维多利亚时期遍布着各种各样对性的压制性话语，但是，这一压制性的权力话语只有单向的否定性吗？权力话语只是监管和压制性的吗？它真的只是让对象沉默、收敛、萎缩乃至彻底灭绝吗？这就涉及福柯权力/话语理论的核心。在福柯看来，权力/话语既是压制性的，也是生产性的；既是否定性的，也是肯定性的；既是驱逐、排斥性的，也是滋生、激励性的。维多利亚时期的性话语淋漓尽致地展示了权力的两面性。它在压制性享乐的同时，又滋生了性享乐。

福柯这样来论证他的观点：一些反常性行为，即并不能导致生育而是以快感为目标的性行为（包括各种各样的性倒错、性变态，以及替代性的满足行为），因为遭到性话语的压制而奇特地获得了一种命名，也就获得了一种存在性。话语在施展它的压制权力时，也务必界定、命名、划分了它所要压制的对象，压制对象就在这种命名和分类中获得了切实的存在性，获得了具体的身份，从混乱、沉默和边缘处脱颖而出。偷偷摸摸的同性恋或者手淫突然以一种特有的类型、一种具体的性实践浮现出来，而且轮廓清晰。话语愈是要压制它，它就愈是会获得一种焦点、中心性和明确的自我意识，同时，它在躲避压制话语的同时，也在不停地扩散、奔突、四处逃逸，并在这种驱逐-躲避的游戏中不断产生吸引力，最终，它成为一种永在的固定的东西似隐似现地存在下去。压制不会导致事实性的消亡、灭绝，相反，它导致对象的成形、成熟；它不是将模糊的东西擦去，而是使其变得清晰；它并没有抑制性快感，而是激发性的紧张感和快感，性因此进一步成为一个社会的嬉戏性话题。而权力在和性的追逐中，也不可自制地沾染上喜剧色彩，沾染上性本身的享乐气质：讯问者在反复地盘问受讯者的享乐细节时，往往也沉醉于受问者的享乐回忆中。权力最终被性快感所俘获。

就此，福柯认为，维多利亚时期，性没有受到压制，相反，它受到了激励，受到了广泛的关注。福柯的这一推论雄辩有力，它一直主宰着近些年来对性所做的各种思考。然而，这一观点受到了安东尼·吉登斯的挑战。吉登斯在《亲密关系的变革》（*The Transformation of Intimacy*, 1992）中固执地认为，维多利亚时期的性压抑十分真实，"压抑假说"有无可争辩的合理性。

吉登斯对福柯的权力/话语理论不以为然。福柯说权力既是压制性的,又是生产性的,对于吉登斯来说,这太神秘了。而且,福柯只是在权力、话语、身体这三者之间大做文章,而真实历史及其主体在他那里却极为罕见。吉登斯批评了福柯的理论方程式。话语理论在史实面前常常脆弱不堪,吉登斯更相信活生生的事实,他将其出发点限定在具体的历史及其主体上。他的证据是,直到19世纪后半期,绝大多数人没有读写能力,受教育的人少之又少,而当时对于性的讨论,主要限定在出版的文本中,这些文本根本无法触及普通民众,性话语离他们非常遥远,它只是在一些乏味的医疗机构中流通,所以怎么谈得上话语的压制和生产呢?也许,更真实的说法是,民众处于一种自发的性蒙昧主义状况中。"很多女性根本没有任何性知识,并且只能忍受男人的性欲望",也许性蒙昧才是彻底的性压抑,维多利亚时代的空气中,哪里飘荡着享乐主义的气息?

吉登斯对于福柯的另一批评是:福柯由于陷入了抽象的权力概念中,根本未考虑到性别和爱。而性别和爱同性的关系十分紧密。性别不同,受压抑的程度就不同,受压抑的结果及压抑的象征性也不同,女性的性压抑状况尤其具有象征性。吉登斯肯定地说,维多利亚时代及其之后的女性受到严重的性压抑,这种压抑具有双重意义。一是社会对于性的普遍压抑,这样一种压抑同男性所受的性压抑在性质上是一样的。二是男性对女性的性控制和性征服。女性所受的这两种性压抑,如果不同时摧毁,那么与性解放有关的亲密关系的变革就不会到来。不过,吉登斯略感自慰的是,女性现在不仅摆脱了普遍意义上的压抑,还开始摆脱男性压抑,因而亲密关系开始变革了。

这种变革的证据是一系列性状况的调查研究报告。当然,吉登斯也借助虚构的文学作品所透露出来的新近的性观念。吉登斯根据卢宾(Rubin)1989年在美国的一项调查发现,青少年女孩对性的态度发生了根本变化。在前几代人中，女性的贞洁观是致命的，婚前贞洁是女性的美德，也是好女孩的标准，好女孩的声誉取决于她们抵制性诱惑的能力。但是对有些女孩来说，这样的贞洁标准和美德标准不再适用了。很多女孩感到她们有权在适当的年龄过性生活，而不再过多地考虑结婚与否，而且，有些女孩公开地无所顾忌地模仿男性行为，女孩对于性的态度变化明显地大于青少年男孩。不过卢宾和其他人的调查一起带来的最惊人的发现是性活动和性实践也多样化了，以前法律禁止的性行为现在广为流传，性倒错纷纷出场、叫嚷，要求合法性，而且它们要求和纯粹的快感挂钩。女性性行为的目的不再局限于传宗接代，她们期待着获得和提供性快感。同男人一样，她们也有婚外冒险的愿望。总之，男性和女性在性要求上愈来愈趋于一致，他们在性关系上愈来愈趋于平等。

吉登斯对女性的这种性态度的变化进行了细致的分析。如果说男性要求性快感是与生俱来的话，那么，女性性快感的获得则历尽艰辛。在避孕术发明之前，对女性来说，性并没有夹杂着快感，而是混合着恐惧，伴随着死之威胁。因为性总是与怀孕联系起来，而怀孕在某种意义上常常同死亡相伴。同时，婴儿的死亡率是压倒性的，在性行为中，死亡恐惧驱除了快感享乐。但是，现代避孕术的发明，去除了性和死的联系纽带，避孕将性和生育分离开来，也和恐惧分离开来。这样，性就回到了性本身，它成了自律的东西，女性也就有可能享受到性固有的乐趣。性变为个体或个体之间的某种快乐特质，变得灵活多样，从理论上说也可以变得为所欲为。就此而言，避孕术导致了性的解放。

性同生育剥离，从而女性获得快感，就此获得自治性，这样，她们才可能同男性达成一种纯粹关系（pure relationship）。纯粹关系剔除了权力的控制性因素，它使双方——无论是异性双方还是同性双方——在性和感情方面处在平等的位置，双方都获得一种自治能力。这种个人的自治性可以有效地控制自我在关系中的个人空间界限，同时个人也能对对方保持尊重，并意识到对方的发展潜力不会对自己构成威胁。总之，在纯粹关系中，暴力、威胁、虐待被平等、关爱和尊重所替代，这样一种纯粹关系现在不再只是限定于性领域，而且涉及父子关系、亲缘关系和朋友关系等。

吉登斯对于纯粹关系的强调使自己同福柯、马尔库塞和赖希等人区别开来。马尔库塞和赖希只是在谈论一种抽象的性解放，对于他们来说，性受到了压抑，这里的性是普遍意义上的，不分男女，是人们共通的一种性能量；而吉登斯更注重的是关系中的性，即男女之间的性征服、性控制，在他这里，压抑是性别之间的性权力压制。马尔库塞和赖希所说的压抑是社会对于普遍的性能量的压抑，在他们那里，压抑没有性别之分，而且，他们根本未考虑同性紧密相关的爱。这样，他们的理论就将性别与爱置于一边，将性关系置于一边，将具体的性形式置于一边。他们只是将抽象的性能量与压抑性的现代文化和规训社会对立起来，并对后者的规训堡垒进行攻击敲打，而且着手鼓励、培养怪异的非传统的性形式，并视之为性解放的先驱和未来的希望。

吉登斯对这种性激进主义，进行了严厉的批评。在他看来，没有必要进行一场轰轰烈烈的社会革命，这样一场革命无助于性的解放，它的手法和目标都弄错了。即使是社会完全扫荡了性压制力量，但只要女性没有自治性，没有和男性达成平等关系，没有获得快感，性的解放也就无从谈起。既然压抑首先而且主要是性别压抑，是女性受到压抑，那么革命首先应该在两性之间发生，而不是在个人和社会之间发生。事实上，这样一种植根于两性之间，植根于个人生活的基础结构的革命已经在悄悄地进行着，这样一种基础结构的革命，如纯粹关系的出现，可以蔓延和扩散开来，从而对整个社会体制的转型产生影响。就此而言，吉登斯发现的或者说倡导的革命是"自下而上"的,是个人性关系的革命导致社会制度的革命;而赖希等人的革命则是"自上而下"的,首先对压抑性的制度进行革命,然后才是性的革命。

那么,吉登斯的这种"自下而上"的性解放或者性革命到底会导致怎样的社会变革或者转型?纯粹关系出现的社会效应如何?正是在这里,吉登斯表达了他的最终意图。性和感情平等的纯粹关系使个人生活的大规模民主化成为可能,最终,性被纳入现代性规划之中,它有利于扩散民主概念,强化公共领域中的民主意识,并同全球性的民主政治语境相吻合。

吉登斯采纳的是赫尔德的民主观。它旨在稳定个人之间自由和平等的关系,它包括这样一些因素:个人应尊重他人的能力;不滥用权威和武力,这保证决策的协商性;个人参与决定相互联系的条件;个人能有效地实现其目标。而实现这些的基础正是个人的自治性原则。这样的民主因素毫无疑问可以在纯粹关系中找到相应的机制,也就是说公共领域中的民主完全可以适用于个人生活中的纯粹关系。比如:关系双方应相互尊重,男性或者父亲也应被禁止对女性或孩子使用暴力;关系双方都应敞开心扉,从而共同决定双方的关系。此外,没有义务就没有权利——政治民主的这一基本律令也适用于纯粹关系领域,只有双方共同承担责任,保持权利和义务相平衡的情况下,权利才有助于消解武断的权力。

这样看来,公共领域、国家政治层面上的民主为个人关系、纯粹关系的民主化提供了本质条件。但反过来亦如此,纯粹关系的民主化及自我的自治性发展对于重大群体的民主实践意义深远。同时,在更宽泛的层面上,个人生活的民主化与全球政治秩序中的各种民主可能性之间存在对称性。比如,在今天的全球政治语境中,既有强烈冲突的极端性,也有温和的商谈性,前者类似于个人间的非纯粹关系、权力关系、控制和征服关系,后者类似于个人间的纯粹关系和亲密关系；如果依照纯粹关系中的自治性原则行事，全球语境中的冲突性可能转化为更民主的商谈性，冲突双方可以从发现相互的基本关怀和利益开始，对对方持一种尊重和支持态度，最终就可以达成国与国、地区与地区之间的纯粹关系。

性关系就此和政治体制、全球语境联结起来。但是，性和体制不再是一种冲突关系、对抗关系、压迫和被压迫关系。性和政治体制构成一种对等关系，相互激发，相互强化，它们有共通的民主化倾向。尽管完全的民主化还路途漫漫，还是一个远景式的乌托邦，但是，性，与此相关的个人生活、家庭关系，以及逐步成形的个人生活政治，确确实实获得了一定的解放。这样一种民主化的生活政治的出现，这样一种纯粹关系的形成，这样一种亲密关系的转型，可能对作为一个整体的现代制度有着颠覆性的影响，因为"在其中情感满足取代了最大化的经济增长的世界极其不同于我们眼前所知晓的世界，现在对性产生影响的这些变化是真正革命性的，而且方式深刻"。

这本书在不露声色的中性描述、叙事和分析中，偷偷地洋溢着乐观的调子。吉登斯的理论出发点迥异于其他的理论家，它建立于一个技术的支点上：避孕术。按照吉登斯的说法，这一步至关重要，是"将手指扣在历史的扳机上"。避孕术的发明，导致性与生育的分离；性获得自主性，且以浪漫之爱为基础，女性同男性达成一种平等的纯粹关系；这种纯粹关系是一种民主化关系，最终个人生活政治的民主化导致对社会世界的颠覆性影响。这就是吉登斯在此书中的逻辑论点。但主要的问题是，纯粹关系的形成——如果我们确实有这种纯粹关系的话——难道主要是避孕术的结果吗？一种性和感情的平等关系的形成难道不受观念、意识形态和文化的影响？一种社会的选择性行为事实真的如吉登斯所言，与权力全然无涉？吉登斯大力推荐的女性在观念上的开拓性难道仅仅是因为她们的性和生育的分离而与风起云涌的女权运动毫无关系？吉登斯在这里全然没有涉及斗争，没有涉及意识形态机器，没有涉及60年代的摇滚、反战、毒品，以及与此紧密相关的性解放，没有涉及任何真实的观念性的文化革命，没有涉及这个革命的枝枝节节。在这里，历史没有回声，有的只是对案例、家庭细节、个人关系，以及爱情传奇所做的叙事和分析，而这些，似乎都只是局限于关系本身，局限于家庭，局限于吉登斯所说的"下面"，它们砍断了同历史和"上面"之间的绳索。也许，避孕术只是纯粹关系兴起的一个必要条件，但绝非一个充分条件，而我更愿意相信，亲密关系的转型——它表现为两性平等、个人自治、生活政治民主化、激情的私有化、快感要求、反常爱恋形式的涌现——是一种综合力量的结果。避孕术并不一定使女性获得性快感，性快感的获得也许还包括对心理禁忌的克服。克服禁忌绝非一个工业技术问题，甚至不只是一个观念和意识形态再生产问题，禁忌可能被压缩成本能，倘若真的如此，它可能还同一种精妙的精神分析有关。女性的自治性从来都不是唾手可得的，一波未平一波又起的女权浪潮就是明证。

吉登斯说得对，民主化远未彻底来临，但也可能永远不会来临。性民主远远不够，它既没有充分实现，也无力承担激发公共领域民主的使命。今天，在全球语境中，存在各种各样的压抑控制。这些压抑形式，都在迫切地等待着民主化，但是，同性压抑一样，它们不可能彻底民主化，因为权力是民主的死敌。对于福柯来说，权力是神秘的，它无影无踪，而又无处不在；对于尼采来说，权力是意志，是近乎本能的东西，是一旦遇见了弱者就要扑上去的东西。在某种具体的关系中，真的有非权力的纯洁性吗？

SARS 危机中的身体政治

在这场 SARS 危机中，身体的问题充分地暴露出来。它成为整个危机中无可争议的中心，对于这场危机中的人们来说，一切问题都远远地退却到身体之后，身体将一切别的问题置于暂时的黑暗之中。人们再也不是按照意识形态的立场、信仰、经济等级、社会地位来区分人群了。这些意识形态和经济利益的冲突、纷争、较量，这些形形色色的文化纠纷，这些不稳定的社会契约，这些权力的明争暗斗，这些日常的社会戏剧，现在全都让位于对身体的深切知觉。人们撕毁了自己在社会中的面具角色，将霍布斯所说的自保（self-preservation）本能表现出来。人在这个时候拼命地往原始状态退缩，将社会性弃之不顾。理想、事业、抱负乃至金钱，这些日常状态的生活重心和动力，在这个特殊时刻土崩瓦解。制度、秩序、组织在自行地解散，并主动丧失其强烈效力。这样濒临瓦解的社会不是被摧毁，而是被人们主动地冻结；不是被一种肆虐的无政府状态所取代，而是被一种主动的静寂主义所编织；不是被一种革命性的活跃力量所颠覆，而是被一种无名的恐慌所笼罩。我们看到了一场不可思议的复归：向无组织状态的复归，向反社会状态的复归，向动物状态的复归。这是一个令人窒息的时刻，但同时又是一个史无前例的经验时刻——人，不单单是某一个体，还是整个的人群，历经了一次巨大的心理震荡，这次震荡不仅仅是对死之恐惧，而且是对一个罕见处境的茫然经验。人突然被甩出了日常生活的轨道，他的整个日常经验突然被弄得僵化、呆滞和停顿了。这是一次奇异的具有恐怖色彩的梦幻般的经验。人，有可能是第一次这么大规模地离开社会，离开他者，离开街道上作为背景的人群，离开他置身于其中的公共领域。人，有可能是第一次这么彻底地退回自身、退回自己的身体、退回自己的孤独中、退回自己的无助感中。人，有可能是第一次将自己置身于一种超现实之中，置身于虚构的电影之中，置身于舞台戏剧之中——只要撕下自己在社会舞台上的面具，人的生活就具有一种真正的戏剧性。生活在这里变成了艺术，王尔德的伟大理想实现了，只不过，这里的艺术不是喜剧，而是悲剧；不是正剧，而是贝克特式的荒诞剧。是的，这个城市像一个梦幻工厂，但，只是一个造就了噩梦的工厂。

　　社会性急剧地向个体性退缩，这样，家庭成了一个自足的封闭场所，成了个体的绝对空间。这是一个纯粹空间意义上的空间。家庭以一个隔离封闭的空间来表达它的完全意义，它占据了房子的含义。现在，家庭开始抛弃所有的情感和浪漫神话，它不是由灯光、音乐、鲜花、低语和客人所造就的缠绵氛围。家庭现在只是一个能够将自我的身体和病毒隔离开来的纯粹空间。它变成了一个身体防护墙。在此，空间的性能压倒性地挤走了空间的格调。几何学排斥了伦理学。人们藏身于家中，不是对于逐渐淡薄的血缘伦理的反复温习，而是对于这个几何空间一遍遍不厌其烦的耐心检查。家庭成为卫生学和空间几何学的对象，也许是第一次，家庭空间的某些特殊场所，尤其是那些和身体密切相关的场所——厕所、窗户、门把手、鞋柜——得到了细腻的反思，人们将目光耐心地停留在这个空间内的每一个隐秘角落。家庭中的成员从社会中——无论他们在社会中占据一个什么位置——退回来后，不约而同地变成了勤勤恳恳的清洁工人。这既是对所在空间的清洁，也是对自己身体的清洁：

人们不知疲倦而又小心翼翼地搓洗自己的双手。身体和空间的双重清洁，成为最必要最日常的劳作。家庭的伟大诗意，被一个烦琐不堪的去污劳作摧毁了。一个全民性的身体及其空间的清洁卫生运动，自发地成为生活的宏大主题。

在这样一个家庭中，对于清洁卫生运动的专注，或者更准确地说，人对于自己的身体的专注，使得对于财富和声望的角逐游戏中止了，家庭内部的政治游戏也中止了。人不再是亚里士多德所说的政治动物。人是一个同等的自保的动物。他的本质现在由身体来定义，他的前景、希望和未来仰仗于他的身体。他的健康、强壮、免疫力、病史构成他此刻仅有的存在性。阶级差异、贫富差异、文化差异、权力差异现在让位于身体差异。布尔迪厄竞争性的场域（field）概念失去了它的理论力量。或者说，所有争夺资本的场域游戏自行解散了。代替场域的是禁锢身体的严厉的空间性场所。经典社会学模式没有能力来描述此刻的场景，这必须是反社会学的叙述，反意义的叙述，反政治经济学的叙述，这里，只有纯粹几何学性质的空间描述：只有医院和非医院的空间场所；只有隔离和非隔离的空间场所。同样，在这两类空间场所中，只存在两种人：患者和非患者；病人和非病人；咳嗽的和不咳嗽的；发热的和不发热的。总之，只存在两种类型的身体：携带病毒的身体和不携带病毒的身体。人们就这样区分、定义和描述人群，就这样将人的本质纳入身体的范畴内，似乎身体知识和医学知识就是人的全部知识。白色大褂的医生变成了身披斗篷的教父，人们毫不犹豫地将自己交给了医学专家，他们的公开话语成为圣词，人们将医生的要求当作神圣的法律，言听计从。医学知识以一切想象得到的形式被广泛传播，它力图深入人心，变成日常生活指南。医学和身体知识此刻被赋予生活杠杆的地位，于是，人们全力以赴地将注意力投入对自己身体的细微揣测之中。对身体的甄别，成为他们不厌其烦的日常反思功课。身体及其症候在他们的内心反复地撒下阴影。身体,它的某一个方面,前所未有地在人们沉睡着的内心深处苏醒过来。以前,人们常常注意到的是身体——无论是自己的身体,还是他人的身体——的美学构造、形象构造,现在,人们在探索身体的生理学构造、肌体构造。以前,人们总是想方设法地投资和强化身体;现在,人们是在小心翼翼地呵护身体。以前,人们投资身体是为了拼命地消费身体,使身体成为一种有效用的生产手段;现在,人们呵护身体是为了积攒身体的能量,使它成为抵制疾病的防御手段。以前,人们只是在某个不经意的时刻留意到身体;现在,人们却无时无刻不在洞察身体的真理。在此,身体,是黑格尔式的自我感知(sentiment of self)的对象,而不是自我意识(self-consciousness)的对象。欲望是指向身体的,而不是指向他者的。黑格尔式的声望"承认"完全退回了身体的知觉。

人们在努力获得自我身体的知识,也在努力获得他人身体的知识。身体的真理不再是个人性的,不再属于私人的秘密。身体的知识应该被公共机构掌握。这是因为,危险和恐惧的根源来自身体,任何一个身体既可能成为另一个身体的杀手,也可能成为另一个身体的牺牲品。身体彼此之间都潜藏着阴郁的威胁,身体的关系变成了危险的关系。就此而言,每一个身体都应该昭示它的秘密,都应该被详尽地观察、检测、探究,都应该被记录在案,一个临时性的身体档案——它有别于个体历史事件的档案——很快在各种临时机构中被建立起来。清晰的身体知识和档案,是确保安全的唯一砝码。因此,当身体置身于某一个新的空间场所时,必须将自身置于公共机构的目光之下。身体的知识,必须被暴露。身体,而不是内心,再一次受到严厉的审判,这个时候,目光不再是根据地位、等级、服装、款式来打量身体了,机器的目光接近纯粹的医学目光。只有身体的医学指标(具体地说,身体的温度),才被广泛确认为最基本的身份凭证。

由于身体既是危险的根源，又是危险的受害者，权力的眼睛就是要毫不懈怠地盯住那些不正常的身体。它要对身体进行完全的洞察和宰制。公共权力机构现在是按照身体的征兆来区分人群。一旦身体出现了某些征兆，或者一旦身体可能出现某些征兆，身体就必须被固定起来：身体的监禁出现了。这是完全的身体囚禁，它仅仅针对身体，这样的监禁丝毫不附加道德上的惩治和谴责，相反，监禁机器还抱有愧疚之心，因为通常的监禁是将违反法律的罪犯强制性地关押，它在禁闭他们的同时，还流露出一种在同罪犯的较量中大获全胜的快乐，一种报复和惩罚的快乐。但此刻的被监禁者都是无辜者，他们是服从的公民，毫无过错，既没有针对法律的暴动，也没有对道德产生丝毫的威胁。但是，仅仅因为他们的身体症候和可能的症候，他们被关闭起来。这些身体的症候不是被禁闭者所能掌控的，而且没有一个人愿意制造出这种症候，他们本身就是受害者。因此，对这些受害者的禁闭，就没有通常禁闭所产生的得意扬扬之感。禁闭，在这里，逆转了它的一贯对象，前所未有地变成了对驯服的受害者的管治。同任何一类惩罚式的禁闭相反，这纯粹是一种身体禁闭，而绝对不要求灵魂上的洗心革面。禁闭中没有改造、惩罚、教训、忏悔，相反，这些受害的禁闭者在精神上得到了安抚，禁闭被叙述为一种牺牲行为，一种荣光行为，一种公益行为。禁闭，不是让被禁闭者名声扫地，而是使被禁闭者进一步地成为公民楷模。禁闭的解除变成了一场英雄凯旋。等待他们的不是歧视，而是鲜花和掌声。这既是对禁闭所造成损失的补偿，也是对禁闭性质的终极定论。

这种不受任何法律和道德谴责的禁闭以各种各样的形式（主动的或者被动的）建立起来。整个城市被划分成了各种封闭性的空间场所。它们彼此断绝了往来，切断了城市的流动，使城市陷入一种僵化和冻结的状态。但是，这种僵化和冻结不是欲望身体的冻结，而是医学身体的冻结。前者乃政治专制主义所为，就欲望身体的冻结而言，个人可以走动，但是不能言说，这种欲望身体的冻结是思想和表达的冻结。言语的冻结，是单一的堤坝对奔突的欲望的强行禁锢，这是一种法西斯主义式的总体性冻结，是强迫性的暴政沉默。因此，让欲望流动起来——根据德勒兹的说法——就是将这种法西斯主义的总体性盖子拔除，让差异性流溢而出，欲望之流是对暴政的无情摧毁。与之相反，医学身体的冻结，不是政治性的冻结，而是单纯的空间冻结，个人不能走动，但可以自由言说；身体被冻结了，但思想和表达并没有受到外在性的强制限制，相反，身体的冻结恰恰激发了言语和表达的急剧冲动，我们看到，冻结的身体滋生了过度的言语信息。通过各种各样的传播机器，病情、权力的措施、防御知识、事态进展、警示、友情问候，以及纯粹为了打发时间的网络或电话闲聊，使言语和欲望爆炸性地来回传递，这成为空间冻结的一个反向的言语喧闹效应。患者见不到任何一个熟人，但他会收到铺天盖地的言语上的关照。城市停滞了，但是交流在每一个角落不停地汹涌着。这是一个人迹罕见的城市，却是一个消息繁殖的城市；人们被迫地固守城市一隅，但是他们对整个城市了如指掌。身体的空间隔离却使人们前所未有地连接在一起，单个的原子般的身体惊人地织成了一种同质感：人们关注同一件事情，收看同一种新闻，谈论同一个主题，传递同一个信息，服用同一种药品，甚至进行同一种身体活动——洗手。人们彼此看不见了，但是，人们用彼此的类似复制来引起共鸣。再也找不到一个如此充满悖论的共同体：一个隔离、分散和不来往的共同体。人们看不到广场的盛大集会，但仍旧存在一个紧张的焦点将人们牢牢地统摄在一起。藏匿起来的人们，却会在某一个时刻，同声相应。

这是现代疫情的特有形式。人在空间上是与他人隔离的，但他并没有孤单之感。他没有被流放，被排斥，被抛弃，被一劳永逸地甩掉，即便是患者和可能的患者。他知道自己是这个共同体中的一员。他和他人共同分享着眼前的一切，他和他人能同时对情况做出判断，对处境做出选择。信息，在这里不仅仅是一种纯粹的流通性的事实消息。信息在此产生了巨大的实际效能，它甚至决定着整个城市的面貌和街景。信息的发布，决定着街头的喧闹，信息成为庞大的城市交响乐的伟大指挥者。最重要的是，信息还产生了实际的防治效果，它具有一种无与伦比的生产性，一个简单的信息可以产生巨大的防治效益，这是最为经济的防疫手段。信息在抵达个体的同时还造就和决定了个体，它使个体产生实际的防治和自我诊断行为，信息的这种威力同防治性的政府权力、同医学救治权力相比毫不逊色。这三者成为今天防疫工程的三位一体。正是这种无所不在的快速信息，使流行病的现代救治和古代救治断然区分开来。这也是两种救治的最重要的差异：行政隔离的权力是一种古老权力，它是对付流行病的一种本能权力；医学救治的权力是18世纪的生命权力，它在鼠疫时期成为人的手段和目标；只有信息的权力才是今天的权力，才是今天对付流行病崭新而有效的权力。我们看到，一旦这种崭新权力没有被恰当运用，巨大的混乱和盲目就出现了。信息的不通畅，注定会引发激烈的纷争。

信息权力施加于广泛的个体而产生防御效用，它只能落实于个体身上，而且，这种效用只能通过个体的自觉行动来实现。显然，单个的防御性个体无法对整个病情产生抑制作用，而且，信息权力没有主动的检测和强制性，这是一种不能被完全执行的权力。正是在这里，我们看到了行政权力和医学救治权力的登场。信息权力所缺乏的检测和组织功能让位于公共性的行政权力。行政权力得到了强化。由于个人退回家中，他因为职业而从属的制度机器弱化了，但是，职业性的制度机器以外的公共权力机器强化了。个体退出了他每天置身于其中的局部性的制度机器，但是普遍性的公共权力机器毫不松懈地笼罩住了他，他面对的不再是具体的上司、客户或者形形色色的账单，而是一般性的社会复杂且细微的行政管理机器。现在，个体直接面对着的，而且是唯一面对着的，就是公共权力的每一个层级，个体现在不是根据他的职业受到企业的分类控制，而是根据他所在的位置空间受到细致的行政管理。

这种行政管理机器不再是韦伯式的科层管理机器，不是企业机器，而是政府机器。在这里，个体从职业性的体制中获得了自由，但是，他成为政府的看守对象，各个层面的政府机构全面地调动起来，旨在充分而完全地监督个人的身体状况。为此，政府权力在职能上、在构成上、在目标上都发生了重大改变。首先，医生作为重要的构成部分被纳入政府机器中，医疗救治被赋予了重大的政治意义。医生的职责除了传统的救死扶伤外，还涉及对整个行政管理发表举足轻重的意见。防治、监督、管理和救治措施，都是在医生提出的方案的基础上制定的，医生成为政府此刻关键的决策者。公共权力中的常规行政人员只是严格执行医生的方案。国家暂时变成了一个医治国家，医务高悬在国家的上空。医生在某种程度上主导着政府的行为，卫生机构成为最忙碌和最核心的机构，法律、警察成为医生强有力的补充。同时，医疗工作人员还纷纷以加入组织的方式成为事实上的管理者。

医生临时性地取代了经济技术专家，成为政府的重要决策者，政府的权力目标当然就发生了改变：高效率的经济目标变成了生命的救治性目标。福柯所说的生命权力（bio-power）得到了证实和实践。根据福柯的看法，生命权力——欧洲国家自18世纪以来主导的权力方向——将其职能锁定在生命的治理上。这样的权力旨在调节和有效管理人口，促进人口的健康，提高人口的质量，保证生命的安全，增加生活的福利，强化公共卫生机构的设置。权力的总目标是确保人口的健康和安全。这是国家治理和国家权力实践的主要目标。这样的生命权力同国家的屠杀权力,同法律的压制权力截然相反。福柯发现,君主和暴政国家,在对待麻风病的时候,是将病人抛弃,将他们扔在城外,或者放逐于大海,从而让他们自生自灭。正常人以此得到保障。这里,病人是被隔离了,不过是被抛弃式地隔离。今天,人们依然是在隔离病人,却是救助式隔离,国家权力对生命安全的承担方式,不是使"不正常"的人(病人)消失,而是使他们得到救治和改造,使他们恢复正常。这是国家权力的主要目标:一种生命政治学目标。

要达到这一目标,最基础的方式就是切断身体的传染链条。为此,国家权力就得详尽地包围和调查身体。为权力建立一个连续链条就是为了随时切断身体的传染链条。于是,权力就会像一张大网一样周到而事无巨细,权力的链条丝毫不能存在断裂,严厉的权力流程不能有任何漏洞。这样的权力理所当然地变得严肃、紧张、苛刻、敏感,因为只有这样才能完全地保证它的流畅和顺利。权力机器中的执行者必须毫不松懈地维持这根权力之链,他们要为它的流畅负责,同时,还要尽可能地调动一切因素来维持它的有效运作;那些成为权力对象的人在某个时刻可以反过来作为权力机制内的要素。由于这种对身体的细致检查权力符合普通民众的意愿,所以,一般民众也积极支持甚至加入这种政府权力的实践,他们自动放弃了某些日常权利,这就提高了检测权力的效率,并节约了行政权力的成本。我们看到,行政权力一旦得到个体的支持,就会变成一种无处不在的权力,一种隔离和搜索的权力。这种权力的障碍不是抵抗,而是身体的黑暗,因此,它的手段是目光,而不是暴力。它的目标是将身体从死亡的播散中抢救出来,而不是将身体植入镇压的死亡机器中。因此,这是一种积极的全面干预权力,权力的对象不再是权力的敌人。权力和权力要搜索的对象进行的不是追逐游戏,权力的目光要测量的不是破坏性动机和行为，而是明确或者隐匿的身体疾病；权力不是给对象以法律的致命一击，而是将对象揽入安全的怀抱；不是将个体从人群中清除出去，而是在人群中将个体召唤出来。因此，权力除了忙忙碌碌主动搜寻之外，还设置了各种各样的信息通道，以便它所要搜索的对象主动进入权力的干预中——通常，这个对象不是惧怕这种权力，而是不能肯定他是否就是这种权力要搜罗的对象，也就是说，他难以确定他的身体症候。他配合、适应和服从这种权力。在此，我们看到了这种权力同司法权力的显著差异：对后者来说，权力的对象总是在仓皇地逃窜；而前者再一次被证实为具有积极的生产性。

　　SARS危机使社会短暂而急剧地陷入了一种寂静状态。怯懦的喃喃低语取代了机器的猛烈轰鸣。舞蹈、歌声和宴饮从城市中消失了，人们失去了节庆的表达，他们的面孔写满了不安。这是一段没有节日和欢乐的时光，它像一个寂静而恐怖的黑夜，一个被威胁所笼罩但又不知道威胁何时降临的黑夜。所有的人都发现，他们的正常生活出轨了，但不是向着狂欢的方向出轨，而是向着狂欢的反方向出轨。这种寂静的生活是如此之罕见，犹如纯粹的节日状态在我们的生活中是如此之罕见一样。这样的生活，是一种史无前例的压抑生活。在这个意义上，这种压抑的寂静状态对所有的人来说都是一个机遇，一个具有噩梦性质的机遇。对于这个城市而言，在刻板的理性生活和热情的狂欢生活之外，增添了一场惊恐的寂静生活。理性的生活是在城市机器的正常轨道中运转，在这种生活中，人们的意识驾驭着他们的身体，意识主体施展了控制力量——无论是对身体的控制，还是对外在性的控制。在狂欢生活中，身体则摆脱了意识的控制，冲毁了理性和制度的界限，身体之粗蛮力量驾驭和创造着世界，最终形成一个狄奥尼索斯式的世界。而在寂静的生活中，意识和身体都处在沉睡状态，或者说，意识只是对身体的感知，而身体则仅仅是被意识所感知的身体。意识和身体彼此作为目标相互纠缠和重叠着，这是人的一种奇特而罕见的回归，是人从外在性向内在性的回归，是人从扩张性向收缩性的回归，是人从主体性向动物性的回归，是人从主人向奴隶的回归——寂静的状态是黑格尔式的奴隶状态。

SARS危机绝不是一场简单的健康和卫生危机，事实上，这是一场信念危机，是对形形色色的乐观主义又一种形式的打击。我们看到，启蒙运动以来的人类中心论在这场危机中遭到了空前的挑战：人类依然不是盛气凌人的主人。科学和知识远不是培根所说的祛魅之力量。战争的危机，是政治和伦理的危机。疾病的危机，则是科学和哲学的危机，是主体性的危机。我们不知道，我们的历史将终结于何处；我们只知道，战争和疾病的二重奏，已经踏着和谐的节拍来到了我们的跟前。

是的，乐观的风暴又要刮起了，因为，眼前的这场危机即将拉上大幕。但是，谁又知道，下一场危机将在什么时候悄悄地搭起舞台？

第二部分

空间的政治

空间生产的政治经济学

没有人否认，空间及其空间观念，处在历史性的变化之中。根据福柯的看法，中世纪的空间是一个层级性空间，所有的地点和空间都围绕着天国展开。有一个天国地点，还有一个超天国地点，此外，还有一个与天国地点相对的现世地点。空间和地点就按照这个层级的对立模式被部署，这就是中世纪的定位空间。空间的关系被神圣化了。打破中世纪定位空间的是近代的伽利略。从17世纪起，空间部署不再是天国中心式的，不再将天国中心作为交错的层级模式。相反，空间作为一种没有焦点的无限性被建构起来，而地点是无限广泛延伸的空间中的不稳定的一环，它的神圣意义得以瓦解。这是一个无限空间。而今天，空间再次摆脱了伽利略的无限性概念，它被基地化了。"基地（site）被两点或两元素间的近似关系所界定；从形式上，我们可将这种关系区分成序列的、树状的与格子的关系。"[1] 而我们就生活在这种空间关系中。"这种关系描绘了不同的基地，而它们不能彼此化约，更绝对不能相互叠合。"[2] 这就是19世纪以后的空间图式，它的核心在于，基地只有在同别的基地发生关系的过程中才能恰当地定位。一个基地只有参照另一个基

---

[1] 包亚明主编：《后现代性与地理学的政治》，上海教育出版社，2001年，第19页。
[2] 同上书，第21页。

地才能获得自身的意义。我们发现，现代城市正是依照这样一个空间观念而确定了它的基本结构：一个色情场所只能在和警察场所的关系中确定它的意义；一个墓地只能在和公园的关系中确定它的意义；一个商城只能在和一片社区的关系中确定它的意义；一个车站只能在和一个城市的关系中确定它的意义。将单个的空间定位于关系领域中，并将空间的意义置放在这种关系中，这，就是现代城市结构部署的一个独特之处。

如果空间既非神圣的，也非无限的，那么，它既被俗化了，也被结构化了。它被有意地按照关系部署起来。这样一个空间，既具有历史主义的色彩，也充满了人工的痕迹，空间，就这样被纳入列菲伏尔所宣称的生产状态中。如果说，福柯是从观念史的角度来对待空间，那么，列菲伏尔则从政治经济的角度来对待空间。他们都不认同那种纯粹物质主义的空间观，即"给所有的空间事物披上一层挥之不去的原始感和物质构成感，烘托出一种客观性、必然性和物体化的气氛"。空间不过是在历史性地振荡，它并非一个单纯的自然或者神圣之物。但对于列菲伏尔来说，空间不是观念的产物，它主要是政治经济的产物，是被生产之物。用苏贾后来的说法就是，"空间在其本身也许是原始赐予的，但空间的组织和意义是社会变化、社会转型和社会经验的产物"[1]。马克思忽略了历史进程中空间的自主力量，正如哈维所说，"马克思经常在自己的作品里接受空间和位置的重要性……但是地理的变化被视为具有'不必要的复杂性'而被排除在外。我的结论是，他未能在自己的思想里建立一种具有系统性和明显地具有地理与空间的观点，这因此破坏了他的政治视野和理论"[2]。列菲伏尔的一个重大贡献就是，将空间和地理的分析强行塞进马克思主义中，他强化了马克思主义的空间

---

[1] 苏贾：《后现代地理学》，王文斌译，商务印书馆，2004年，第121页。
[2] 同上书，第100页。

一面，使得人们从马克思主义的纯粹时间魔力中解放出来。并非只有以时间解放为主题的历史神学，空间本身积极地参与了整个商品的生产过程，同时，也更重要地参与了历史进程。他的一个基本观点是，资本主义正是通过不断地生产和再生产空间关系与全球空间经济，才存活到 20 世纪。历史，在这里成为创造和发明空间的历史。正是得益于他的思考，空间才成为一个如此重要的理论问题，人们也才从对时间问题的关注转移到对空间问题的关注上来。不仅如此，列菲伏尔结合空间现实，扩展了经典马克思主义的生产理论。在马克思那里，生产主要指的是物质生产，而空间通常被当作物质生产的器皿和媒介。列菲伏尔则创造性地提出了空间生产理论。什么是空间生产？空间生产指的不是在空间内部的物质生产，而是空间本身的生产，也就是说，空间自身直接和生产相关，生产，是将空间作为对象。即，空间中的生产（production in space）现在转变为空间生产（production of space）。从空间生产这个角度出发，我们就会将目光转向各种各样的都市建造、规划和设计——这些是最为显著的空间生产现象。这种对空间的生产在当代具有决定性的意义：经济生产如果将重心置于空间生产的话，那么，空间，包括与它有关的一切，都会是生产剩余价值的中介和手段。列菲伏尔强调，现代资本主义经济的规划，倾向于成为空间的规划（中国所谓的地产业成为拉动经济的主要行业，正是对此的证明），人们现在通过生产空间来逐利，这样，空间就成为利益争夺的焦点，它吸引了社会的一切目光，空间，如今是一个血腥的战场。"土地，地底，空中，甚至光线，都被纳入生产力和产物之中。"从这个角度来说，都市结构是生产力的一部分，城市和各种设施（港口及车站）都是资本的一部分。时间，在这个过程中被空间压制了，它被化约为空间的界限。[1] 列菲伏尔将空间引入马克思的生产理论中，就此，他

---

[1] 包亚明主编：《现代性与空间的生产》，上海教育出版社，2003 年，第 49 页。

既将空间带出了生产的黑暗地带，又在新时代——尤其是在大规模的资本主义都市建设时代激活了马克思主义。这样，我们看到，空间是带有意图和目的地被生产出来的，是一个产品，空间生产就如任何商品生产一样，是被策略性和政治性地生产出来的。因而，空间是人造的，不是自然而然的，不是纯粹形式的，不是理性抽象的，不是一个中性的客观的科学对象，更不是一个物质性的器皿。总之，空间不是自然性的，而是政治性的，空间乃是各种利益奋然角逐的产物。它由各种历史的、自然的元素浇铸而成。空间从来不能脱离社会生产和社会实践过程而保有一个自主的地位，事实上，它是社会的产物，"它真正是一种充斥着各种意识形态的产物"[①]。从这个角度而言，空间永远是具体化的、时间性的、历史性的。如果每一个社会都有一个生产模式，如果每一个社会都在自然空间基础上构造一个社会空间，那么，必定存在一个资本主义空间及其空间生产形式，也必定存在一个社会主义空间及其生产形式。18世纪有其空间生产形式，20世纪也有其空间生产形式。空间的命运，就在历史中反复地振荡。正是因为空间生产的根本差异，我们才能在历史中——在具体的生产形式中——来对待空间，我们也才知道，同一个空间，会被不同的意义反复地浇铸。

新的马克思主义批判眼光，对资本主义空间形式充满警觉。列菲伏尔这样确定了资本主义空间的功能特性：空间是生产资料，所有的空间都是生产资料和生产力，"利用空间如同利用机器一样"；空间都有使用价值，并能创造剩余价值；空间可以被消费，可以成为消费的对象，公园和海滨这样的场所，都是被消费的地方；空间是政治工具，"国家利用空间以确保对地方的控制、严格的层级、总体的一致性，以及各部分的区隔"，整个国家都是由警察控制的

[①] 《现代性与空间的生产》，第62页。

空间；最后，空间既是斗争的目标，也是斗争的场所。阶级斗争可以改变空间的同质化倾向。如果没有对空间的抵抗的话，那么，资本主义就会将空间在全球范围内抽象化、同质化。抵抗的阶级斗争可以制造出空间的独特性和差异性。"今天，阶级斗争比以往更加被铭刻在了空间之中。真的，单单是这种斗争，就防止了抽象的空间盛行于整个星球和掩饰所有的差异。"① 就此而言，空间在资本主义社会中获得了基本的政治经济地位，而绝非单纯的中介性的物质容器和框架。空间，既是手段，又是目标，"空间被列为生产力与生产资料，被列为生产的社会关系，特别是其再生产的一部分"②。

空间既是生产的工具，也是消费的工具；既是统治的工具，也是抵抗的工具。显然，它处在各类势力的较量之下，并在各类势力的较量中获得自身的现实。就此而言，列菲伏尔断言，"（社会）空间就是（社会）产品"③。这个说法的第一个含义是，（物质性的）自然空间正在消失。自然在抵抗，并且有无限的深度，但它还是被击败了，它只能等待最终的毁灭。④ 同样，既然空间是社会的产品，那么，它的第二个言外之意就是，每一个社会，每种生产模式，每种特定的生产关系，都会生产出自身的独特空间。第三个含义是，如果空间是产品，那么，凭着我们对这个产品的了解，对这个产品的知识，对这个生产出来的空间的知识的了解，我们就有望复制这个空间的生产过程。人们"兴趣的对象就有望从空间中的事物转变到实际的空间生产方面来"⑤。既然存在这样一个生产空间

---

① 戴维·哈维：《后现代的状况》，阎嘉译，商务印书馆，2003年，第297页。
② 《现代性与空间的生产》，第49—52页。
③ Henri Lefebvre, *The Production of Space*, Blackwell, 1991, p. 30.
④ 同上书，第30—31页。
⑤ 同上书，第36—37页。

的过程,那么就应该讨论历史。接下来的第四个含义自然就是,"既然每个生产方式都有其特定的生产空间,那么从一个生产方式到另一个生产方式的变化就必定伴随着一个新空间的产生"。这个新空间就伴随着生产方式的变化而出现,它的规划和组织井然有序。① 反过来,列菲伏尔也强调,生产方式的改变,甚至是社会的改变,仰仗的是空间的改变。"任何一个'社会存在'渴望变成或者宣称变成了现实,但如果没有生产出自己的空间,就是一个古怪的实体。"② 列菲伏尔因此强调,社会形态的变化必定带来空间性质的变化。中世纪的空间构造同封建主义的生产模式相关,其布局呼应农民改造的地貌道路网络。资本主义生产出来的抽象空间的基础是银行、商务中心、企业、机场等组成的巨大网络。这个抽象空间包括商品世界及其逻辑。那么,社会主义空间呢?社会主义空间尽管不明晰,但可以推论出是一个差异空间。其特点就是资本主义国家对空间的政治性宰制的终结。社会主义社会对空间不再是宰制,而是挪用,同时空间更多是被使用,而不是被交换。③ 空间就这样在不同的社会形态下获得了各自的历史性命运。反过来,空间的变化本身对于社会现实又产生积极的影响。"空间和空间的政治组织表现了各种社会关系,但反过来又作用于这些关系。"④ 也就是说,社会创造了空间,但又受制于空间,空间反过来形塑着社会构型。社会和空间之间就存在这样一种基本的辩证关系。

如果说,列菲伏尔将空间和社会(及其生产模式)的关系——这种关系为辩证法所铭刻——作为空间思考的重心的话,那么,福柯更多地将空间和个体关系作为讨论的重心。而且,同列菲伏尔不

---

① *The Production of Space*, pp. 46—47.
② 同上书,第 53 页。
③ 《现代性与空间的生产》,第 55 页。
④ 《后现代地理学》,第 123 页。

一样的是，福柯并不力图表明这种关系之间的辩证法。与其说个人和空间互相影响，不如说，空间对个人具备一种单向的生产作用，它能够创造出一个独特的个人。对个人而言，空间具有强大的管治和统治能力。物理性的空间，凭着自身的构造却可以形成一种隐秘的权力机制，这种权力机制能够持续不断地监视和规训。在一个密闭空间内部的监视和规训，可以将个人锻造成一个新的主体形式。福柯在现代社会和古代社会之间做出的一个隐蔽却重要的区分就是，现代社会形成了各种各样的机制，这些机制都表现出一个密闭空间的特征来——正是这些空间的封闭性，使监视和规训成为可能。而监狱是这些密闭空间的极端强化性代表。事实上，现代社会，就是由一大堆监狱群岛构成的。就此而言，现代社会，就是一种空间化的社会，是一个个规训性空间并置的社会，是通过空间来统治和管治的社会。福柯对现代社会所做的空间化处理，就是要将现代社会监狱化。这个社会监狱的手段，就是建造密闭的空间，并在这个空间内监视，让这个空间展现自身的规训权力。权力在这个空间内流动，通过这个空间达到改造和生产个体的效应。这个空间是自动的、匿名的，但又在持久地发挥作用——福柯著名的全景敞视监狱就是空间发挥监禁作用的一个伟大范例。空间能够生产主体，能够有目标地生产一种新的主体类型。人，却在特定的空间中被锻造。空间可以被有意图地用来锻造人，规训人，统治人，能够按照它的旨趣来生产一种新的主体。显然，福柯是从政治的角度，从统治技术的角度来谈空间和人的关系的。权力如何借助空间而发挥作用？空间又如何展开它自身特有的权力实践？空间是权力实施的手段，权力借助空间的物理性质来发挥作用。这样，空间成为政治统治必不可少的一环。空间对人的统治，是社会统治技术的一个基本手段。显然，空间的统治借用了建筑技术，并且在建筑的发展历史中表现出来。福柯发现，城市的设计实际上暗含着一种巧妙的统治目标。人们对此却浑然不觉。存在一种城市的空间政治。在某些关键的时刻——我们甚至可以说在危急的时刻——城市规划本身的管治能力浮现出来。这种管治能力是借助城市的空间布局来实现的，即权力是借助城市中的空间和建筑的布局而发挥作用的，无论是单个的建筑——医院、工厂、学校，还是一片建筑群——街区、城市，都可以通过设计而实现统治之用。监狱是统治空间的集大成者。福柯谈到了西方的城市是如何发挥统治功能的。尤其是在处理传染病的时候，空间是如何起作用的。存在两种处理传染病的方式，一种是处理麻风病的方式，另一种是处理鼠疫的方式。处理麻风病，是在城市搭砌围墙，将正常人和病人区分开来，将麻风病人扔在城墙之外，也就是说，城市划分成严格相区分的两个空间，权力在一个空间中，在一个禁闭的空间中，在一个关闭麻风病人的空间中排斥性地运作。权力就是借助空间来区分、排斥和驱逐的。正是利用了隔断的空间，病人和正常人被相互隔离开来。还有一种是处理鼠疫的方式，鼠疫的空间处理方式在18世纪开始取代麻风病的空间处理方式。这个时候，鼠疫状态中的城市（行政长官）被分成城区，城区（负责人）又被分成街区，街区（巡视员）又被分成街道（监视员和哨兵），这四种行政人员有一种权力的连续性。①每一种空间都存在一个固定的格式，并且互不往来。每一种空间都让人固定下来，让人静止，让人不能动弹，并且每一种空间都得到仔细的检查和观察。城市中的每一个人都被栅格化了，同时，他们的身体知识也被固定化了。我们看到，这个井然有序的城市空间，被完全当作一个统治和区分的机器。此刻的城市，完全被一种检查的权力所布满，它压抑了城市的其他功能和欲望。城市，在这个意义上，仅仅是一种非人格化的物质机器，它将空间的管治能力发挥

---

① 福柯：《不正常的人》，钱翰译，上海人民出版社，2003年，第46—47页。

到了极端。

我们看到，在这里，空间是统治和管治手段最重要的一环，是一种有效用的治理技术，空间被应用到政治中来，而且产生巨大的实际性的政治效果。权力实践在此依靠的是空间，空间完全被一种检查的权力所布满。在福柯看来，从18世纪起，政治学是人之统治技术的讨论。正是在此时，政治统治加入了建筑一章。建筑变成了政治学的技术。人们统治一个国家，犹如统治一个城市，警察探入整个城市身体的深处。但是，从19世纪起，警察的作用减弱了，统治不是完全渗透进社会，而是考察和反思社会是什么。从这个角度来说，尽管建筑是一种统治手段，但决不是社会的绝对统治形式的一种。同时，福柯相信，建筑本身并无所谓压迫或解放，并无所谓控制或自由，相反，它随时势而定，一个建筑和空间只有在被实践与操作时才能起到压迫或解放的作用，也就是说，只有被有意地运用到统治技术中时，建筑才能发挥控制和规训的功能。因此，建筑本身甚至能够获得截然相反的效果——如果人们按照截然相反的方式来操作的话。福柯在这里强调的是内在于空间或建筑的意图性。空间是任何公共形式的基础，空间是任何权力运作的基础。研究空间是为了明确人们在空间中的定位、移动的渠道化，以及它们的共生关系的符号化。这种政治性的空间，既可能是统治的工具，也可能有助于人们的政治反抗。[①]

福柯同列菲伏尔不一样的是，在他这里，空间只是权力的媒介和通途，权力通过空间运转，通过空间大显身手。但他很少考虑空间的经济特征，很少将空间和金钱联系起来，福柯并没有将空间、地理同全球的经济关系，尤其是同资本主义的全球扩张联系在一起来考虑。对于福柯来说，现代资本主义社会的形成，与其说是经济

---

① 《后现代性与地理学的政治》，第1—18页。

方式发生变化的结果，不如说是统治形式——这种统治正是通过空间来实施——发生变化的结果。从这个意义上来说，福柯考察的是微观空间，是微观政治中的空间，是作为权力媒介和来源的空间，在他那里，只有空间对人的管治和控制。这就使他同马克思主义传统截然分开了。他的空间思想并不会在马克思主义传统中获得重视。相反，列菲伏尔将空间看作生产力和生产资料，看作一种巨大的社会资源，同时将空间形态的变化和社会形态的变化紧密地关联起来——所有这些使他一直徘徊在马克思主义传统中。这是关于空间的政治经济学，而非福柯式的空间的微观政治学——这给了大卫·哈维以巨大的启发。像列菲伏尔一样，哈维直接将资本主义的经济发展同对空间和时间的改造联系起来。他的主要论点是，"在一般的金钱经济中，尤其是在资本主义社会里，金钱、时间和空间的相互控制形成了我们无法忽视的社会力量的一种实质性的连接系列"[1]。金钱、时间和空间密切相关，它们相互影响，相互控制。"空间和时间实践在社会事务中从来都不是中立的。它们都表现了某种阶级的或者其他的社会内容，并且往往成为剧烈的社会斗争的焦点。"[2] 要想扩大社会力量，就必须夺取对空间的支配权，这同时意味着，谁能掌握空间内容的具体部署，谁能掌握空间流动的交通技术，谁能掌握空间在政治经济上的分布态势，谁就能夺取社会的主导权，这样，"支配空间的优势始终是阶级斗争的一个至关重要的方面"。这也是资本主义要夺取空间的理由："全球空间关系的建构与再建构，乃是资本主义能够存活到 20 世纪的主要手段。"资本主义，在它的特定时段，展开了对空间的想象性征服。19 世纪中期以后，资本主义借助铁路等交通技术，借助电报等通信技术，

---

[1] 《后现代的状况》，第 226 页。
[2] 同上书，第 299 页。

大大地改变了空间的配置。由于强大的对外贸易扩张的意志,资本主义必须重绘全球地貌图。"开创世界市场、减少空间障碍、通过时间消灭空间的激励因素无所不在。""所谓排除空间障碍,就是要创造特殊的空间(铁路、公路、机场),远程运输才能被减少",资本主义的这种扩张带来的结果就是,"全世界的空间被非领土化,被剥夺了它们先前的各种意义,然后再按照殖民地和帝国行政管理的便利来非领土化"。① 资本的伟大本能就是要穿透各种空间障碍,这实际上是全球化的动力,资本要不断地寻找新的地盘,不断地将非资本领域资本化。空间就是在这样的资本和贸易的力量下得到了重新铸造与组织。空间自身的固有屏障在资本的流动本能之下崩溃了。根据哈特和内格里在《帝国》中的观点,资本的本能是流动,帝国主义为了满足资本的本能,只好重新塑造新的地理空间。世界市场无非是空间障碍的消除,战争实际上就是空间的重新配置。正是在这样的背景下,19世纪的帝国主义才能得到恰当的理解:资产阶级国家的主要任务之一就是要把权力置于资产阶级所控制的各种空间之中。重建力量关系的任何斗争,都是重组它们的空间基础的斗争。正是以这种眼光,我们才能更好地理解德勒兹的观点:"资本主义为什么不断地一方面要把它非区域化了的东西重新区域化,另一方面又使之非区域化?"欧洲向北美洲移民,就把"十分陌生的时空概念加诸平原印第安人"②。这样一种情况,在一个民族国家内部也会发生:今天中国的西部大开发,它的实质特点就是要将作为一个空间的原始西部,按照发达东部的空间模式来改造。这种空间的改造,同资本密切相关:资本既是这种改造的技术(开发西部必须通过大量的投资),也是这种改造的目标(开发西部的目的

---

① 《后现代的状况》,第330页。
② 《现代性与空间的生产》,第377页。

就是要便于资本的流通和增值)。西部空间所固有的屏障必须被打破,它内部的固有的空间观念和模式必须被改造,这样,它才能和东部的空间观念相吻合,才能让资本在这两个空间内毫无障碍地自由流通。铁路和公路的大规模建设,就是进行空间征服和改造的基本技术。几个世纪来,资本锻造的空间一直在全球产生,只不过,先前的锻造是通过炮舰,今天则是借助协约。

空间就这样被卷入了政治经济的斗争焦点之中。正如我们一再重申的,它是历史的产物。但是,这种历史性地生产出来的——我们也可以说,这种历史性地建构出来的独特空间,和时间一道,构成了社会的标准,它迫使人们去遵从,并再生产了社会秩序。它使得每个人各居其位。我们在空间中的姿态,我们和空间的关系,我们对于空间的处置,都含有政治象征性。我们对于空间的态度,就是一种政治态度。哈维就是在这个意义上断言:"每个社会形态都建构客观的空间和时间概念,以符合物质与社会再生产的需求和目的,并且根据这些概念来组织物质实践。"[1] 因此,一些对于空间的非常规使用,就会变成挑战社会秩序的手段。德·塞托表明,对空间的巧妙运用,比如一些平民在炎热的夏天到公共商场去避暑,恰好也表明了他们对资本主义体制的嬉戏式的政治态度。正如列菲伏尔所言,对这样的标准化和抽象化的时空概念的抵抗从来没有停止,对空间的不驯服的历史同对空间的驯服的历史一样古老。这种对空间不同的态度,尤其是对空间不同的理解,证实了空间本身就具有多重意义。我们现实的一个最显而易见的例子是,一些环保主义者和文物学家秉持他们的来自某个传统的空间观念,而这些空间观念同资本主义社会主流的对空间的理解截然不同。当北京正在计划兴建的一个交通要道被一个古老的大院挡住的时候,对空间的不

---

[1] 《现代性与空间的生产》,第 377 页。

同理解和争夺就出现了。开发商力图将这个大院理解为一个经济障碍，一个单纯的必须被拆毁的空间障碍；而文物学家则将这个大院理解为一个文明奇迹，一种古老的生活方式，一种文化记忆。这个空间的命运，就与对这个院子的充满权力意义的争夺相关。争夺双方的社会权力的大小，决定了这个院子的存亡。所有拆迁引发的矛盾，就在于对空间的不同解释，而这些解释根本就难以调和。最终的解决方案就是诉诸各自的社会权力，让权力通过空间来显现自身。空间的命运取决于权力，在某种意义上，权力反过来总是在空间的竞技中流通和表现，空间是权力的逞能场所，是权力的流通媒介。同样，在对一片土地的使用中，有些人只是用狭隘的历史视野看到了土地的临时性的地产价值，而环境保护主义者则将土地看成永久的人类生存之所。前者将空间看作此刻的过渡性的易逝之物，后者则将空间看作一个永恒的人类家园。

空间在同一时刻会遭到不同人的不同解读，但由于空间处在历史的跌宕变化中，所以，在不同的历史时刻，空间也会表达出不同的意义。上海外滩曾经表达了殖民主义的创伤记忆，黄浦公园曾经是巨大的耻辱标志，它的出现，是整个颓败中国的悲剧所达到的巅峰。今天，上海外滩依然是巅峰，但这个巅峰是中国复兴的巅峰，是开放和繁荣的巅峰，是富丽堂皇的现代性的巅峰。上海外滩那些林立的灰色而饱经风霜的殖民主义时代的建筑，同整个上海的勃发新楼格格不入，但是，正是它们，正是这些相对低矮的建筑，而不是那些更加夺目耀眼的高楼，是上海的繁华标志。这些建筑历经了两个时代，历经了两个高峰，历经了两种解释学，也历经了资本主义和社会主义、殖民主义和反殖民主义的双重意义的争斗及协商。空间，就是这样，随着历史的动荡，而不断地被意义的机缘所填充。

因此，空间从来不是一个与社会无关的自然事实，相反，它是社会和实践的产物,是历史的产物。如果说,从封建制度到资本主义的转变,引发了时空概念根本性的重新界定,而资本主义的社会再生产,需要这些概念和实践同时扎根在观念的世界和社会实践的领域中的话,那么,今天,这样一个时空变化的趋势同样存在,而且变本加厉。资本主义在具体的历史实践中创造了自己的时空处理方式,这就是哈维所讲的"时空压缩":交通和信息的加快速度,使空间障碍得以进一步消除。资本为了快速地增值,不得不将空间的障碍看成增值的障碍。这个时空压缩的趋势一直顽强地存在——在20世纪60年代后获得了激进的蜕变。卫星通信和电视的结合,"把世界的各种空间打碎成电视屏幕上的一系列形象",各种事物,不论它们来自地球上哪一个空间,都能够快速地在同一个空间中拼贴在一起。现代的大型购物中心,就是各种商品的总汇聚,这些商品的身份和源头都被隐藏起来。电子技术的发展,按照麦克卢汉的说法,"已经废除了空间和时间"。这种空间障碍的废除,带来一系列的后果,人、资本和商品的更加频繁的流动,使得相对完整的空间的形式和内容,变得难以确定、动荡不已。空间,一方面受到了各种流动的冲击,失却了它的完整性和同质性,另一方面,总是试图获得自身的一个相对定义,力图维持自己的框架范畴。今天,时空压缩的激进化趋势,让空间的障碍消除了,却让自主的空间变得更加小心翼翼。将来的空间,要么是为了维护空间的存在而不得不经常地变换定义,要么是真正地一劳永逸地消失在历史的地平线后。

都市与现代性碎片

在《现代生活的画家》中，波德莱尔对画家居伊推崇备至。这是因为，一般的画家总是将目光转向过去和古代，而居伊却对现代生活充满了兴趣，他充满着激情来寻找全社会的激情，从白天到夜晚，而且一点都不遗漏。按照波德莱尔的说法，居伊是一个画家，同时也是一个与全社会打交道的社交人士。他全神贯注，马不停蹄，四处游逛、观察、寻找，他将"在任何闪动着光亮、回响着诗意、跃动着生命、震颤着音乐的地方滞留到最后"①。并且，在芸芸众生之中，在反复无常和变动不居的生活场景中，他获得巨大的快乐。那么，他在都市中，在人群里，在大街上，到底在观察和寻找什么呢？波德莱尔说，他寻找的是"现代性"。那么，什么是现代性？"现代性就是过渡、短暂、偶然，就是艺术的一半，另一半是永恒和不变。""他到处寻找现时生活的短暂的、瞬间的美，寻找读者允许我们称之为现代性的特点。"② 居伊寻找现代性，实际上就是寻找现代生活的独特性，即现代生活的短暂性、瞬间性和过渡性，而这种短暂性和瞬间性里恰恰充斥着艺术之美。波德莱尔将现代性定义为"过渡、短暂、偶然"，这个现代性定义如果不涉及现

---

① 波德莱尔：《波德莱尔美学论文选》，郭宏安译，人民文学出版社，1987年，第483页。
② 同上书，第485页。

代生活，我们将不知所云。实际上，波德莱尔的"现代性"，就是现代生活的特性——短暂性、瞬间性和偶然性。波德莱尔是从现代生活的角度来定义现代性的，因此，"现代性就是过渡、短暂、偶然"；更准确的说法是，现代性的特性就是过渡、短暂、偶然。这个现代性的特性就是现代生活——波德莱尔置身的 19 世纪的现代生活——的特性。波德莱尔强调这种现代性（现代生活）的重要性，是因为他强调这种现代生活中同样蕴含着美，这种现代生活的短暂性、过渡性和偶然性中包含着美——美既可能蕴含在永恒性中，也可能蕴含在短暂性中。"美永远是、必然是一种双重的构成……构成美的一种成分是永恒的，不变的，其多少极难加以确定，另一种成分是相对的，暂时的，可以说它是时代、风尚、道德、情欲。永恒性部分是艺术的灵魂，可变部分是它的躯体。"[①]因此，你无权蔑视现在，无权蔑视现代生活，无权蔑视现代生活中过渡的、短暂的、变化如此频繁的成分，无权蔑视现代的"风尚、道德、情欲"，无权蔑视现代生活中的全面风俗。那些对现代生活进行全面描绘的画家，堪称"现代生活的英雄"。

波德莱尔的美学观——美和艺术的一半成分是永恒的，一半成分是瞬间的——在今天看来，并不能令人满意，但这对我们来说无关紧要。我们要强调的是，波德莱尔的现代生活和现代性指的是"大城市的风光"，"由雾霭抚摸着的或被太阳打着耳光的石块构成的风光"。这个大城市有妖艳、神秘和复杂的女人，有冷漠、骄傲和挑衅的浪荡子，有雄赳赳、冷静和大胆的军人，有隆重的典礼和盛大的节日，"有漂亮的装束，高傲的骏马，一尘不染的青年马夫，灵活的仆役，曲线尽露的女人，美丽的活得幸福穿得很好的孩子"[②]。这

[①] 《波德莱尔美学论文选》，第 475 页。
[②] 同上书，第 482—483 页。

就是画家眼中的"全面的生活",它们拥挤在一起编织了巴黎街头的风光,这个风光被巨大的电能所充斥着,它像一个巨大的万花筒,丰富多彩,瞬息万变,并表现出"运动的魅力"。这个变动不居的世界既是现代性的,也可以构成艺术的和审美的对象。因此,在波德莱尔这里,艺术、现代生活和审美在短暂性、瞬间性与现时性中融为一体。现代性,在这里同时包含了社会生活的现代性和艺术的现代性:社会生活的现代性成为艺术现代性的源头和内容。"我们从现在的表现中获得的愉快,不仅仅来源于它可能具有的美,而且来源于现在的本质属性。"艺术和社会生活,只有像居伊这样充满激情的观察者才能连接起来,因此,这种目不转睛的游逛者恰恰是这两种现代性之间的桥梁——这样的游逛者就是现代人。

因此,波德莱尔的现代性就有如下的意义:一是现代生活的短暂性和偶然性;二是艺术和美所体现出来的短暂性和偶然性;最后一个隐含的论断是,对现时生活充满孩童般的体验兴趣的现代人的现代性。现代人、现代艺术(审美)和现代生活是波德莱尔现代性中的另一个三位一体,在波德莱尔的现代性规划中,它们缺一不可。这样的现代性,"在对转瞬即逝、昙花一现、过眼烟云之物的抬升,对动态主义的欢庆中,同时也表现出一种对纯洁而驻留的现在的渴望"[①]。

波德莱尔是在同古代对比的过程中来突出现代生活的重要性的。居伊之所以是现代生活的英雄,就是因为他并没有将目光转向过去,而是紧紧盯住现在。居伊和波德莱尔正是在现代生活中——而绝对不是古代生活中——发现了短暂性、瞬间性和偶然性,因此,现代性在这里还被赋予了历史性的特点——它是一个特定历史

[①] 哈贝马斯:《现代性——未完成的工程》,丁君君译,见《现代性基本读本》,汪民安等主编,河南大学出版社,2005年,第109页。

时段的产物。正是在这个历史时段，波德莱尔所称的现代生活，才是瞬息万变的、过渡的、短暂的和不牢靠的。

同居伊一样，波德莱尔是艺术家，现代生活击中了他，用他的话来说，艺术家的"独创性都来自时间打在我们感觉上的印记"。现代生活和现代性都是他的感觉的印记。他可以从现代生活中提取美的成分，但他并不对现代生活做出价值的判断。狂热地像孩童般地迷恋现代生活，是艺术家的美学责任，而不是历史学家的道德责任。只是从艺术的角度，波德莱尔才肯定了现代生活，肯定了现代生活的变易性。因此，马歇尔·伯曼敏锐地发现，波德莱尔有时将现代生活描绘为田园诗，有时将它描写为反田园诗。波德莱尔在巴黎行政长官奥斯曼修建的林荫大道——这是现代生活的最显著的标志——上发现了穷人的奥秘，在繁华的街头，贫困和丑陋像伤疤一样嵌入现代生活的眼帘。在到处是"光亮、灰尘、喊叫、欢乐和嘈乱"的兴高采烈的街头，在到处都是"生命力的疯狂的爆炸"的街头，波德莱尔发现了一个衰弱老人的"绝对凄惨"，"那流动的人流和光影就距他厌恶的凄惨景状几步之远"。① 波德莱尔在现代性的碎片的光亮面前决不仅仅感受到艺术之美，还感到"喉咙被歇斯底里的大手掐住了"。伯曼相信，在波德莱尔这里，现代生活内部有一种田园诗与反田园诗之间不可调和的张力。但是，伯曼似乎不太清楚的是，这是作为艺术家的波德莱尔和作为历史学家的波德莱尔之间的张力——瞬息万变的碎片般的现代生活和现代性，对于不同的人来说，就有不同的后果和不同的意义。巴黎的欣快在对抗巴黎的忧郁。如同伯曼所言，对现代性的态度一直为一种矛盾性所折磨。

---

① 波德莱尔：《波德莱尔散文选》，怀宇译，百花文艺出版社，1995年，第36页。

波德莱尔的现代性是在 19 世纪的都城巴黎中找到的。这是"大都会与精神生活"的经典性现象学描述。在半个世纪后，在西美尔的柏林，这个主题和旨趣再次被发现。西美尔在柏林贸易展中——这个贸易展将现代生活发明出来的所有的新式商品聚集起来——同样感受到了几十年前波德莱尔在巴黎感受到的现代生活的特征。西美尔发现，在观看柏林贸易展时，每个人的好奇心被不断地激发出来，同人们擦肩而过的东西，不断地给人们惊喜的印象，这些印象迅疾、丰富、多样，"非常适合使早已被刺激过度了的疲惫神经再度兴奋起来"。现代大都市完全可能变成一个物的差异性海洋，没有任何重要的物品遗漏在人们的审美冲动之外。西美尔虽然是将目光聚集在都市的某一个特定时刻和特定场景，但这种反反复复的刺激性印象毕竟是现代都市的产物。在《大都会与精神生活》中，西美尔明确地断言："都会性格的心理基础包含在强烈刺激的紧张之中，这种紧张产生于内部和外部刺激快速而持续的变化……瞬间印象和持续印象之间的差异性会刺激他的心理。"[①] 这就是大都市所创造的心理状态。正是这种瞬间印象对人的持续作用，使现代都市人同乡村人迥然有异，后者置身于一种稳定、惯常和缓慢的节奏中，前者培育出了一种独特的器官，使自己免于这种危险而瞬即的都市潮流的意外打击，因此，这种器官必须麻木不仁。这就是冷漠、厌世和对对象的惊人的不敏感。

西美尔和波德莱尔不约而同地将瞬间性作为现代生活——都市生活——的特点，但是在波德莱尔鼓励对现代生活充满激情的地方，西美尔发现了乏味的反激情的算计。艺术家从瞬间性中发现了美，但普通的都市人正是为了应对这种瞬间性和不可预见性而发明

---

① 西美尔：《时尚的哲学》，费勇、吴燕译，文化艺术出版社，2001 年，第 186—187 页。

了世故、冷漠和算计。在现代都市主导性的标准化的货币经济中，都市人只能按照严格的数字换算方式行动，这样才能抵御多样性和可变性带来的困扰。以前，人和人之间的个性式的富有特色的交往，现在荡然无存。货币制度虽然能够将大部分人关联起来，但这种关联是均平化的、公式化的和理性化的。大都市的生活让理性的心理状态和货币经济形式相互强化。不过，货币也可以激起人对它的狂热追逐，从这个意义上来说，货币同样煽动了现代人的激情。货币就这样保留了它的两面性："它一方面使非常一般性的，到处都同等有效的利益媒介、联系媒介和理解手段成为可能，另一方面又能够为个性留有最大限度的余地，使个体化和自由成为可能。"[①]货币文化同都市生活是一体的，都市生活越来越复杂、紧张，越来越像一些纷乱的碎片，引起强烈的神经刺激，结果只好是，"现代精神越来越精于算计"，越来越排斥那些狂野的本能冲动，排斥波德莱尔式的孩童般的激情和好奇心。烦躁的现代生活，只能借助中性而冷漠的金钱媒介来反向地均衡化。"在奔流不息的金钱溪流中，所有的事物都以相等的重力漂荡。"在都市生活中，人为了生计，不得不同他人进行残酷而冷静的斗争。

这些敏于算计的都市人，越来越表现出克制、冷漠、千篇一律的退隐状态。人们的分明个性在不断地消失。而且，都市中物质文化的主宰及都市中压倒性的劳动分工使个人越来越孤立。劳动分工要求个人只能专注于某一方面，显然，这种专业化趋势只会导致个人人性上的不完善，面对着都市琐细而复杂的组织，个人仅仅是都市机器的齿轮。都市基本上是一个异化和非人格化的场所。现代都市的物质文化的高度发展，它的复杂性和丰饶性，使西美尔同样发

[①] 西美尔：《金钱、性别、现代生活风格》，顾仁明译，学林出版社，2000年，第6页。

现了都市现代生活的辩证法：一方面，复杂而缤纷的现代生活不断地对个体进行刺激，煽动个性，"它们仿佛将人置于一条溪流里，而人几乎不需要自己游泳就能浮动"[①]；另一方面，个性难以为继，它被劳动损害，被物质生活吞噬了。这种将个体齿轮化的都市生活，从相反方面激发了寻求个体独特性的欲望。非个体化和个体化，厌世和激情，自保式的算计和高傲的卓尔不群，这两种个体在现代都市的生活舞台上出场。

西美尔没有忘记将这种现代都市的精神状况历史化。都市的精神状况的两面性正好是现代时期的精神状况。18世纪的自由主义发现了普遍本质的个人主义：所有的人都是具有普遍人性的自由平等的个人；但在19世纪，浪漫主义则发现了非普遍性的个人主义：自由的个人之间彼此还保持着差异性，这种差异性赋予个体追求与众不同的荣光的气质。这两种对个人的理解，恰好都被现代大都市接纳了。现代都市既将个人均平化，也激发对个性的追逐。如果说大都市的出现是在19世纪的话，那么，在这个现代时期，或者说，在现代性的一个高潮时段，依附于都市的现代人就挣扎在均平化和个性化的矛盾之中。对都市的狂热赞叹和深仇大恨正反映了这种矛盾性。在波德莱尔那里，现代生活的两面是幸福和凄惨、富裕和贫穷；在西美尔那里，现代生活的两面是消灭个性和创造个性。

西美尔将都市生活作为一个重要的干预楔子嵌入了世界精神历史中。如同波德莱尔的巴黎生活一样，西美尔的都市生活是现代生活的重要表征。都市，是现代性的生活世界的空间场所。也可以说，现代性，它累积和浮现出来的日常生活只有在都市中才得以表达。现代性必须在都市中展开，而都市一定是现代性的产物和标志，二者水乳交融。波德莱尔和西美尔的出发点有同有异。相同的

---

① 《时尚的哲学》，第198页。

是，两人都有志于揭示现代都市中的现代人的生活风格；不同的是，波德莱尔要求在现代生活中发现艺术之美，而西美尔志在现代生活中发现都市人的个性的消失和生长。波德莱尔发现了现代生活储藏的能量的生产性，而西美尔除了发现生产性能量之外，还发现了都市生活中的物化的货币文化和分工劳动。尽管如此，他们观察到的现代都市生活的独特品质是类似的：碎片化、感官刺激、物质性、丰富性、瞬间性和易逝性。而现代性的这些独特性，恰恰是在同非现代和前现代的乡村生活的剧烈对比中浮现出来的。

西美尔提到了乡村生活和小城镇生活同大都市生活的差异。受他的影响，路易·沃斯将现代的城市-工业社会同传统的乡村-民俗社会做了对比。在他看来，城市化是现代时期最令人难忘的事实之一。都市主义是一种全新的生活方式。由于都市人来源广泛，背景复杂，兴趣殊异，流动频繁，所以，主宰着民俗社会的血缘纽带、邻里关系等不复存在。都市人需要同大量的他人打交道，但是这种接触是功能主义的，表面性的，浅尝辄止的，非个性化的。"都市社会关系的特征是肤浅、淡薄和短暂。"[①] 共同情感的匮乏，急剧的竞争，居无定所，阶层和地位的差异，职业分工引起的个体的单子化，使人和人之间的沟壑加深，在密密麻麻的人群中，个体并没有被温暖所包围，而是倍感孤独。用西美尔的话说，"人们在任何地方都感觉不到在大都市人群里感到的孤立和迷失"。个体没有归属感，他在这个物质化的城市中找不到自己的根基，在各种烦琐的体制中也培植不了自己的个性，个性被吞噬了。"生活中的每个人都是自我目的的手段"，这就是都市生活方式的特点："次要接触代替主要接触，血缘纽带式微，家庭的社会意义变小，邻居消失，社

---

① 路易·沃斯：《作为一种生活方式的都市主义》，陶家俊译，见《现代性基本读本》，第 706 页。

会团结的传统基础遭到破坏。"沃斯的现代都市生活被一团黑暗所笼罩。如果说西美尔还强调现代生活的两面性——非个性化和个性化——的相互结合，那么，在沃斯这里，城市是令人窒息的："个人生活的混乱无序、精神崩溃、自杀、行为不良、犯罪、腐败堕落和混乱"①屡见不鲜。它们的发生数目压倒了农村。沃斯强化了西美尔的现代生活的非个性化特征。西美尔只是愿意对现代生活做出理解，而非价值的裁决，他只是敏锐地记录了他关于现代生活的纷乱印象。但是，现代都市生活对于沃斯来说，是摧毁人性和个性的恐怖机器，喧嚣的现代都市将人置入闭塞的状态。而田园诗般的乡村生活，则在沃斯的字里行间得到了隐秘的眷恋。与沃斯相呼应，伯杰等人在《现代性及其不满》中也发现了剧烈变化的都市让人无所适从，现代生活让现代人在"极具差异、经常充满矛盾的不同社会语境之间游走不定、居无定所"②。没有确定感的现代都市世界让人一次次地脱离了固有语境，现代人在动荡中被反复地抛向了无家可归的状况。一切都在翻天覆地，人们仿佛置身于一艘劈风破浪的船上剧烈地晃荡，不知道自己什么时候可以到达风平浪静的港湾。现代个人的经验必须直面瞬息万变的都市生活。这种生活内在的"焦虑和骚动、心理的眩晕和昏乱，各种经验可能性的扩展及道德界限与个人约束的破坏，自我放大和自我昏乱，大街上及灵魂中的幻象"等，锻造了"现代的感受能力"③，而卢梭几乎在所有人之前，就体验到了这种像"旋风一样的动乱的社会"。

在西美尔那里，都市各类意外的旋风般的打击容易令人产生退

---

① 《现代性基本读本》，第710页。
② 伯杰等：《现代性及其不满》，陶家俊译，见《现代性基本读本》，第729页。
③ 马歇尔·伯曼：《一切坚固的东西都烟消云散了》，徐大建、张辑译，商务印书馆，2003年，第19页。

却性和保护性的冷漠器官。本雅明承认这些形形色色的意外打击的存在——用波德莱尔的说法，这种打击就如同"电流"——但他还是借助弗洛伊德发现了都市人面对这种打击的"震惊"。在本雅明这里，西美尔的冷漠只是表现在波德莱尔式的浪荡子身上，这些浪荡子在街道上的人群中却是故意地冷漠。但是，现代的都市人在街道上必须匆匆忙忙地调动自己的感官："在这种来往的车辆行人中穿行，把个体卷入了一系列惊恐与碰撞。在危险的穿越中，神经紧张的刺激急速地接二连三地通过体内，就像电池里的能量。"①但是，对于本雅明来说，现代都市引发巨大震惊的是街道上的人群——无论是19世纪的巴黎、伦敦还是柏林。本雅明发现，都市街道的庞大的无名人群令爱伦·坡、雨果、恩格斯等感到害怕、厌恶和恐怖。对波德莱尔来讲，无家可归的人可以将街道和人群作为自己的四壁，他们在人群中需要回身的余地，"让大多数人忙于他们的日常事务吧；闲暇者如果无处可去了的话，加入陶醉于游手好闲的人的晃荡中。他在这种完完全全的闲暇中与在那种狂热的城市喧嚣中一样被抛了出去，无处可去"。这样的闲暇者在爱伦·坡的伦敦被称为"人群中的人"，波德莱尔则称之为"浪荡子"。爱伦·坡将人群看作可怕的威胁，"人群中的人"同人群是简单而直接的关系；但是，波德莱尔的游手好闲者，则对人群抱着矛盾的心理：他不能跟他们融为一体，但又必须跟他们保持必要的共谋，结果只好是，"他如此之深地卷入他们中间，却只为了在轻蔑的一瞥里把他们湮没在忘却中"②。街道上的人群既是这些人的奇异景观，也是这些人的必要背景。人群是城市巨大的魅力来源，他们也是巴黎这个现代都城的面纱。本雅明的现代性光芒笼罩在都市的人群身

---

① 《波德莱尔美学论文选》，第482页。
② 本雅明：《发达资本主义时代的抒情诗人》，张旭东、魏文生译，三联书店，1989年，第143页。

上。本雅明强调，大众组成的人群并没有一个特定的阶级身份，"他们仅仅是街道上的人，无定形的过往的人群"。这些过往的人群，是前所未有的景观，它庞大的体积和散发出来的巨大能量，使之成为现代性震惊的旋涡。对本雅明来说，城市街道上的大众是现代性的新奇之物，而在19世纪，"新奇成了辩证法的意象准则"[①]。对这样的大众，现代性经验就是震惊。在这种现代的震惊经验中，气息的光晕在四散。同在人群中被推搡着的波德莱尔一样，本雅明也体会到了人群的辉光——也可以说是现代性的辉光——不过是一片失意的灰暗。

人群远不是现代都城的全部，承受人群的是巴黎的拱廊街和林荫大道。这是现代巴黎，豪斯曼将古典巴黎拆毁了，他建造了一个19世纪的现代都城。本雅明的"拱廊计划"，实际上是要绘制这个19世纪都城的唯物主义地形图，并力图使巴黎的现代生活以布莱希特的方式赤裸裸地"展示"出来。巴黎这个现代迷宫需要导游者，它是闲逛者的视觉、收藏家的触觉、妓女的诡秘步伐和拾垃圾者的狡黠目光。他们既在巴黎这种现代迷宫中来回穿越，也对巴黎的现代景观有意无意地偶尔一瞥。拱门街、建筑、新式材料和机器；技术、艺术、摄影和西洋景；商品和世界博览会；灯光、居室和日常生活；战斗、街垒和革命；妓女、赌徒和闲逛者；艺术家、工人和大众等，19世纪的巴黎断片——这些现代要素——织成了令人眼花缭乱的辩证意象，这些意象类似于蒙太奇式的星丛，它们并不被纳入一个整体中而彼此关联，它们的内核是历史学家所不屑的"历史垃圾"或者说"历史废物"。[②] 这些意象固执地自我储藏着，同本雅明的那些断裂的句子和文法一样，被拼贴成瓦砾般的现

---

① 《发达资本主义时代的抒情诗人》，第191页。
② 《生产》第一辑，第302页。

代性碎片。这些碎片是单子式的,没有窗口,打断了历史的连续性,却是"总体事件的结晶",每个碎片都埋藏着整个世界的秘密,它们的呈现能力如此之强,"宛如一片叶子展开所有植物的丰富经验世界一样"。① 现代性就托付在这些新奇的碎片之中。不过,从超现实主义的角度来说,这些现代性的新奇之物,不过是"资产阶级梦幻世界的余烬"②,它们并不铭刻为资产阶级的丰碑,而是形成了一连串的历史废墟。本雅明的目标就是要像史学家那样唤醒19世纪的梦境,把那些废墟上的碎片缝合起来。无论是马克思主义还是犹太神学,都无法忍受分裂状态。救赎,正是要用总体性来恢复现代性的分裂。现代性标榜的进步,不过是向地狱的演进,它的内容无非是将"新的废墟堆到旧的废墟上",它势不可挡地拔地而起的只是"断壁残垣"。③ 在本雅明那里,对现代性灾难进行对弈式的救赎,只能凭借历史唯物主义和犹太神学混合而成的哲学机器。

现代生活被瞬间性所主宰,分裂成偶然的碎片,构成一个缤纷的永不枯竭的印象之流。"从一个地区到另一个地区,呈现在我们面前的城市恰似一幅浮华世态的镶嵌画。"④ 针对现代生活,马克思在波德莱尔之前就从宏观的高度断言:"生产的不断变革,一切社会状况不停的动荡,永远的不安定和变动,这就是资产阶级时代不同于过去一切时代的地方。一切固定的僵化的关系以及与之相适应的素被尊崇的观念和见解都被消除了,一切新形成的关系等不到固定下来就陈旧了。一切等级的和固定的东西都烟消云散了,一切

---

① 弗里斯比:《现代性的碎片》,卢晖临等译,商务印书馆,2003年,第296页。
② 《发达资本主义时代的抒情诗人》,第195页。
③ 本雅明:《本雅明文选》,陈永国、马海良编,中国社会科学出版社,1999年,第408页。
④ 《现代性基本读本》,第708页。

神圣的东西都被亵渎了。人们终于不得不用冷静的眼光来看他们的生活地位、他们的相互关系。"① 在19世纪的中期，马克思的抽象概括同波德莱尔的细节描绘相得益彰，现代生活在两人那里都呈现出前所未有的变动不居的断裂性。伯曼继承了这两个人的说法，他将现代生活看作一个"不断崩溃与更新、斗争与冲突、模棱两可与痛苦的大旋涡"②。

因此，现代生活的断裂性，从历史的角度就被理解为现代都市生活同传统的乡村民俗生活的断裂，从生活品质的角度就被理解为现代生活固有的碎片化同前现代生活的总体化的断裂——不论这种总体化是宗教的还是世俗的。换句话说，正是现代生活碎片化的断裂特征，使得它同传统的整体性的有机生活发生了断裂。这两种生活的差异，正是滕尼斯所说的共同体（Gemeinschaft）和社会的差异。乡村生活，属于滕尼斯意义上的共同体，而城市，则是一个社会（Gesellschaft）意义上的组织。按照滕尼斯的理解，乡村这样的共同体是一个自然意志（natural will）主导的礼俗社会，都市则是一个理性意志（rational will）主导的法理社会。③ 乡村这样的共同体的标志，是将遗产作为共同的根基继承下来。它是"牢牢地立足于地方的、面对面性质的团体"④。一般来说，乡村社会是封闭的、内敛的，并抱着一种持久的耐心。乡村生活被安静地束缚在一片固定的土地上，人们根据这片土地确定自己的认同，确定自己的语言、风俗和起源。没有人，没有权力机构，没有内心要求，也没有

---

① 马克思、恩格斯：《共产党宣言》，见《马克思恩格斯选集》第一卷，人民出版社，1995年，第275页。
② 《一切坚固的东西都烟消云散了》，第15页。
③ 滕尼斯：《礼俗社会与法理社会》，严蓓雯译，见《现代性基本读本》，第58页。
④ 布莱恩·威尔逊：《世俗化及其不满》，黄晓武译，见《现代性基本读本》，第742页。

外在动力促使他们流动,促使不同土地上的人彼此之间交流,促使他们发生戏剧性的变化和运动。乡村缓慢、寂静的整体性生活,同碎片一样的瞬息万变的城市生活恰成对照。在乡村,绝对不会出现"人群中的人",人面对的是邻人和家族权威。正是现代性的都市动荡,使得乡村那些固定的东西——固定的价值观,固定的生活方式,固定的时空安排,固定的心理和经验,固定的社会关系——都烟消云散了。

这也是詹姆逊所讲的现代性断裂。马克思的"烟消云散",在詹姆逊这里,不过是前现代性所囊括的一切,在现代性这里却烟消云散了——尽管烟消云散的方式曲折而复杂。但为了叙事的方便,只有在断裂的意义上,现代性才能获得其独特的意义,这是双重意义上的断裂:现代性既和前现代性发生断裂,也和后现代性发生断裂。如果说,前现代性主要植根于乡村生活和宗教生活中的话,那么,现代性,将其全部的实践力量,部署在世俗化的都市中——现代生活,既是世俗化的,也是都市化的。如果说,乡村生活主要被家族权威和宗教品质所铭刻的话,我们也可以说,都市生活主要是世俗性的物质主义生活,是充满激情的旨在放纵的声色犬马生活。我们看到,波德莱尔、西美尔、本雅明全都将目光聚焦在19世纪的都城。正是在这个时候,现代都市充满活力地展现了其现代性面貌:瞬息万变的商品、纵横交错的街道、密密麻麻的陌生人群。这些纷乱、喧嚣、滚动的都市意象,不断地将人撕成碎片,正如乡村生活总是要将人纳入整体中一样。

正是在这个意义上,我们可以说,都市,既是现代性的载体,也是其表征、内容和果实。

城市经验、妓女和自行车

城市经验的谱系

用最简略的方式说,存在三种空间和地理组织的方式。先是18世纪之前的空间和地理组织的方式。在那里,空间或者地区,彼此之间是封闭的。这个空间和地区形式,是固定的、自然的、一成不变的。这就是我们所说的乡村。这一个个封闭的乡村空间,匍匐在大地的每个角落,沉默无声。它们的形成和命运被各自的机缘所限定。这些无言的空间,在其内部长久地保持着安静的再生性,空间是其内部社会关系被再生产出来的框架和器皿,同时,它也构成了这个内部关系的基本支撑。在这样一个固定的封闭空间中,人们的关系构架是通过血缘而组织起来的,血缘使这种关系牢不可破,家族中的权威自然成为这个关系的中心。这样一种家族关系,被自然的空间所降伏。这也是一个被土地和植物覆盖的空间。家族、土地和植物,这三个自然要素,编织了这个空间的组织整体。它们也成为这个空间内完整的视觉对象。由于交通技术的不发达,人们一般束缚于这个狭窄的空间内,人们的目光所及,只能是自己生活于其中的周遭的空间。由于对其他的空间缺乏感知,他们就无法对自己的空间产生反思，就缺乏空间意识，他们看到的变化只能是时间之变，只能是季节之变，只能是农作物之变。在此，只有流动递进的时间在周而复始，循环往复，空间变成了一个呆板的安静空间。这个呆板的空间，却成为人们的基本依赖，它不仅仅是居住之场所，还是生存之基础，是人们身体的延伸。这个封闭的相对隔绝的空间，恰恰和人建立了一种独一无二的关联。人们愿意将这个空间——这个充斥着植物、土地、河流的空间——看成自己的财富、家宅和根源。他们在对这个空间的居住经验中，同空间产生了强烈的寄托性情感。通常，人们不会想到去更换一个空间，不会无缘无故地搬离这个空间，不会失去同这个空间的联系——一旦失去了同它的经验性联系，就如同丢失了自己的身体一样。海德格尔曾经告诉我们，存在一个天地人神一体化的空间，在这样的空间中，身体和空间亲密无间。一旦被迫远离这个空间，人们的家园感和故土意识就被反复地激发，返归的愿望就会喷涌而出。空间世代的居住，演变成了家族意识、家乡意识、历史意识和根深蒂固的记忆。这是在现代都市出现之前的普遍的空间记忆，主体与空间的亲和力是它的普遍内容。人们相信，自己所在的空间是独一无二的。他们在此找到了根据，找到了归依，找到了家园，并且找到了终极性的归属：坟墓。乡愁，正是人们离开家园之后的难以适应的忧郁表达。

那么，现代意义上的聚集性城市如何形成？它如何从这样一个封闭的农业社会——它的标识是自然的封闭空间——中流溢而出？尽管农业社会也存在城市，但那些城市不是现代意义上的都市。农业社会的城市不过是被乡村包围的孤岛。它们并不具有示范和表率的主导作用，只是海洋般的乡村的点缀。现代大都市拜工业主义所赐。18世纪下半期，工业主义在英国猛然加速，它变成了一场暴风雨式的革命。这场革命震撼了自然的封闭性地理空间。在19世纪，铁路和交通技术得到了飞速发展，人们的流动变得频繁。同时，工业革命对劳动力的需求，使人口的空间转换有了内在的要求，人们频繁地从松散的乡村流动到聚集的城市。只有这样，规模性的生产、分配、交换、消费和信贷才有可能，机器——无论是具体的生产机器还是整个城市机器——才会出现齿轮一样精密的分工。庞大的城市人口、中心性地域、交通、建筑、商业大街应运而生。此外，工业生产所要求的大规模的工人聚集，直接促进了工业城市的居住空间的发展，厂房和工人宿舍的关系，成为最初的工业生产空间布局的基础，也是最初的城市空间布局的基础。这是全新的生产空间。与此同时，大量的人口聚集，增加了消费的欲望，并使市场进一步地扩大了。城市出现了消费空间，商业大街在慢慢形成。都市逐渐完善它的功能区分。社会分工在城市中成为必要。在19世纪，一组鲜明且日益常见的物质意象编织了新的地理版图：厂房、轰隆隆的蒸汽机、耸立的烟囱、密集的工人生活聚集区和缓缓爬动的火车。这是一个综合性的相互关联的巨大城市工业机器，它使本来相对寂静的农业社会，变得轰鸣作响，躁动不安。工业主义，在机器的动力下，形成了一套强大的技术逻辑，它将整个城市的节奏和秩序纳入其统治之下。

　　工业主义催生的现代都市，颠倒了农业乡村的空间主宰地位，它使乡村成为社会的边缘并依附于都市。都市不仅成为权力和经济的中心，而且在一步步地引导和吞噬乡村的生活方式。乡村反过来成为现代都市的一个象征性的乡愁之所。我们看到，现代城市，就是现代性的光辉表征。这样一种前所未有的现代都市，同寂静的乡村形成了强烈的对比。轰鸣的机器、庞大的人群、五颜六色的商品、林立的楼房，使都市之夜永不落幕。个人不断地受到这些意象的刺激，而加剧了躁进的想象力，这些意象令人目不暇接而且充满了眩晕感。

　　这是现代都市的感知结构。但是，这样一种盲目而眩晕的都市经验并不意味着都市结构本身的混乱。实际上，在工业资本主义的凯歌中拔地而起的现代都市总是被规划而成。城市的功能是规划的内在要求。这种规划，从哲学上来说，是笛卡尔理性主义传统的回声。现代性的分裂，其中之一就是人和自然的分裂。笛卡尔主义对大规模的都市建造构成一种哲学鼓舞：人将一个粗暴秩序强加给地理，这是大势所趋。都市作为一个他者对象，就会变成一个人为设计的条理清楚的空间布局，人们正是在此显示出对自然的理性主义优越感，这是笛卡尔哲学在规划、在城市化、在对地理的控制方面的表现和宰制。这也是意识哲学将主体和客体对立起来的实践地盘。19世纪的都市化过程，使理性主义表现出巨大的能力，而这一方面的巅峰，耸立在20世纪的柯布西耶的雄心抱负之中。在此，启蒙运动的普遍主义价值观被接受：每个人都是平等的，每个房子都是平等的，每个人的居住要求是平等的，每个人的趣味和价值观是平等的——一个普遍主义的整齐划一的城市及其住宅机器在这样的信念之下拔地而起。现代主义的城市乌托邦得以构想，而且被付诸实践。在包豪斯和柯布西耶那里，城市建筑是标准化的，并呈精确的类似于监狱和仓库的几何图式——长方体、直角，简捷、明快，它们是不折不扣的标准化商品，可以被大量地复制。建筑的生产，或者说城市的生产，犹如工业流水线上的产品生产一样得以实施。触目惊心的火柴盒般的摩天大楼是它的伟大杰作。在这样的效率和功能至上的城市中，僵硬而明快的空间是决定性的。不过，它完全忽视了人和人的交流，忽视了人对空间的细微体验。由于建筑变成了商品机器，建筑中的人同样被当作标准化的人，这样的空间和建筑思想就完全忽视了人的丰富性与多样性，忽视了人的内在性。人成为效率的牺牲品，成为标准空间主宰下的被动的麻木机器。在这样僵硬而单调的空间结构中，人并没有特殊的经验，空间，并非像乡村生活中那样构成人身体的一部分。于是，搬家，变成了一件无须犹豫的事情，空间场所可以任意改换，人能够轻易地适应城市中的任何角落。按照普遍原则规划出来的城市，其单调、雷同、结构上的一致性，等等，都不会让人产生归属感。实际上，没有真正属于自己的有着切身感受的城市地带。这一切使城市的家园概念难以建立起来，城市根本培养不出认同感。如果说，人通常是按照地域来定义的，地域和空间的独特性是居住者文化的独特性，也是居住者本身的独特性，那么，标准化的规划正好根除了人的这种独特性。现代城市，其空间形式，不是让人确立家园感，而是不断地毁掉家园感，不是让人的身体和空间发生体验关系，而是让人的身体和空间发生错置关系。这就是大规模的理性规划所带来的空间隔膜。这就是大城市的特征：你被漫漫人流所包围，却倍感孤独。理性化的城市设计，摧毁了地方的感受，摧毁了对人的认同感，摧毁了情感原则，摧毁了人们对环境的责任。这种理性主义，同高度垄断的资本主义一结合，那些刻板的城市就不断地涌现，它们呼应了刻板的生产程序，呼应了刻板而僵硬的福特主义。在此，大规模的生产形式，集中的工厂制度，严酷的组织法则，非人化的生产环境，将它们的意象投射到比肩而立的一栋栋标准化的塔楼之上，塔楼的高耸云霄表达了盛期资本主义的乐观和自豪。

在一个规划良好的城市中，工厂、学校、商场、住宅等被确定下来。人们只能固定地在这几个框架中穿梭，只能在这些建筑物编织的街道线路中穿梭。人被束缚在有限的几个点上，并且严格遵循机器的作息时间。人变成了一个有固定线路的机器人，在城市中自动地重复，日复一日，毫无悬念，单调乏味。城市空间看上去是开阔的，无限延伸的，充满着机会和富于秘密的，但是，群众，无可奈何地只能在烟囱、厂房和住宅确立的坐标中自我定位。尽管他们置身于城市，但他们对城市的秘密一无所知。他们只是经历着城市的简单的局部结构，但经历不到结构之外的异质性，经历不到城市帷幕背后深处的秘密。被这种结构关系所确定的人，根本不可能有什么意外之行。他们总是同城市的丰富性，同城市的秘密擦肩而过。同样，在规划性的城市中，建筑空间，并不能单独地获得自身的完善意义，它只有在同别的建筑空间的关系中才能发现自身的意义：一个建筑空间，只有纳入城市的坐标视野中，只有在庞大的城市结构中找到一个位置，才能获得它的表意能力。将单个的空间，定位于关系领域中，这是现代城市结构部署的一大特征。这样一个有机的结构化的空间关系，将人的脚步牢牢地固定下来，他们配合着整个城市机器齿轮的运转。

现代城市空间的这种均质化和标准化倾向，无疑压制了个体的丰富性，同时，它的功能主义原则也压制了美学原则。这就导致了后现代主义的不满。存在一种对城市及城市空间的后现代想象，这种城市想象同德里达和德勒兹的哲学原则一致，他们力图摧毁整齐划一的功能主义的理性城市。他们对普遍的理性居住机器充满了反感，城市不应该被确定的中心性所统摄——正如哲学不应该被一个基础本体所统摄一样。城市应该是开放的、曲折的、充满褶皱的、不断书写而又不断抹擦的。城市应该被隐晦而流动的城市踪迹，而不是明确的城市空间所标记。同样，根据波德里亚和罗兰·巴特的符号学理论，城市和建筑的功能主义，应该让位于城市和建筑的象征性的符号学。后现代建筑恰好对非实用性的一面进行强调，它对繁杂的装饰、繁杂的耗费、繁杂的符号、繁杂的象征主义充满了兴趣。如果说现代主义的城市和建筑对简单性与直接性保持着强大的欲望，那么，后现代主义的城市和建筑则对矛盾性与复杂性充满着毫不隐晦的好感，人们强调建筑的独一无二的个性，强调交流，强调人对空间的独特而丰富的经验。这样，城市中的每一个家庭，每一个饭馆，每一个商店，都在努力寻求自己的独特性，都在标榜内部的差异性，都将人和空间的关系重新纳入自身的视野中。城市中的建筑，更注重室内，更注重装修，更注重自身对室内空间的个性改造。人们努力将空间变成独一无二的艺术品。就整个城市而言，人们也在寻求不同城市的独特性，寻求城市自身的符号学性质，寻求城市的象征主义。功能主义再也不是城市规划的首要准则了。空间现在要变得有视觉感，除适用的功能主义外，空间还应当成为一个表意的文本，它的"意义"，它自身的内在性，它的丰富的符号学编码，应该得到表达。这样，各种各样的后现代批评声音都指向类型城市，指向纯实用城市，指向纯功能的居住城市，指向理性主义的经济开发，指向效率至上的资本家的牟利企图（这正是现代主义的实用功能主义的典范）。同时，人们想象的后现代之城，是一个感官之城。消费性场所取代了生产性场所，成为城市的标志。现在，人们目光所及的不再是厂房和烟囱，而是商场、银行、饭店和娱乐场所，前者从城市的地图上消失了。人们试图经验欲望之城、差异之城、混乱之城和多样性之城。人们在想象一个软城市（相对于现代主义的硬城市），在此，快感、美学、欲望、消费编织了一个光怪陆离的感官王国。这也是一个百科全书式的综合之城，它是互动的、离散的、没有界线的、杂色的、异质性的、多样的、非中心性的、反垄断的、折中的、亲切的、装饰性的、点缀性的，它是博尔赫斯式的文本——用詹姆逊的说法，它是一幅不可测绘的地貌图。

只有这样的城市，才能埋藏秘密；只有在这样的城市中，人们才能体验城市；只有在这样的城市中，人们才能将城市和空间的事件刻写在身体之上。但是，到底是哪些人在体验城市？是哪些人，通过什么方式在体验城市的秘密呢？

第二部分　空间的政治

妓女、自行车和城市的秘密

　　只有那些城市的异质者，那些流动者，那些不被城市的法则同化和吞噬的人，才能接近城市的秘密。今天，我们看到，妓女和出租车司机，他们是城市中仅有的不能把握自己下一刻将去什么地方的人，他们是失去了行走理性的人，他们是置城市的结构于不顾的人。他们像黑夜大海中的漂流瓶，不知道自己的终点何在，因此，每一次行程，都是在城市中的偶然漂流。他们等待客人，就如同等待一场不期而至的风。偶然性、流动、不可预知感，是他们的职业特性，这些特性，正是撞见城市秘密的必要条件。不仅如此，妓女和出租车司机，他们都具备一种主动地观察城市的意志。他们在城市的流动过程中，不断地辨识、打量、观察和体验城市，他们要深入和熟悉城市的细微角落。

　　对于妓女来说，她是在黑夜中发现城市的秘密，是在城市的沉睡中发现城市的秘密，她不仅在窥视城市本身，而且在窥视整个城市的梦境。她抹着口红，将自己当成主人，驾驭着城市的夜晚。这种对城市的刻意辨识，既是为了安全起见，也是为了寻找事后准确的返归之路。当她在街头或夜总会被陌生男人带走的时候，这个妓女，变成了城市地理秘密的观察者。她不仅要盯住这个陌生男人的形象，还要盯住这个男人的驾驶路线。同时，她在暧昧的灯光下观察他人，观察他人的生活世界和内心秘密，观察他人的身体和习性。反过来，这个妓女，她自己，她的历史，游荡于她身体上的种种事件，也成为这个陌生男人的内心秘密。而她的居所，她的工作场所，也是城市黑夜的隐秘地带。总之，妓女及其背影，构成了城市的中心秘密本身。她在黑夜的偶然漂流，是城市的一个永恒秘密,是充满好奇的城市最深沉的秘密。每个人都知道这个秘密存在着,但每个人都无法准确地捕捉到这个秘密。妓女,既是城市秘密的观察者,也是城市秘密本身。

在同样的意义上,出租车司机也参与了城市的秘密。他每天体会和观察城市的地理秘密。他是城市地图的绘制者。由于他在不停地移动,他目击了整个城市细微的变迁过程,他抓住了——尽管他可能对此毫无兴趣——城市肌理的缓慢变迁,城市的速度和节奏,他烂熟于心。他的流动,和整个城市的流动相呼应。通常,一个城市人只是在偶然的时刻,惊讶地发现一栋高大楼房不知什么时候在城市中耸立起来,或者,一条街道似乎是在一夜之间被拓宽了,再或者,一条污浊的河流转眼之间变得清澈了。同他相反,出租车司机不是看到了结果,而是目睹了这些变化本身,他见证了城市的生长。如果说,这些生长就是城市的空间秘密的话,那么,他也常常闯进城市的事件秘密。在他的后座,乘客们的秘密可以和盘托出,他们畅所欲言,阴谋、隐私、对别人的背后辱骂、大逆不道的偷情甚至公然的犯罪事件,在出租车上可以得到任性的表达。这个出租司机,完全溢出了乘客的目光,他好像是出租车发动机的一部分,乘客们可以完全将他忽略,而放任自己的秘密和激情奔腾而出。显然,司机在此表达了一种古怪的身份,他既是这辆车的主人,又不是这辆车的主人;他既是这辆车的驾驶者和拥有者,又是这辆车的局外人。乘客们的秘密既然毫不掩饰地在他面前敞开,那么,他也只好沉默地分享着这些秘密。不过,这些秘密——同样是城市的秘密——尽管在出租车内反复地回响和撞击,但并不保有秘密的珍贵,而像种子一样驻扎在他的内心,这些秘密很快地被另一些新的秘密排挤掉了。

在这种黑夜的不知终点的漂流过程中,在深入和制造城市秘密的过程中,作为个体的妓女和出租车司机——没有人比他们更孤独了——都同他人编织了一种社会关系。他们都听从一个完全陌生的他者的召唤。他们在和不同的客人的交流中,不断地转换自身的主体性。在这种召唤过程中,单调的驾驶让出租车司机变得非常健谈,他往往通过言语和乘客结成一个片段的微型共同体——孤独的司机非常容易和乘客就某个社会问题达成共识。妓女则是通过身体同男人构造了一种短暂却是尖锐的社会关系。而且,相互陌生的男人,在不同的时间和地点,与同一个妓女发生了关系,他们以妓女的身体为中介,彼此之间形成了一种自己并不清楚的社会关联。司机和妓女,通过频繁的流动,不断地创造一种新的社会性,又不断地抛弃这种社会性。

妓女和出租车司机探索城市的秘密时,带有强烈的工作性质。他们被他们的工作所牵引,才偶然地撞上了城市的秘密。汽车——无论是自己驾驶汽车,还是乘坐别人的汽车——并不是探索城市的恰当手段。显然,对今天的大都市而言,步行也不是一种好的探秘方式,步行只适用于小城镇,或者只适合于19世纪的波德莱尔的巴黎,或者20世纪初期西美尔的柏林,那个时候,文人迈着龟步在街头寻章摘句,或者浪荡子在街头四处闲逛。波德莱尔所说的寻找现代性,实际是通过步行去寻找的。但是,今天的都市已经巨型化了——尤其是在北京这样的都市,步行无能为力,它无法自由地深入城市。步行实在不是一种探秘的恰当方式:它太慢了,与其说它能打开城市的秘密,不如说它只能触及城市的一角,它无力随意地穿越整个现代城市。

与步行恰好相反的是,汽车太快了,而且根本不能控制自己的节奏。同时,汽车是一个密封的空间,它构成一个自主的世界。汽车内部装配完善,自给自足,充满温馨,待在车中,犹如待在家中一般,只不过这是一个流动之家。被玻璃封闭起来的汽车,正是它内部的特殊氛围,使它独立于整个外在城市。它和城市的距离,如同卧室和城市的距离一样遥远。同时,在驾驶过程中,司机无暇顾及城市的面貌,他只能紧张地跟着整个汽车队列的节奏,他的目光盯住的只能是前面的汽车和交通信号灯,城市在他面前被关闭了。

在步行和汽车之间的是自行车。它既不太快,也不太慢,它的速度刚好能够适应城市的节奏。更主要的是,自行车非常自由和灵活,它可以随时停下,也可以随时启动——好奇心可以主宰它的行程。更重要的是,自行车可以自由地钻进城市的每个角落,它的清澈铃声可以随意敲打城市的秘密。此外,自行车是敞开的,同汽车的驾驶者不一样,骑车者的身体直接沐浴在城市的辉光中,它融入了城市,变成了城市的一部分。总之,就探索城市而言,自行车克服了汽车的条件限制。它凭借自身的自主性,凭借自身的速度和节奏,可以自如地探索城市的秘密。

无论如何,妓女和出租车司机是在被动地探索城市的秘密。那么今天,是谁在主动地,或者说充满意愿地探索城市的秘密呢?或者,到底是哪些人在借助自行车呢?就是那些深处校园中的少年。少年和自行车,他们结伴而行。正是他们,对城市的秘密充满了好奇。少年,现在要主动地打开城市的秘密。一方面,家庭和校园对他们来说是一个巨大的束缚,这两个狭隘世界让他们不胜其烦,他们好奇心的翅膀扇动起来了;另一方面,他们的身体已经成熟,他们不再是需要照看的容易迷途的羔羊,他们有能力去抚摸城市的身体。现在,他们唯一缺乏的就是探索城市的交通工具。他们探索城市秘密的欲望,激发了他们对交通工具的欲望。此刻,自行车就被呼唤而至。它是少年打开城市秘密的基本工具。拥有了自行车,就拥有了另外一个深不可测的丰富世界。在王小帅的电影《十七岁的单车》中,两个少年正是怀着这种探索城市秘密的欲望和梦想,展开了对自行车的残酷争夺。

在这部电影中,自行车既是探秘的交通工具,同时也是成年礼物。或者，更恰当地说，成年的标志，就是能够走出家庭和校园，到外部、到城市中、到不可知的世界去游荡。自行车，作为一个成年礼物，对一个来自外乡的农村少年而言，是拥有和进入整个城市的象征手段。拥有了自行车，就拥有了整个城市，拥有了整个城市的秘密。外乡少年骑着自行车在大街上飞奔，那是触摸大城市时的兴奋和快感的表达。而对城市少年来说，自行车是征服、控制和穿透城市的技术，正是借助自行车对城市的穿透和征服，一个摆脱了家庭和校园的成年男子的品质被建立起来。征服一个城市，犹如征服一个女人，是成年男子不可分割的气质。所以，我们在电影中看到，自行车，这个成年礼物，寄托了这个城市少年的最初爱情。显然，对于六七岁的孩童来说，自行车是纯粹快感和耍乐的道具，自行车并不会冲向街头。但是，对于17岁的少年来说，自行车不仅是快感的道具，还是梦想和欲望的实践来源，它的双轮实际上是长大成人的一对翅膀。在电影中，正是自行车将城市的秘密推到了我们的面前：电影中一再出现的17岁的少年骑着自行车穿越城市的镜头，是他们对城市的体验，也是我们对城市的体验。同样，在宁瀛的电影《民警故事》的开头，我们看到城市也是借助自行车来显身的。这是一个几分钟的写实长镜头，两个警察背对着观众在骑着自行车聊天。胡同和街道随着自行车的前行而不断地后退。城市的画面，是由这两辆自行车绘制而成的。自行车绘制城市地图的速度，既不像汽车那样迅疾（它会让整个城市一晃而过），也不像步行那样缓慢。这种适度的节奏，刚好能使城市的细节展示出来。在此，自行车和城市的秘密存在一种共生关系：只有自行车能探寻城市的秘密，城市的秘密也只能通过自行车来展示。

但是，今天，北京街头的自行车越来越少了，这也意味着，探索和发现北京秘密的可能性也越来越少了。事实上，自行车和城市秘密的减少是一体性的。它们同时消失在北京的拆迁过程中。拆迁，与其说是拆毁了城市的建筑物，不如说是拆穿了城市的秘密。一个复杂的、曲折的、充满透视感的城市，也是各种各样的秘密的温床。拆迁，以及伴随着拆迁而建立起来的宽大整齐的马路，使整个城市暴露于光天化日之下。裸露之城，就是灾难之城。拆迁，既驱赶了城市的褶皱、夜晚和秘密，也驱赶了城市的自行车。汽车取代了自行车，马路取代了胡同，灯光取代了梦境，理性取代了含混的秘密，这就是新北京的图景。若是俯瞰，我们会发现只有那些铁盒子般的汽车在高耸的密密麻麻的水泥柱子之间缓缓而单调地爬行。这样一个汽车城市，能够创造城市的秘密吗？

但，到底什么是城市的秘密？城市的秘密，是经验和想象的一种奇特混合。我要说，它不是一个具体的人，也不是一个具体的物，甚至也不是一个具体的事件——它不是城市内部存在的一个物化的坚核。相反，城市的秘密，它是一个虚空，一个非实体，一个关于秘密的单纯意象，或者说，它就是无。它存在着，存在于城市的每一个场所，每一片区域，但是，它又并不在任何一个场所驻足，它在不同的区域间不断地流动，当你试图接近它的时候，它就迅速地逃走，留下一片空白。城市的秘密，编织了一条德勒兹意义上的逃逸线，它四处存在，但无影无踪。城市的秘密，实际上，存在于我们对城市秘密的想象之中。这个虚空的秘密，却有一种强大的在场功能，它激发你去探讨它、揭露它、经验它，它激发你的城市冒险，激起你的好奇心，激起你的盲动、梦想和欲望。城市，所有的美妙，都部署在这些虚无的秘密之中。

街道的面孔

如果像荒木经惟那样，将城市比作一个身体的话，那么，街道就是城市的血管。在密密麻麻的城市建筑中，街道总能闯出一条通畅的路径来。街道似乎有某种魔力，它的延伸十分有力、充满耐性、不屈不挠，最后，它总是能够巧妙地绕开建筑物的围追堵截，将其终端伸向城市的边缘：只有城市消失于泥土和村庄的时候，街道才藏起它的踪迹。

街道，正是城市的寄生物，它寄寓在城市的腹中，但也养育和激活了城市。没有街道，就没有城市。巨大的城市机器，正是因为街道而变成了一个有机体，一个具有活力和生命的有机体。街道粗暴地对一个混乱的城市进行切割，使之成为一个个功能不同的街区，但同时，它又使整个城市衔接起来，城市中的建筑物正是因为街道而有了千丝万缕的联系，街道就像城市的语法，绝不会斩断自身的链条。建筑物就像这个语法轨道中的单个词语，借助街道，它们具有句法上的结构关联，正是因为街道，建筑物才可以发现自己在城市中的位置。街道和建筑物相互定位，它们的位置关系，构成了城市的地图指南。城市借助街道，既展开了它的理性逻辑，也展开了它的神秘想象。同时，城市在街道上既表达它清晰的世俗生活，也表达它暧昧的时尚生活。街道还承载了城市的噪音和形象，承载了商品和消费，承载了历史和未来，承载了匆忙的商人、漫步的诗人、无聊的闲逛者，以及无家可归的流浪者，最后，它承载的是时代的气质和生活的风格。街道，是一个没有寂静黑夜的城市剧场，永不落幕。

街道上的人群

街道这样一个剧场，总是让目光应接不暇。

> 街。
>
> 街有着无数都市的疯魔的眼：舞场的色情的眼，百货公司的饕餮的蝇眼，"啤酒园"乐天的醉眼，美容室的欺诈的俗眼，旅邸的亲昵的荡眼，教堂的伪善的法眼，电影院的奸猾的三角眼，饭店的蒙胧的睡眼……
>
> 桃色的眼，湖色的眼，清色的眼，眼的光轮里展开了都市的风土画：直立在暗角里的卖淫女，在街心用鼠眼注视着每一个着窄袍的青年，性欲错乱狂，梧桐树似的印度巡捕，逼紧了嗓子模仿着少女的声音唱《十八摸》的，披散着一头白发的老丐；有着铜色的肌肤的人力车夫；刺猬似的缩在街角等行人们嘴上的烟蒂儿，褴褛的烟鬼；猫头鹰似的站在店铺的橱窗前，歪戴着小帽的夜度兜售员，摆着史太林那么沉毅的脸色，用希特勒演说时那么决死的神情向绅士们强求着的罗宋乞丐……①

一个接一个的并列句子，一个接一个的形象拼贴，一句赶似一句的节奏，这是叙事的眩晕，它暗示和匹配着街景的眩晕。穆时英

---

① 穆时英：《上海的狐步舞》，中国文联出版社，2004年，第159—160页。

的小说就这样将街道上人群的丰富性展现出来。这是街道的一个局部的人群素描。这些人并不相识，妓女、乞丐、人力车夫彼此不知道对方的历史，但各自以对方作为自身的背景。这些在城市中没什么机会的人，只能在街道上耐心而又无谓地等待机会。这些人在街道上等待，也被淹没在街道上，然而，他们的等待还被另一些人——那些闲暇的文人——所等待。文人、乞丐和妓女是街道上的三个经典形象。穆时英在20世纪30年代的上海街头捕捉到的这些人，在波德莱尔的巴黎也出现了。本雅明称这些人为游手好闲者，这些游手好闲者也是逍遥法外者，他们既抗议劳动分工，也不愿意勤劳苦干，于是，任何一个工场都不是适合他们的场所。街道成了他们的去处，他们"走进一个又一个商店，不问货价，也不说话，只是茫然、野性地凝视着一切东西"①。市场变成了他们的最后一个场所，而人群则是"这些逍遥法外者的最新避难所，也是那些被遗弃者的最新麻醉药"②。街道就这样包容了逍遥法外者。他们将街道转化为自己的室内。文人迈着龟步，在这里寻章摘句，他们从街头的每一个片段中采集诗的意象；乞丐蜷缩在这里，紧缩着脖子，看起来胆怯的目光，却富有经验而锐利地盯着过往的行人；而妓女通常带着客人穿过街道，消失在城市的黑暗深处，城市，正是借助妓女的脚步而展开它全部的街道秘密，"在嫖娼之举的推动下整个街道网络都打开了"③。文人并不刻板地安排自己的时刻表，他们出没于街道全靠兴致。街道是灵感和生活的双重源泉，对他们来说，写作不是在房中，而是在街头进行的，引文不是书籍，而是街景。乞丐则永远在街道上，街道是他们的长年居所，是他们的家

---

① 《发达资本主义时代的抒情诗人》，第72页。
② 同上书，第73页。
③ 本雅明：《莫斯科日记 柏林纪事》，潘小松译，东方出版社，2001年，第208页。

宅。乞丐惺忪的双眼看护着街道的一切秘密。他们不是来到了街道上，而是生长在街道上，就像路灯柱子安装在街头一样。较之乞丐的懒惰、文人的闲暇，妓女则辛劳得多，工作使她们改变了街道的时间，她们将街道的夜晚改写为工作的白昼。她们袜子里面的钱，既像乞丐不离手的饭碗，也像文人著作底部的脚注。街道的这三个相关联的经典形象，一直刻写在大城市街道的历史中，无论是19世纪的巴黎、20世纪30年代的上海，还是今天的北京和纽约。街道的形象和两边的建筑物在变化，但是街道的这三个经典人物形象一直存在着。今天，文人还是纷纷地挤在小酒馆密布的街道；妓女则一直保持着她们在楼层下的黑暗阴影形象；而乞丐永远是在人行道上无休止地纠缠。街道塑造的这三个形象，可以同任何一部伟大名著的人物形象相提并论。

　　这是街道生产出来的常客，他们是街道的栖居者，同街道相依为命。目光搜索，是这三个形象的共同姿态，对他们来说，街道是献给纯粹目光的礼物。同时，他们也是街道的构造本身，是街道不可分离的要素。这些形象，也是街道奉献给过客目光的特殊礼物。这纯粹是街道催生的产品，一开始，他们就对街道进行强盗式的占有，将街道生活悄悄地挪为自我的生活，将街景变成自己的装饰背景，将人群变成自己的顾客，将街道变成他们的私人财富。"他靠在房屋外的墙壁上，就像一般的市民在家中的四壁里一样安然自得。"① 这种抢占式的街头风格，是德·塞托抵抗理论的最早的实践种子：大都市的诞生，一开始就伴随着对大都市的廉价而巧妙的利用。

　　还有另一些对街道的利用方式。劫匪和小偷通常利用街头的广袤性来行动，街道提供了他们寻觅猎物的机遇，也为他们提供了一

---

① 《发达资本主义时代的抒情诗人》，第55页。

幅能够迅速逃离的布景。街道是作案和流窜的绝佳舞台。由于街道是不设防的、敞开的、流动的，并且十分广阔，罪犯既可以巧妙而安静地脱离人流，也可以一头扎进人流中。借助密密麻麻的人流，他们罪恶的身影得到了掩饰。即便出现了追逐，罪犯还是富有经验地将人流作为追逐者的障碍。街头的追逐，决不会是两个人在旷野的狂奔。人潮，被罪犯视作天赐的屏障。罪犯对街头的选择，就下手而言，是对单个个人的选择，就逃离而言，是对整个人潮的选择。街道的敞开性和广阔性，既使罪犯的步伐收放自如，也让另一些心事重重的人可以得到片刻的喘息——这是些愁绪难以排解的人，他们孤单的身影在街道上徘徊，不过，这些身影既不对街道充满好奇，也不对街道有任何的实用价值。街道，在这里并没有得到反复的打量，相反，他们的眉头紧锁着，眼睛不是在往外观看，倒像是在内部埋藏着困扰。这些身影踯躅于街头，是因为只有街道才能消化这些困扰。喧嚣可以反衬他们的孤独。对他们而言，街道可以作为一个片段的回避性场所，一个逃离了限制性空间的场所，街道临时性地变成了一块自由飞地。街道暂时将日常的政治逻辑和权力逻辑置于身后，所以在这些心事重重的人那里，奇特地变成了一副安慰的药剂：当人们发现家庭难以忍受的时候，他们往往就身不由己地选择了街头。同样，当内心的波澜无法平息，复杂的矛盾难以解决的时候，人们还是可能步履蹒跚地踏上街头。最常见的是，当人们实在不知去哪里的时候，他们就不由自主地迈向了街头。晚年的波德莱尔，由于疾病缠身和债台高筑，"并不总是很情愿在巴黎的街角上撞见他的诗的问题……他一点一点地抛弃了他的布尔乔亚生活，街头便日益成为他的庇护所了"[①]。有时候，在广阔街头的漫步排遣类似于一个人在卧室内的低声啜泣。后者是让重重心事

---

① 《发达资本主义时代的抒情诗人》，第88—89页。

在一个隐秘的场所不顾一切地轰然洞开，前者则是让重重心事缓缓地消耗和播散在一个空旷地带。在此，街道承受了焦虑，并且试图慢节奏地化解焦虑——来自封闭的空间政治的焦虑。对于那些难以面对现实的人来说，街道，是一个恰当的回避性场所。如果说，密闭的空间总是会被各种压力充斥的话，那么，人们踏上街道，似乎就甩下了令人不堪重负的担子。此刻，街头混浊的自然空气，却奇特地转化为清新的精神空气。

不过，这是街道上的少数人，街道还充斥着大量形形色色的匆匆过客。如果说，街道提供给乞丐、妓女、文人、劫匪和心事重重的人以庇护的话，那么，对于大量过客来说，街道提供给他们的仅仅是一个通道。在过客这里，街道的功能发生了变化，它成为庞大城市的必要通途，是连接两个建筑物的必经桥梁，是城市的理性逻辑。文人在街道上漫步，他等待着灵感的降临；妓女在街道暗处察言观色，她等待着同男人的目光进行微妙的交接。但是，这些行色匆匆的过客，目不斜视。爱伦·坡这样描述这些人："绝大多数行人有满足的、公务在身的表情，而且好像只想着走出拥挤的人群。他们皱着眉头，眼睛飞快地转动着；在被其他行人冲撞时，从不表现出任何不耐烦，而是整理一下衣服，继续向前。还有另一类为数不多的人，他们烦躁不安，口中念念有词，并向自己做各种手势，好像就因为周围的人太拥挤而感到孤独。"[①] 街道真是将历史的时间沟壑填平了。坡所描述的那个时代的街道行人同今天并没有太大的差异，坡笔下的这些人是"贵族、商人、律师、经纪人和金融界人士"。如果加上现代科层制度所产生的大量上班人士，这就是今天街头匆忙的过客的主体了。坡是作家，他绘声绘色描述的是街道行人的行色，恩格斯则是带政治抱怨地评论了这些行人的关系：

[①]《发达资本主义时代的抒情诗人》，第70页。

"他们从彼此身旁匆匆走过,好像他们之间没有任何共同的地方。好像他们彼此毫不相干,只在一点上建立了默契,就是行人必须在人行道上靠右边行走,以免阻碍迎面走来的人;谁对谁连看一眼也没想到,所有这些人愈是聚集在一个小小空间里,每一个人在追逐私人利益时的这种可怕的冷漠,这种不近人情的孤僻就愈使人难堪,愈是可怕。"① 街道仅仅是一个通向建筑物的路途,一个被交通惯例操纵的路途。这依然适用于对今天的街上行人的描述,人们不仅彼此没有联系的愿望,而且连街道的细节都没有时间打量了,人们此刻的愿望是快速地将街道抛在脑后,占据他们脑子的是即将抵达的室内的事务。一旦将街道看作路径,那么,街道是否通畅,人流和车流是否密集,其他人是否构成自己的障碍,就成了这些街道行人出门前的几个茫然心事。而行走,无论是方向还是姿态,则全凭着所养成的习惯,这是毫无意外性的行走,它如此刻板,如此单调,如此具有目的性,以至可以将这种行走当作工作的一个紧密环节,而不是工作的必要前提。而今,在街头等公交车的人,对他人不仅仅是冷漠,而且夹杂着微妙的敌意。在街道上,最常见的戏剧行为是对公交车的抢占。当公交车驶入站内时,等待的行人争先恐后,一拥而上,并且奋力地将他人挡在身后,远处还有人喘着粗气往车站大步地奔来。这是街道上陌生的行人之间发生的唯一关系,但这不是恩格斯期望的热烈关系,而是彼此的竞争关系:所有的人都将他人看成妨碍自己的对手。街头的这一短暂骚动时刻,也是街头最富有活力和动感的时刻,行人感觉到了人群的存在,但和文人不一样的是,他们不是将人群看作一个诗意的想象来源,而是将人群看作焦虑和烦躁的根源。对乞丐和妓女而言,人群既是庇护,也是机会。对匆忙的行人来说,人群是一个巨大的怪兽。人们

---

① 《发达资本主义时代的抒情诗人》,第 75 页。

总是抱怨庞大的人群挤满了街头，但从来没有将自己认作其中的一个多余分子。人们心安理得地习惯于这种街头的交通抢占，但这种抢占不是为了徘徊于街头，而是为了尽快地离开街头。在这里，街道完全是一个毫无景观性的冷漠器具，一个烦人的机器，一个充满噪音的怪物，而街旁的建筑物像一些盲目、呆滞的树桩一样毫无生气。街道，并不值得驻足停顿。就这样，匆忙的过客改变了街道在文人那里的暧昧含义，街道的语义随着步行者的身份变化而发生了变化。

由于这些上班的人遵循固定的工作时间，他们被一种刻板的时间表所严密地编织。街道就根据这种时刻表展开它的运动节奏。他们几乎是在同一时刻从居所或办公室涌上街头。这样，在某个特定时刻，街上的人群总是饱和的。在一些时刻，街道上人头攒动，街道变得缓慢、拥挤，令人烦躁不安；在另一些时刻，人群则相对稀少，这时，街道清闲下来，变得稍稍安静、稀松和轻快，有时不免带一点寂静的荒凉。街道就这样有规律地布置着自身的节奏和密度。就事件而言，街道是偶然性和机会的伟大场所；但是，就节奏而言，街道又是日复一日重复的、单调的、乏味的场所。街道牢牢地把握着自身的节奏概率。这是街道的法则。那些对街道的规律和秘密洞若观火的人，知道如何对这种秘密进行利用和反利用，驾驭和反驾驭——无论是看护街道的巡逻警察和交通警察，还是伺机行动的街头劫匪和街头骗子，都是驾驭这种街道节奏的高手。警察和罪犯的街道争夺，总是围绕着街道的法则而展开的争夺。

人人都可以随时踏上街头，但人人都怀揣着隐秘的目的。街道就是这样一个宽容的器皿，是一个不需要门票就将任何人盛装起来的慷慨而巨大的器皿。这是街道的平等精神，而平等正是人群得以在街道上聚集的前提。无论是谁，都可以在街道上自由地迈着自己的步伐。人们常常是根据数量来看待街上的人群，量化的人群表现出来的是体积和密度，而不是等级和财富。在一些特殊的时刻——比如政治游行的时刻——之外，街道上的人群就完全是异质性的：阶级、意识形态、财富、品位、性别、年龄、身体等方面的异质性。人们总是惊叹于街道上的人的多寡，而不是惊叹于他们的贫富。没有任何的等级障碍使人们踏上街头的脚步羞羞怯怯。街道不会在心理上给人们添加等级和贵贱的负担：每个人都能找到自己的差异对象，但每个人在这里也能发现自己的同类，发现自己的归属阶层。每个人都会不时地惊讶，但每个人都不会产生无所适从之感。每个人都想惹人注目，但每个人都难以鹤立鸡群。街道一方面在激励个性，另一方面又在无情地吞噬个性。同密闭的空间不一样的是，街道是对异质性人群的宽厚接纳，它可以容忍人们对街道的肆意闯入；而密闭的空间对外具有排斥性，对内则有生产性。集体性的空间对内部的人群具有一种挤压性的塑造，这种空间塑造是有规律、有目标和方向的塑造。而街道并没有内外之隔，没有一个要奋力跨越的界线。街道是反空间的，是露天舞台性的，它不是在强制性塑造人群，而是让人群作为自然的主角主动上演。如果说，街道是在改变个人的话，那也是激发性的改变，而不是压制性的改变，这种改变正是解放。这就是部分压抑的人常常走上街头的原因。囚徒从监狱里出来，会狂热地爱上街道；少年的争执如果发生在街头，就会很快演变为斗殴。街道使人兴奋。笑声和欢乐通常在街头的人群中毫无顾忌地爆发，街道具有一种天然的解放力量，并且似乎天生地就安置了一种激发性的电源："生活在芸芸众生之中，生活在反复无常、变动不居、短暂和永恒之中，是一种巨大的快乐……一个喜欢各种生活的人进入人群就像是进入一个巨大的电源。也可以把他比作和人群一样大的一面镜子，比作一个具有意识的万花筒,每一个动作都表现出丰富多彩的生活和生活的所有成分所具有的运动的魅力。"① 如果说,集体性的空间多多少少都带有监狱的禁闭性的话,那么释放性的街道则是监狱的反面,街道及其人群在反复激发个体的能量。所以,贡斯当丹·居伊说:"任何一个在人群中感到厌烦的人,都是一个傻瓜!一个傻瓜!我蔑视他!"②

这样,街道变成了一个感性的场所。心智上的密谋总是在室内悄悄进行,而身体性的情感表达总是在广袤的街头。这是感性街道的巅峰时刻:当某些人要强烈表达共同的情绪和要求的时候,他们会一起走上街道。声势浩大的街头游行总是一场能量大爆发。游行首先是那些受挫者的集体性的身体释放,是身体彼此激发和碰撞出来的欢乐,其次才是理性的政治示威。只有街道才能承受这种身体的游行,也只有街道才能让这种游行的身体得到观看,进而得到进一步的强烈刺激。街道为游行者搭起了一个欢乐和破坏的双重舞台。在这个舞台上,感性能量压倒了理智谋划。街道上的政治从来都是身体政治,因而是浅薄的、表层的,但也是粗俗而性感的。密室政治从来都是深邃的、复杂的,但同时也是单调而乏味的。街道只能表演政治,而不能切实地履行政治。街道从来都属于莽撞而混乱的身体,而不属于殚精竭虑的心机。

感性的街道既可能使单调的人满腔激情,也会使紧张的人自然地放松下来。人在街道上是匿名的,既没有背景,也没有历史。在街上,人丧失了他的深度。人的存在性构成是他的面孔和身体。光线只是在他的表面闪耀。人,只是作为视觉对象和景观的人,是纯粹观看和被观看的人,是没有身份的人,是街道上所有人的陌生

---

① 《波德莱尔美学论文选》,第 482 页。
② 同上。

人。这种丧失和隐瞒了内在性的陌生人，是自由的基本条件。陌生人在街道上处处都能遭遇目光，但没有一种是熟悉的目光，没有洞晓自我秘密的目光，没有严厉的权力目光，没有审查的目光。目光只能洒到表面，这样被观看的陌生人就是隐匿的、安全的、固守自身秘密的，因此，他既没有包袱，也无须戒备，街道上的脚步总是踏着轻松的节拍。街道上的行人需要刻意装束的只是表面形象，表面形象是他的一切，也是他提供给周遭目光的一切。街道激发了人装扮自己和表演自己的热情，也激发了人的形象练习的热情，街头的人被一种形象的魔力所宰制。身体和形象更容易在街头起舞。"街道不仅具有表现性，而且是日常生活戏剧的展示窗口。"[1]

街道是所有人的共同背景，却是每个个体的异质性背景：街道使人从一个熟悉的语境中挣脱出来，并且甩掉了庸常的制度和纪律——除了一种基本的交通纪律外，纪律对街道鞭长莫及。这样，街道就成为城市中最混乱但又是最轻松的场所。在科层制主宰的今天，一个反纪律的场所当然就是乐园，如果说乐园充斥着各种各样的俗世物品的话，那么，街道就是今日名副其实的乌托邦了。这是个充斥着拜物教的乌托邦，它日复一日地等待着人们的朝圣。

街道上的物品

街道既是一个人群的综合，也是一个物质的集合。实际上，街道是"人与物之间的中介：街道是交换、商品买卖的主要场所，价值的变迁也产生于这里"[2]。街道的真正秘密核心是商品。街道被

---

[1] 奈杰尔·科茨：《街道的形象》，见《设计——现代主义之后》，约翰·沙克拉编，上海人民美术出版社，1995年，第120页。
[2] 同上书，第120页。

各种各样的人群强制性地使用，进而生产出各种各样的意义，因此，它的语义变动不居。但是，街道仍然有着一种固定的核心意义：它是商品的寓所。这也正是街道的魔力所在，它促使人们一遍遍不厌其烦地奔赴街道。实际上，人们常常将街道理解为店铺林立的商业性大街。如果不将街道当作一个过道，而是将它当作一个目的地的话，那么，人们对街道的奔赴，主要就是对这些商品的奔赴。商品既是街道强劲有力的跳动心脏，也是人群簇拥于街头的内在秘密。

商品的寂静聚集却使街道喧哗不已。作为商品的寓所的街道，就是要将商品展现出来，商品，就是要力争去往街道，并尽可能在街道上醒目地成为一种可见物；而真正的商业性大街，则应该成为囊括一切商品的百科全书。街道和商品的关系，是相互寄生、相互激发和相互生产的关系：缺乏商品的街道是单调的、乏味的、灰暗的，严格说来，这不是我们通常意义上的街道，而只是一个素朴的交通过道；它完全被实用的交通功能所控制，车辆密密麻麻地堆积在此，驾车人内心焦躁，却面无表情。他们无可奈何但又安静地寻找空间和时机。交通过道是城市刻板制度的贴切表征。剔除了商品的街道，在某种意义上，也会剔除人群。即便这种街道被赋予强烈的意识形态色彩，即便它有一种政治和历史的神秘传奇，即便它气势宏伟、高楼林立，这样的大街也只会不时招揽一些零星的外来游客。在这样的意识形态的大街上，行走，只是一种对历史的震颤经验，这样的行走步伐紧张而兴奋，它踏越的不仅是街道，还是漫长的历史记忆和喋喋不休的政治说辞——这同充斥着商品的商业性大街带来的体验完全不同。反过来说，商品如果不寄寓在街道上，它就是孤独的、闭塞的、荒凉的。街道应该成为商品的恰当语境，脱离了街道的商品，就脱离了它的交换句法，而成为一个被甩掉或者被耗尽的矛盾字词。这样的商品当然自会有它的命运，但是它不会有被反复挑剔和阅览的命运，不会有一种集体性的辉煌展示的命运，不会有一种扩大自身符号表现的命运，不会有虽然昙花一现但毕竟历经繁华的命运。商品，只有存在于街道上——无论时间多么短暂——才能获得商品独树一帜的意义：经历被出售和购买的巅峰瞬间。

商品和街道就这样达成了一种"自然"关系。正是在商品和街道相互激发的关系中，正是在它们融洽的句法关系中，正是在它们彼此作为背景的窃窃私语中，它们各自的独特意义才纷纷涌现。同时，这种关系，以及这种关系的秘密，就成为整个街道的秘密：街道形象的秘密，街道活力的秘密，街道文化的秘密，街道上的人群的秘密，人和街道的关系的秘密。

街道一旦成为商品的积聚之地，那么，它的交通功能和意识形态功能就会大大减弱，政治建筑不会置身于此，一些繁华的街道甚至禁止车辆通行，这样，它就变成一种完全的买卖和景观场所。对于行人而言，扑入眼帘的，首先是街道的景观。街道当然有它的形成历史、设计和建筑，也就是说，街道有它从历史深处浮现出来的空间轮廓，这个空间轮廓在某些历史关头被一再地改造、扩充、伸展。不论这种改造是悄然的还是激烈的，街道的历史就是其空间和建筑被改造的历史；但是，一部街道的发生史也是一部商品的变迁史，是一部商品的展示史。街道的历史是被商品逐渐包裹和粉饰的历史。街道的改造，绝对还包含着商品的形象对它的改造。即便街道的空间和建筑长年不变，并始终保持着某种固执的静止状态，商品对街道的改变仍旧让街道不断地推陈出新。人们会毫不费力地记住街道上的一般建筑秩序，但很难记住街道上的具体形式细节。商品的频繁变换导致了这些细节的频繁变换，对商品面目的改写也是对街道面目的改写。

使用性，是商品的内在属性；交换性和出售性，则是商品的必然宿命。但是，商品及其广告，凭借它的符号和形象，还顽固地保持着对街道的装饰功能。现在，商品越来越不满足于安静地待在店铺的一隅，等待着某个顾客兴之所至的偶然光临。相反，它力图挣扎出来，溢出寂静的角落，奋力在街头获得自身的光亮和可见性。这样，商品的表征符号——巨大广告牌或者商品的各种模拟符号——赫然出现在街头，这是商品的代理和符号再现，是有关商品的二次书写。这是夸张的放大的形象书写，它暂时藏匿了商品的劳动价值，而突出了商品的符号价值。商品的这种再现符号，交织着双重意义：商品的展示意义和街道的装饰意义。就展示而言，这是一般性的商品推销术。展示必须尽力地在每个角落抓住人们的目光，这样，它就会无所不在，这种广泛的展示又构成了对街道的大面积装饰。就装饰而言，这些商品广告组成了街道的真正表面，它们不仅占据了墙壁的表层，甚至夸张地伸展到街道的上方乃至地面。相应地，街道的建筑就失去了固有色泽，街道就被这些商品形象和广告严密地包裹起来。广告的色彩，就是街道的色彩；广告的形象，就是街道的形象。"广告无所不在的陈设，垄断了大众的生活……这是我们今天唯一的建筑：巨大的屏幕上闪烁着运动中的原子、粒子和分子。已经没有公众活动的场景或真正的公共活动空间，只有庞大的旋转、交换和短暂联结的场。"① 广告不是布满了街道，而是占领了街道。

但是，实际的商品本身仍旧存在于店铺内部。而店铺总是在寻找店铺，店铺的法则是物以类聚的法则。店铺如果茕茕孑立，它只能等待纯粹的巧遇，等待一个偶然的顾客：虽然这个唯一的店铺可能吞噬全部的却又是寥寥无几的过客，但没有人专程奔赴一个孤独的无名店铺。这样的店铺只能等待四周的定居者，它绝对没有吞吐

---

① 波德里亚语，转自《设计——现代主义之后》，第 122 页。

万物的恢宏气概。一般来说，店铺的本能是汇集于商业街道，或者说，商业性大街正是因为店铺的本能汇集而自发地形成。在这里，店铺会撞上自己的悖论：它要冒着竞争的风险和其他店铺比邻而居，它既嫉恨其他店铺，又依赖它们的招揽效应。这是店铺复杂的双重感受。店铺只能在庞大的店铺群中找到自身的存在感。每一个店铺都想拼命地招摇，但都被其他的店铺无情地湮没。

但是，街道上的店铺还是存在自发的秩序。大型购物中心注定是街道的重心，它庞大的建筑醒目而隆重地矗立在街头，并成为街道上的一个要点、一个景观、一个高潮。街道通常是根据这种购物中心而展开自身的叙事。如果一个街道上存在多个这样的购物中心的话，那么，这就是一个喧哗的、高潮一再出现的街道。各种各样的小店铺环绕在它们周围，构成它们的依附和补充，并悄悄地将这些保持距离的购物中心连接和填充起来。这使得街道层次分明、衔接紧凑、错落有致，并具有一种轮廓上的丰富性和变化性。充满活力的街道是整齐划一的敌人，同质性的街道是在扼杀街道。同购物中心的稳定性——它几乎成为街道的固定品牌——相比，这些小店铺是临时的、机动的、灵活的、变迁性的和游击式的，它们反复地改头换面，而且，这些店铺是异质性的，它们的商品和功能并不雷同。小店铺的改装在书写街道的兴衰。它们不仅仅依附那些大型购物中心，也和购物中心形成一种相互寄生的关系。它们不是购物中心的终结，而是后者的一个自然延伸；它们不是和购物中心充满敌意地对抗，而是和后者保持着通畅的过渡关系；它们在地理上外在于购物中心，但在逻辑上内在于购物中心。小店铺和大型购物中心织成了一个买卖的整体。而街道，并不因为建筑物的地理隔离而形成严格的区分场所。相反，街道是没有界线的，四处都是敞开的门，供人们自如地穿梭。从这个意义上说，街道是一个有机整体，是一个包罗万象的巨型建筑物，是一个没有封闭点和终结点的开放场所。街道,既是多种店铺的综合,也是某种单一的庞大店铺。如果说,一个综合性的购物中心将诸多小型店铺囊括其中,并让它们保持着自然过渡的话,那么,在同样的意义上,街道囊括了所有的店铺。街道,成为一个放大的通畅的而又无所不包的购物中心。

街道上各种建筑物的可穿透性,保证了街道的流动性,也保证了街道的活力。实际上,所有的建筑物、所有的店铺都在焦急地等待人们的光临。店铺一定要招揽,要展示,要夺人耳目,这样,街道两边充斥着的不是禁闭性的森严围墙,而是敞开的透明的玻璃橱窗。橱窗将店铺包含的内容展示在外,使店铺和街道在光线中相接,橱窗不是让店铺和街道保持严肃的黑暗界线,而是将这种界线拆毁。橱窗既让店铺保持着可见性,也让店铺保持着同街道的沟通。透过橱窗,商品摆在店铺里,"就像是摆在一个耀眼的舞台之上,摆在一种神圣化的炫耀之中(这就像在广告中那样,并不是单纯展示,而是像拉格诺说的那样,是赋值)。陈列物品模仿的这种象征性赠予,陈列物品和目光之间的这种安静的象征性交换,显然会引诱行人到商店内部去进行真正的经济交换"[1]。橱窗,使商品披上了光晕。它镶嵌在街道两侧,但并不令人感到空洞和刺眼。正是在橱窗的保护下,商品能自在地暴露于街头。橱窗是商业大街最显著的品质,它使街道获得透明的深度,获得立体效应,街道不再是封闭的笔直通道,不是堤坝筑起的顺势而下的河流,而是一个可以向四周悄悄渗透的立体网络。

这样,在街道上行走就变得极其缓慢。由于各种店铺的展示性和透明性,行人会一再地驻足探寻,好奇心总是驱使人们对店铺反复深入,而店铺常常会令希望和失望发生瞬间更替。行走变成了对

---

[1] 波德里亚:《消费社会》,刘成富、全志钢译,南京大学出版社,2000年,第188页。

店铺的饶舌般的探秘,于是,直线步行变成了横向游逛。目光扯住了脚步。在街道上——如果人们确实是去购物的话——时间会很快地流逝而去。一般来说,人们在街道上的实际时间,总是会超出预定的时间,人们容易被层出不穷的可能性,被各种显眼的物品,被各种诱惑性的店铺抓住。街道需要眼睛保持着运动,而长时间行走的脚因为目光的过度兴奋失去了知觉,它们往往沉默无语,但,街道和行人永不知疲倦。街道的尽头看起来近在咫尺,走过去却遥遥无期。游逛,就这样改变了街道上的时空:街道的长度获得了意外的增加,而时间却在加快地流逝。街道从不让时间显得无聊而漫长,它压缩了时间感,却拓展了空间感。

除了商业购物的店铺之外,还有其他类型的店铺存在于街头,满足人们各种各样的要求。广泛的店铺类型就这样留住了人们的脚步,街道是一个自足的世界。人们可以在此满足他们的一切消费愿望:人们可以在此吃喝玩乐。饭店、旅馆、银行、邮局、理发店、酒吧、照相馆、澡堂等,这些消费场所的功能相互补充,并构成一个完整的生活世界,不留下任何的消费漏洞和缺憾。它们常常没有规律地挤在街道的两侧,这些功能性的场所,因为在满足人们的不同需求,所以也在反复地改变人们的街头经验。这些不同的场所空间,针对着感官的各个层面,它们让人流、让感官、让经验、让心率迅速地转换。空间的功能变换和地理变换,使街道的经验失去了稳定性,也动摇了人的整体性。人,在不同的时刻,受到不同的对象和空间的刺激。街道上的人们,从购物商场中出来,迈进隔壁的饭馆,他们的注意力就从视觉转向了味觉。街道轮番地作用于身体。它将身体的整个世界包围着,并探索身体的全部感官奥秘。它可以沟通感官世界,打开这些世界,刺激这些世界,满足这些世界。相应地,它也就会压制思考和哲学,压制晦涩和深邃,压制理性和算术,压制永恒和本质,压制各种各样不变的决心:街道是感官的，又是瞬间多变的。

而这，就同时尚一拍即合。时尚同样是感官的、瞬间多变的，街道的多变禀性就是时尚的多变禀性。街道当之无愧地成为时尚的天然舞台。街道不仅仅是时尚的载体，而且生产和造就了时尚。时尚的形成，必须得到街道的内在支持——没有街道，就没有时尚。如果说时尚是新奇和活力的标志，那么街道的热情部分地来自这种时尚。时尚的反面是孤芳自赏，它不是少数人秘而不宣的内部趣味。相反，时尚的发生，要么是高级阶层的特殊品位的优越流露，要么是某些浪漫群体对平庸价值的文化抵抗。因此，时尚的发生是文化政治的显豁表达，它要展示，要招摇，要公开地炫耀或者示威，时尚的文化政治不是激进的暴力政治，而是表达的目光政治。时尚的政治倾向，必须被阅览，被体验，被看见，而且应该像游行一样被人群看见，被最大范围内的消费者看见。只有被观看，时尚内在的政治性才能发生效应，时尚才能获得它的实践意义。因此，时尚决不会固守在一个隐秘的角落，而应当在活生生的街头大摇大摆。时尚，必须将街道作为表演舞台。时尚像波浪追逐波浪一样地反复更迭，街道目击了时尚的这种瞬间兴衰，而时尚，也在一遍遍地改写街道的色彩。街道和时尚是一部永不落幕的双簧戏。时尚内在的求新欲望，让街道永远生机勃勃。而街道的生机勃勃，总是能让时尚找到用武之地。街道能够承受一切的时尚好奇。时尚的速度成了街道的速度；时尚的面孔成了街道的面孔。如果说，年轻人和女性是时尚的狂热追逐者的话，那么，街道就是他们的天堂。

感官和时尚的街道当然还是个松弛的街道。人们将街道当成一种松弛场所——只要是感官场所，一定就是没有负担的场所。这，正是街道的魅力所在。有些人选择街道，就是为了选择一种轻松的夏日般的欢乐氛围。成年人对街道有一种周期性的想象，如同孩子对节日有一种周期性的期待一样。即便在街道上一无所获，即便购物只是一个自欺的神话，即便那些商品的价格足以让人汗颜，上街，仍旧是今天的单调世俗生活的拯救形式。上街，永远是打着实用主义的购物旗帜，但是，最终收获的是在街道上的感官释放。空手而归的人们，脸上并没有挂满失望，因为街头的无目的的游逛和观看是一种成年人可以掩饰的安全游戏。游逛可以生产快感。上街，就这样变成了一种风格化的生活政治学。这种生活政治，不是别的，就是对抗理性政治的感官政治，对抗实用政治的耗费政治，对抗官僚政治的娱乐政治。如果说今天有什么普遍悲剧的话，那就是有些人无法上街。一个远离街道的人，是一个远离生活的人；一个体验不到街道魔力的人，是一个感官退化的人；一个没有时间踏上街道的人，是一个科层制度中乏味的机器人。我相信，一个不爱街道的人，断然也是一个不爱大自然的人，因为，大自然的秘密就是街道的秘密：在今天，二者都是一种超现实主义经验，都是日常生活法则的脱轨，都是对权力逻辑的短暂溢出，都是官僚机器的一个反面补偿，都是非政治空气的贪婪呼吸。只不过，街头的补偿和呼吸是激进的，而大自然的补偿和呼吸则是温和的。在温暖和煦的阳光下，一个人无目的地漫步街头，四周的人群和喧哗编织成他的音乐背景，这样嘈杂之中的漫步所携带的悠闲，不就是在茫茫无边的草原上单个身影的故意孤独吗？

结　语

深夜来临，人流四散，店铺各自关起了大门，街道要休息了。白天的喧哗似乎令此刻的街道疲惫不堪。街道逐渐安静下来。但是，安静的街道并没有夜晚，各种叫不出名字的彩灯让街道处在一种黄昏般的闪烁之中。这个时候，在某个街灯难以顾及的阴暗的角落里，阴谋或者缠绵的爱情在嘀嘀咕咕地发生。如果说，街道的白昼被声音和人流汹涌地点燃，那么，它的夜晚变成了夜游神的诡秘温床。充电般的街道激情随着夜幕的降临而退去了，它留给夜晚的，是暧昧，如同闪烁的街灯面带嘲讽地散发出的暧昧。

现代家庭的空间生产

家庭，在今天，其意义发生了一个戏剧性的变化。我相信，居住空间及其功能在大幅度地锻造今日中国家庭的神话，犹如伦理关系一度主宰着对家庭意义的锻造一样。以前，人们习惯于将家庭置于伦理学的范畴内来对待，将家庭看作一个伦理有机体，一个血缘关系和夫妻关系的居住结合体。在这个结合体中，不是房屋的空间关系，而是家人的血缘关系，成为家庭的意义重心。理想的家庭就是对血缘关系和夫妻关系的反复再生产，并使之保持一种持久而稳定的凝聚力。房屋空间，只是这个家庭的一个外部性结构框架，它并没有深深地嵌入家庭的关系政治中去。因此，包围着家庭的关键词是托尔斯泰式的：和睦或者争吵、温馨或者暴虐、友爱或者敌意、幸福或者痛苦、忠诚或者欺骗，等等。我们看到，这些词语只是对家庭伦理或个体伦理品质的书写。家庭，就这样首先被纳入伦理学的考究当中。伦理学，是横贯家庭空间的一个主轴和杠杆，家政就围绕这根主轴而展开，将一切家庭事务置于它的审视之下，并受到它的严厉裁决。伦理关切，每时每刻地洒在家庭的各个角落。它既是家政的起点，又是家政的终点。家庭的创立形式是婚姻的缔结，这种缔结奔着一个幸福的伦理目标而去，居住空间则成为这个伦理目标的无关大局的载体，它服务于但不作用于这个目标。人们相信，一个温馨或者暴虐的家庭——这是家庭最通常的两个典型模式——其根源只能埋藏在个体的伦理生活中,而不是埋藏在家庭的空间构造中。只有个体的伦理选择才能刮起家庭的风暴:家政关系植根于家庭成员的生活艺术当中。

但是,这样一种考究的家庭伦理,被 90 年代以来的大规模的空间生产吞噬了。现在,家政和婚姻关系并不借由一根伦理的绳索来维系着,相反,家庭的居住空间开始施展力量:空间在对家政的生产中越来越具有一种主动性。它在塑造着家庭。实际上,在任何一个历史时刻,家庭首先总是以一种空间的形式出现:没有一个固定的居住空间,就不存在牢不可破的家庭,居住空间是家庭的坚决前提。但是,人们通常只是将家庭的空间几何学作为家庭伦理学的一个附属框架,这个框架是中性的家庭器皿,是家庭伦理戏剧的表演舞台,是家庭核心要素的僵化外观。这是个静态的没有创造力的空间,是一个非政治化的物理空间,它只是沉默地承受着家庭伦理的结构。但是,这种僵化的居住空间,如今已经从安静的微末状态被唤醒,而变成一股活跃的积极力量。80 年代以来,家庭居住空间,在内部,生产着家庭的伦理关系;在外部,则再生产着社会关系。家庭空间和家庭伦理的结构关系发生了颠倒:空间关系取代了伦理关系,成为家政和生活的第一要务。不是家庭成员之间的伦理关系,而是家庭房屋本身的几何空间关系,在书写着家史,宰制着家庭结构,创造着新的家庭政治。家庭,在某种意义上,是空间生产的效应。

在城市,居住空间突然被抛向了市场,变成个人能够占有的商品。此刻,空间的生产政治得以迅速启动。人们对空间的理解瞬间发生了变化。以前,居住空间是僵硬的计划配置,现在,居住空间是灵活流通的商品;以前,居住空间是被租赁的,其拥有权属于国家,现在,居住空间是私人占有的,其拥有权属于自己;以前,居住空间总是漫漫一生的一个个暂时的过渡,现在,居住空间是永恒的财产,是可以作为遗产继承下来的固定财产;以前,个体喜气洋洋地但依然是被动地承受国家对于居住空间的均平配置,现在,个体是主动地一劳永逸地占有居住空间,居住空间是可以转让、出售、增值的私人财富。国家不再以一种专断的形式囊括和垄断一切空间了,空间也不再内在于国家自身的严肃结构。居住空间从国家的紧密控制滑向市场的自由选择,它成为私人的竞技对象。这样,空间从一个安逸的寂静状态被抛向了动荡的战场,它的意义根据争斗的结局而被允诺,空间在反复的厮杀之中才能自我表达。住房既是庸碌日常生活的中心,也是非凡的呐喊、竞技和吵闹的中心。围绕着住房的争夺成为当代最直接的战斗形式。居住空间将一系列的战斗汇集于自身:这是政治、经济和文化多层次相交织的战斗,也是各个阶层之间的政治经济战斗,是个人同匿名群体的战斗,是利益群体和利益群体的战斗;这也是文化的战斗,是历史和现在的战斗,是文化遗迹和当代欲望之间的战斗,当代的阶层斗争不是被意识形态歧见所怂恿,而是被一个核心性的住所空间所激活。同样,结盟不是因为信仰而扭结在一起,结盟是因为住所的相关性而产生,是因为住所的共同命运而产生,是因为住所表达的同一意义而产生。正是由于相关联的居住空间,异质性的职业群体,才在战斗中表达共同的激情。斗争的痕迹刻写在住房的表面,团结的痕迹也刻写在住房的表面。今天,观念的政治已经转向了居住政治,意识形态政治转向了空间政治。

我们看到,个人居住空间的所有权方式和占有方式发生了变化,从外部包围着空间的政治经济学也发生了变化,这种变化,毫不犹豫地投射到家政结构之中。

人们现在不顾一切地卷入空间的争夺中。就家庭内部而言,空间不再是它的外壳,而变成了它的目标。事实上,家庭空间的建立现在变成了一个具体的经济问题。人们都明白,家庭现在是根据它的居住空间来下定义的。空间占据着家的重心，外人对家庭的首次探询总是从空间"大""小"着手。在家庭内部，幸福只和面积相关，情感退回空间的帷幕之后，婚姻关系附属于空间关系。人们在培育一种家庭，与其说是培育一种和谐的夫妻关系，不如说是培育和扩充一个宽敞的居所。

从理论上来说，因为空间不仅供居住，还能成为增值的财产，这种性质的居住空间就可以被无休止地追逐和投资，它是贪欲攫取的对象。而且，空间的扩张，是尼采式的权力意志的本能要求：空间总是在扩充着空间，空间总是在寻求自身的繁殖，空间总是为自身的扩大再生产所驱动。这样，空间就自然地成为家庭身体的动力机器。家庭不再深陷于自身内部的伦理纠缠中，相反，它作为一个整体，作为一个好战的身体，而卷入同外部的残酷竞赛之中。每一个家庭都变成了无限广阔的空间之战的一方，家庭的历史，就是占据和夺取空间的战争历史。家庭，它的使命、目标、家政原则，都紧紧地缠绕着居住空间而展开，居住空间，差不多是家庭永久的或隐或现的缺失性内核。家庭决不会在这个方面抱有豁然般的满足之感。居住空间似乎是一根没有端点的欲望链条，家庭总是在这根链条上吃力地爬行。家庭的宏大叙事，在某种意义上，就是不断地向新的居住空间目标进取的叙事；家庭的隆重戏剧，就是居住空间得失的悲喜剧；家庭的日常生活，就是家人平静地但又是努力地聚集购房力量的挣扎生活。漫长的日常生活所日积月累的能量最终爆发于购买住房的那一瞬间，也正是在这一瞬间，家庭的全部赌注被掷下了。漫长的负担就背在家庭的紧绷着的肩头。居住空间，既是家庭的住宅，也是家庭的枷锁。它既让家庭成员陷入绝望的漫漫黑夜，也让家庭成员被狂喜所汹涌地撞击。居住空间一遍遍地促使家庭情感猛烈地爆发。

家庭，就这样为空间的压力所驱动，空间成为家庭的发动机。

一对年轻人组成家庭，也许在他们的新婚之夜，对空间的谋划伴随着枕边的绵绵絮语；这对年轻人变成弥留之际的老人时，很可能会将住房空间写入遗书的核心条款。住房，既是家庭的必需序曲，也是家庭难以平静的尾声。在序曲和尾声之间的，是家庭成员平素的日常奔波，这种奔波无非就是试图将住房缓缓地扩大：人们在卧室中悄悄地点着钞票的数额，实际上是在飞快地换算未来居室的面积又增加了几平方米。一旦人们经历千辛万苦后攫取了一个居住空间，总是要炫耀性地示人参观。主人不厌其烦，参观者则络绎不绝。这个时期是铺张性的家庭节日。每个家庭空间的扩张，都会伴随着一个盛大的家庭庆典，婚姻喜庆的压倒性地位现在让位于乔迁的节日。

对于目前的家庭来说，未来的居住空间总会演变成一个想象中的乌托邦，住所的乌托邦色彩无一例外地促发了对现时的批判，它无情地警示了人们对眼前的不满，鞭策人们眼下的劳作和生活。理想家庭就是这样首先作为一个生动的空间形象浮现在将来的时日。家庭空间，而不仅仅是家庭伦理，成为忙碌的人们生活的一个极具抱负的目标。空间，一旦成为巨大的欲望对象，就可能摧毁夫妻的平静状态。夫妻总是在这样一个远大的目标面前励精图治，他们的生活实践并不深陷于现有的房屋之内，而是受制于将来的空间想象，并被它宰制、推动、驯服和牵引。空间就这样锤炼着家政。家庭成员注定要享受空间，但是，反过来，他们又成为这种空间享受的囚徒。这是家庭固有的悲剧性悖论：一个舒适的宽敞空间，却是通过繁重不堪的劳作而获取的。人们以苦行的方式追逐一个幸福的未来目标，这绝不是什么新的生活法则，只不过，那个以前的无形天国现在变成了地上的水泥房子。现在，家庭内部，压倒性的生活实践就是为了这个空间目标。伦理关系依附于空间关系。完全有可能，在家庭内部，婚姻关系自身的品质退缩到空间目标之后：无数的事实表明，结婚和离婚常常将空间作为考量的指标。有时候，人们是因为要占有、分享一个空间，而走进婚姻；有时候，人们是由于难以忍受一个狭窄空间而走出婚姻；还有些时候，濒临破裂的婚姻因为无法将居住空间一分为二，或者无法找到另一个可替代的空间，而被迫维持着。居住空间，就这样对婚姻状况——无论是结合还是解散——起着积极的构造作用。我们相信，说到家庭，首先在人们脑海中浮现的是一个空间形象，其次，它才让一种伦理关系盘踞其间。

对一个独身者，或者一个集体宿舍中的学生而言，空间具有一种此刻的经验意义，但没有内在于家庭的乌托邦意义。在这个学生这里，宿舍空间是一个过渡之物，它是异己的、被共享的、临时性的、无经济价值的。这个空间当然会给予他一些独特的宿舍经验——无隐私感、心理上的拥挤、敞开在他人目光之下的局促，或者完全相反，群体的温暖、喧哗的激情、欲望的夜晚低语。集体宿舍，作为一种空间形式，从来不会受到细致呵护（清洁活动总是学校强制性的实践），也从不激发经济冲动。有可能，一种知识、一种理想、一场革命在这种空间框架之内被酝酿，但是，这种空间本身从不被酝酿，空间也从不自我冲动。宿舍经验给予了学生空间意识，但是没有给予他空间的经济意识；这个空间在生产着学生，但没有从经济的角度来生产学生。这个空间可能在生产一种气质性主体，但还没有开始生产一种功能性主体——只有家庭空间在生产着忙碌的以空间为目标的主体。对学生而言，宿舍，无论是什么类型的宿舍，总是即将脱去的外套，宿舍既不会激发其空间情感，也不会激发其空间欲望。宿舍经验并未将他推向残酷的空间竞赛中。

同样，一个独身者，也不怎么卷入这种空间竞赛中。独身者——尚未卷入家庭关系中的个人——并不一定会有强烈的空间扩充欲望。对于他来说，居所面积的大小，尤其是居所的功能性配置和区分，不会有家庭那样的重要意义。他将他的整个居所看作连续性的，室内是一个浑然整体，每个领地都完全符合自己的要求。居所的意义只是仰仗一个人的临时经验。这样，单身所内的每一个领地，其意义可被任意创造、组织、改换、添加。独身者只要借助一种结构性的意义变动，就能在一个小的居所内创造出一个大空间内的各种功能配置。一个人的空间就是一个无限的空间。一个人的空间永远大于家庭空间——无论这个单身空间多小，也无论这个家庭空间多大。人们很少抱怨单身居所的狭小（除非小得抬不起脚来）。同样，人们不会强烈地将居所的面积作为独身者的地位标记。独身者，处在绝对的隐私状态，不暴露在任何的目光之下，被完全的自主性所包围，并享有所有这些带来的纯粹的空间自由，那么，空间的大小，空间的功能性区分，空间的开阔，以及这种开阔带来的世俗声誉，相比这种空间自由，还有什么意义呢？独身者，如果不是准备走进婚姻，建立家庭，为什么要拼命地扩充他的空间呢？如果居所内没有侵蚀自由的权力存在，为什么要卷入日常的空间之战呢？

所有这些都从反面证实了家庭空间之战的必要性。从外部而言，是经济的冲动（这是学生的反面形象）；从内部而言，是自由的冲动（独居经验告诉我们，家庭是在削弱自由）。尽管所有的家庭都在奋力地争夺居住空间，但是，各个家庭所占有的空间仍然存在巨大的差异。这种差异，正是社会竞争的结果。空间的竞争，是社会竞争的主要象征。也许，居住空间的差异，最能昭示社会的阶层差异。空间从来没有像今天这样如此地成为社会等级的记号，它从来没有像今天这样显著地刻录社会的不均等伤痕。不同的阶层，一定会占据着不同的空间，但是，这些差异性的空间本身，反过来又再生产着这种阶层差异。我们看到，同一个阶层的人，常常居住在类似（面积、结构、地点）的空间中，而这种空间更强化了这些人同别的空间中的人的区别。这就是形形色色社区的诞生。不同的社区，存在不同的生活风格：马路边沿的棚户中在热气腾腾地暴食的人；大杂院中高声喧哗世事的人；塔楼中蜷缩在屋中读晚报的人；别墅花园中拿着酒杯在盛大派对中微笑的人；郊区早起就贪婪地呼吸氧气的人。人们根据自己的空间状况，来安置自己的生活。居住空间在锻造人们的习性，锻造他们的言谈、姿态、表情、举止、节奏和趣味。什么样的居住空间，就能锻造什么样的身体和习性，习性是空间的产品：有些空间促使人庄重，有些空间促使人轻浮；有些空间促使人乐观，有些空间促使人悲观；有些空间促使人脾气暴躁，有些空间促使人温文尔雅；有些空间会促进健康，有些空间会导致疾病；有些空间能够让人放声大笑，有些空间使人长期沉默无语。人们要日复一日地回到家中，回到那种居住空间长久形成的政治结构中，空间在耐心而沉默地塑造他们的习性。空间在生产主体。住在同一类型的社区的人，通常会体现出相近的身体特征。进出高级的住宅区域的人，脸上总是挂满了冷漠的骄傲。

这种新的社区，其标准、规范和目标发生了变化。它是按照经济阶层来定位的，而且它假设经济标准就是一切标准之基础：是身体和习性之基础，是生活风格之基础。社区确信它的居民的同一性，它也在故意地锻造和强化这种同一性。这样，家庭所在的空间社区已经取代了最初的工作单位，发挥着社会分层的功能。单位和职业不再是身份的绝对标志，单位内部和职业内部，不再被一个同质性标准所统摄，而是被巨大的差异性所标识。同一个单位的群体所构筑的居住社区，现在已经分崩离析。人们不再是根据单位居住在一起，而是根据经济状况居住在一起。社区，现在是在整个城市中招纳同一个经济群体，而不是招纳同一个单位群体或者职业群体。社区内在的居民，从经济上来说，是同质性的，从单位和职业来说，是异质性的；就自身内部的地位阶层而言，是同质性的，就同外部的其他社区的关系而言，是异质性的。社区能够同时性地进行区分和认同。各种各样的社区围墙、门卫、保安是这种区分和认同的机器，他们是分辨和排斥之目光。由于没有任何的工作联系和职业联系，同一个社区的人，尽管近在咫尺，却行同路人。不过，这些陌生的邻居却遵循着同一规律：他们的家门在早晨被锁上，在晚上被开启。社区的白昼基本上是沉默的、空缺的，是属于老年人和孩童的（社区的犯罪因此总是在朗朗白昼之下出动）。社区的喧哗同黄昏一起降临。越是那种庞大而密集的社区，家庭的内敛性和封闭性越是强烈。社区有时是家庭的延伸（有时不免将它当成一个居住的环境和归宿），有时是家庭的外部（当居住者将大门紧锁之时，社区的事情和自己完全无关）。对于他们来说，安静的居住并不能促进彼此之间的交谈，除非共同的居住面临着同一个威胁。社区的悖论就是认同和区分的悖论：既让某些同质性的群体取得空间上的认同，也让他们保持着心理上的区分；既使某些群体的社会标记存在一种空间性的地位辨识，也让他们各自保持一种家中的陌生感和神秘。这些邻居的身体、表情、趣味、言谈，总之，他们的习性，可能十分相似，但是各自有着一个深不可测的内心世界。这是些遥不可及的邻居。现在，单位标记开始让位于社区居住空间的标记。空间在记载着等级。阶层区分导致了空间差异，反过来，空间差异进一步巩固了这种阶层区分，进一步从场所的角度巩固了社会分化。家庭空间在反复而固执地锻造着个体，也在反复而固执地强化着社会等级。

尽管家庭空间被卷入了纷繁的社会领域，但是，一个家庭空间永远是另一个家庭空间的黑暗之所：外来的一切目光可以被阻挡在家庭的四壁之外。在这个意义上，家庭空间断然地同社会空间隔离开来。就此，人们设想，在家庭内部，一旦将社会的面具摘下，就可以变得放肆而真实。人们还设想，家庭内部，一旦挣脱了社会等级之链条，就会恢复自然状态和民主状态。人们同样设想，人们在文学作品中，在电影中，在各种各样的个人日记和书信中设想，家庭空间是诗意的、温暖的。所有这些设想，这些关于家庭的神话，在今天的空间政治中，都是错误的。家庭绝非鸟巢。在家庭中，人抛弃了社会面具，但不是还戴上了家庭面具吗？人将社会权力阻挡在外，但不是还遭到家庭权力的侵蚀吗？人摆脱了办公室或者校园的空间压力，不是还要承受家庭的空间压力吗？

是的，在家庭空间内部，权力并没有完全收手。离家出走的孩子，下班后在办公室下棋的男人，这差不多是家庭的两个经典形象。这也是家庭内部的权力证词。我们相信，家庭空间还生产着家庭内部成员之间的政治关系。家庭并不是一个权力销声的场所，人们在办公室里隐匿的面孔在家庭中并非能够自由地展示。对于一个家庭而言，住所并非一个绝对自主的空间。人们从学校或者公司回到家庭，只不过是从一个权力空间转换到另一个权力空间。实际上，家庭室内的配置是政治性的。室内的空间权力配置是对社会空间权力配置的呼应，是对它的再生产。或者，更准确地说，家庭空间和社会空间在相互地再生产，社会空间将其权力结构投射到家庭空间中来。我们看到，社会地位显赫的父亲通常在家庭的餐桌上占有首席，他们的身躯总是吸引着室内的其余目光。他们历经室内的每一个角落，都临时性地变成了空间的重心。室内空间总是根据父亲的步伐而变动它的权力结构。通常的情况是，谁在家庭之外握有权力，谁就能控制家庭内部的空间结构。父权制的幽灵在室内徘徊。同时，家庭空间也被分割了。父母的卧室宽大而明亮，孩子的卧室局促而狭小，尽管父母对孩子百般宠爱，尽管父母总是想千方百计地赢得孩子的心，但他们总是占据着核心的卧室空间，并同孩子形成尖锐的对照。父母和孩子的卧室各自保留秘密，但是也强化了他们之间隐秘的等级分歧。父母可以随意闯入孩子没有锁链的卧室，孩子却没有权利踏进父母紧闭的房间：两代人的沟壑最开始是从室内的空间开始挖掘的。孩子的要求只能在客厅陈述，父母的规训也在客厅四周回响。客厅就这样包容了家庭的活动，包容了家庭内部的公共话语。客厅，就这样保留了空间常见的悖论性：它是一个封闭地点中的公共场所。如果说卧室是绝对隐私之地的话，那么，客厅则是一个开放性的隐私地带。客厅和卧室的功能，复制了各种封闭性机构内部的空间政治关系：我们发现，父母的卧室、孩子的卧室、客厅，分别对应于校园里老师的办公室、学生的教室、操场；在公司里，它们对应于老板的办公室、员工的办公室、会议接待室。家庭空间的部署，是一个机构空间的微缩。任何一个密闭的空间都会配置一个通向外部的场所：如同公司的接待室用于接待光顾的客人一样，客厅，也接纳家庭的外来者，接纳家庭成员的知己、故人、密友，以及远道而来的亲戚。客厅，这个家庭内部的公共空间，如同一个小型花园是一个社区内部的公共空间一样。它有密闭性，但是，它也敞开着大门（卧室在客人来时，总是紧闭着，没有专门的邀请，客人是不能走进卧室的），将各种各样的临时性的外来过客招纳其中，它成为内部的家庭空间通往外在社会空间的中转。

同享乐的卧室相比，厨房是一个艰辛劳作的苦涩空间，它败坏了想象的家庭诗意。家庭并不完全是一个温暖的巢窝，它还是一个生产食品之地，并保留了古老的手工作坊的特性。厨房，是现代家庭内部的一个手工车间，它囊括了一个与底层工人类似的劳动过程，在大部分时候，厨房既代表着家庭固有的烦琐，也代表着家庭中的屈从位置，它令人望而却步。家庭内部的空间之战，最激烈的形式就是厨房之战：谁逃避了厨房，谁就宰制了空间。厨房成为夫妻权力结构的测量砝码。一般来说，厨房总是女性的空间，这个事实如此之普遍，以至厨房和女性的关系远远地溢出了家政结构，而成为社会女权运动的一个焦点；女性们获得平等地位的标志之一，就是摆脱厨房的琐碎管治。实际上，厨房是接纳父权制的最佳场所，是社会结构刻写在家庭空间中最深的痕迹。厨房，这个家庭中赤裸裸的争斗之地，和浴室一样，总是被置于家庭内部一个边缘的场所，一个隐秘的角落。厨房是苦涩之地，浴室是欢乐之所；厨房是家庭空间中的一个凹口，一个创伤，浴室则是柔软之乡，是乌托邦的巅峰地带；厨房将社会召唤到家中，浴室则将社会抵挡在门外。这是家中的两个极端，既是地点的极端，也是身体的极端。它们躲藏在家中的一隅，将身体的欲望和反欲望，在室内进行第二次储藏。

室内存在广泛的权力结构，而装修，正是对权力结构的巧妙抹擦。装修是一个庞大的工程，它的耗费绝不逊于一所房子的搭建。人们在此殚精竭虑，细察每一个角落，力图将室内变成一个熠熠生辉的艺术品。装修是将"房屋"转化为"家"的过程。家的点滴意义，不是埋藏在房屋的建筑材料和建筑结构之中，而是埋藏在房屋的装饰、点缀和细小的呵护之中。装修就是要获取家的温馨表意。为此，它要掩盖一切的僵硬结构，掩盖房屋的物质性和素材，掩盖僵硬而呆板的垂直接口，掩盖工业生产的笨拙和专横。装修实际上是让房屋的物质性消失，而建造一种具有独特氛围的空间。家的空间氛围应该具有丰富的色彩（各种各样的墙漆），具有人情味（要挂一些装饰品），具有艺术气息（墙画、书籍、音响、古旧家具），它要变得更柔软（木地板和布沙发），更温暖（各种灯饰和窗帘），更和谐（石膏线和吊顶），更像大自然（室内总是种植一些花草，或者仿造自然）。这样一个空间氛围，力图削弱权力的霸道和粗暴，力图抚慰空间政治的内在逻辑，力图让家庭团结和睦，并将它变成一个休息场所，一个感官松懈的场所。

家庭空间似乎就这样从社会空间（比如办公室）中抽身而出。

它的功能和目标确实是对社会空间的一个潜在替代，但是，它的结构依然是社会空间的一个隐喻，并持续地巩固和再生产着这个社会空间事实。我相信，居住空间，现在开始前所未有地驾驭家庭这个微型的社会结构。家庭戏剧，不是在这个空间内激烈地上演，而是温顺地被这个空间导演。家庭伦理的波澜，则不过是这个空间内泛起的微不足道的丝丝涟漪。

家乐福：语法、物品及娱乐的经济学*

名　　词

　　无论如何，"家乐福"听起来是个地道的中国词，"家""乐""福"，这是三个吉祥的汉字。如今，这几个汉字纷纷插入别的汉字中，同另一些字词组合、排列、串联起来，作为名称、标语，作为问候、祝福、祈祷的代码，作为最常见的情感意志的记号，既布满大街小巷，又充斥着媒体机器。对于民众而言，这是目光最经常捕捉到的字，是最日常的三个字，但也是三个圣字：它们既浓缩了理想，又浓缩了哲学；既浓缩了历史，又浓缩了乌托邦。这是民族记忆在当代的泛滥表现：家、乐、福，这不是我们梦寐以求的理想的日常情境？这不是这个民族的集体乌托邦？这不是人们——那些在历史阴影中的人，那些在昏暗街道上徘徊的人——具体而切实的愿望？这几个频频闪耀的善良汉字使一种气质、一种意愿、一种心态暴露无遗。这是最不具备秘密的几个字，但又是埋藏真理的几个

---

* 本文论述的家乐福超市特指北京东三环国际展览中心旁边的家乐福，也是法国家乐福在北京开设的第一家超市。由于作者没有对其他家乐福超市进行考察，所以本文仅为一个个案分析。

字，这是常识性的字，但又是有无限表意潜力的字。现在，它们被资本、商业和市场利用了，它们被转嫁、被改装、被招安到一些商业情境中。这些纯粹的商业行为正是通过招募这些汉字而试图掩饰它们的动机，掩饰它们的资本假面，它们将利润动机乔装起来，给这些动机添加一层光环，让资本行为诗意化，将实质性的金钱交易符号化，最终，经济行为通过某种修辞行为和言语行为而转化为伦理行为。如果说这里面只有资本的残酷消长的话，那么，这些词语就是对这些残酷性的有节奏的化解。

形形色色的广告都察觉和利用了这一点。如果没有作为背景的家庭，没有作为氛围的幸福，没有笑声朗朗的欢乐，这些广告将以什么样的方式存在？它们还有别的书写形式吗？它们还能四处渗透、驰骋吗？同那些广告一样，家乐福超市的命名并没有额外的企图，它也不是创意中的神来一笔，它符合普通的商业策略。稍有不同的是，家乐福不是强行的、凭空的命名，它采用了今天常用的翻译政治：指称性的名词，总是采用音译，而且，是富于意图的音译。家乐福的原名"Carrefour"，这是个中性的空间和地理概念，它的准确的汉语翻译是"广场"或"十字街口"。它既不表达意识形态实践，也不表达伦理取向；它既非政治学的，亦非心理学的。而且，这也是一个有浓重西方痕迹的词语。但是，在北京，在国际展览中心的边侧，"Carrefour"大型超市，被音译为"家乐福"。根据目前流行的翻译政治学，根据少许的声音联想，根据商业策略对伦理学的习惯利用，一个中性的西方词语顷刻之间就弥漫着中国的乡土气息，既温暖又诗意。在将其利润动机藏匿起来的同时，这种翻译还掩饰了它的跨国性，这个本土化的名称抹去了异域的痕迹，它将跨国资本、跨国连锁店和本土性巧妙地缝合起来，这既缓解了隐伏在心理上的民族冲突，也消除了类似于殖民主义的创伤记忆。

因此，在家乐福购物，就不是被跨国资本所包围和吞噬，相反，我们是在一种妄想的语境里购物，在一种刻意剔除意识形态的意识形态中购物。是的，这里其乐融融，合家欢乐。此时此刻，谁又会想起，这里的一切，其起源、现实、目的都是从遥远的欧洲长途奔袭而来？

语　　法

家乐福为购物者设置了一条购物通途，一个物堆砌而成的航道，一个物阵的语法模式。顾客犹如一个词语，他在这个语法轨道中徘徊，他必须循此而去，必须加入它的购物结构中。迈进了家乐福，就迈进了符号学。家乐福为他编码，为他引航，这不是自主性的，而是强制性的：首先，他必须存包，接着，必须上楼，后来，必须下楼，这是家乐福初步展示出来的结构主义，这也是符号学匿名的权力机制，它对自由散漫的主体性毫不留情，它让他服从，将镣铐锁在他的脚下，购物者无法随心所欲地闯入物阵，相反，他被一个目的性结构引导和操纵——购物者必须从二楼开始，从通常的观点看，购物者是从物的系列的尾部开始的，也就是从那些最不具有畅销性的边缘货物开始的。

购物者无论如何得浏览一遍家乐福的全景，只要你进入了它的货区。这就是家乐福的强权性：他从一个入口进去，就必须从另外一个入口出来，而货物就悬挂于洞壁两周，他没有转身出门的可能性，他只能往前，不得不遭遇整个货物体系，这样，货物的显现概率、出场机会就大大提高了，它们的销售机会就增加了。同时，愈是那种边缘性的、销售率低的货物，那些冷门的乏人问津的货物，愈被置于突出位置。通过结构上的变动，家乐福增加这些货物的在场感，增强它们的光亮和可见性，最终增加它们的销售机会。

在家乐福，这样一些边缘货物是什么呢？为此，必须考虑家乐福的经济学原理——实际上是一些简单的经济学原理。家乐福的首要法则是快速的新陈代谢，也就是一种生产和再生产的高速循环，依据一种常规的生意经来说就是"薄利多销"。家乐福的经济学原理简单、直接、明了，毫不闪烁其词。便宜，这几乎是所有顾客的共识。家乐福从不构筑价格神话，它不是像赛特和燕莎那样将稀有性和昂贵性熔于一炉，物品从不等待着阔绰而神秘的主人，从不期盼着激情迸发的购买瞬间，从不幻想日后的诗意命运，在家乐福，货物安然于它们的随波逐流，听从任何顾客的召唤。家乐福的利润原理不是一锤子买卖的暴发原理，它依靠货物的循环率，它将全部的筹码押在货物的循环时间上，就在这种买进卖出的旋转齿轮上获利。家乐福不寄希望于价格神话，而寄希望于速度神话，它不寻求一劳永逸，而寻求无尽的再生产：所有的货物都应在短期内获得薄利。这就是家乐福的利润原则，同时，它决定了家乐福的一般商品体系——它们应是日常的、短命的、一次性的、反复地消费的。物品务必有一种快速的再生性，在这种再生产的周期中，在循环的速度中，利润汩汩而出。再生力，这是家乐福一般商品的生理机能；薄命，这是它们的性格悲剧。

显然，食品就成为家乐福的销售重心，它们既是短命的，也是可以反复再生的，同时，它们的不可或缺性保证了它们的再生产的稳定性和持久性。事实上，家乐福的购物者就是奔着它们而来，他们对它们取之不尽，这就是家乐福内在的购物动力学。家乐福将食品置放在楼下大厅，也就是销售通道的后半段和出口处，与食品遭遇，这是购物的尾声，也是购物落幕之前的最后一次盛宴，它处于叙事高潮的时段，是物和人交往的激进时段。食品是商品的重心，也是购物叙事空间的中心。食品，既主宰着这里的心理学，也主宰着这里的符号学。那些购物者正是在此暴露了他们的本质、动机、目的。

　越是中心性的物品，越靠近出口；越是边缘性的物品，越靠近入口。越是生命力短的物品，越靠近出口；越是生命力长的物品，越靠近入口。这是家乐福的商品链条，也是它的结构法则。从入口到出口，物品的循环周期在缩短，而它们的流通速度在增加；它们的物价在递减，它们的利润却在攀升。在楼上，在入口处，货物相对偏离了家乐福的销售原则，它们的生命周期逐渐延长，在此，我们看到了少量家电、自行车、衣物，以及某些卧室用品，总之，它们越来越远离厨房。这些相对来说更有耐力的货物被置放在家乐福的入口处，入口，是好奇心最微弱的开端，是购买行为即将拉开的序曲，是脚步迅速越过的门槛。这是一个双重过渡性的位置：它是消费身体的一条必由之路，是两种空间变换的地理标记；同时，它也是一个心理转化的驿站，空间在此刻开始改造欲望。入口，对于置身其中的商品而言，是命运的二律背反：一方面，这些商品的显现概率是空前的，它们同购物者迎头相撞，这增加了它们的销售机遇；另一方面，顾客的购买欲望尚在萌芽状态，这是一个兴奋压倒行动的时刻，是观望主宰着购买的时刻。物品向所有人敞开，不过是向所有的观望者敞开。物品有最大的出售概率，但也只有最少的被购买事实。这就是边缘商品的命运：它们置身于最好的空间位置，却处在最差的时间片段。

　家乐福严格按照某种特定的语法形式组织它的货物链，这就使它和那些巨型的现代商场区分开来。后者是反中心的，没有焦点性的商品，没有逻辑的绳索，没有递进的秩序，没有最后的高潮和疯狂。商品遵从某种秩序，但摆脱了等级性秩序。它们遵从类型学的秩序，而不是结构主义意义上的秩序。它们有语法，但不是全盘性的普遍语法，它们只遵循局部语法，或者说，这些商品是分类的，它们的摆设受类型学而不是语法学的支配。这些殊异的商品类型是并置的，在结构上是彼此无关的，在等级上是不分高低的，在空间上是互不关联的。商场不设置一个封闭的强制性通道；它到处有缺口、破绽、缝隙，到处有捷径和通途，所有的商品都可以成为中心和非中心，都可以被通过也可以被绕开，都可以被检阅也可以被忽视。购物者可以流连忘返，也可以直奔主题；可以乘坐电梯，也可以攀爬楼梯。就空间语法而言，如果说家乐福是结构主义的，那么，另一些商场——如新东安市场——就是解构主义的。在家乐福，购物者不会陷入迷途，这不仅仅是因为它的面积过小，还因为它的严格语法使购物者难以出错。在新东安市场，购物者一遍遍陷入迷途，不仅仅因为它的面积过大，还因为它的混乱语法让人不知所措。

物　　品

低廉性和再生性，这是家乐福物品的本质。那么，它的形式呢？从体积的角度而言，这些物品都是微型的、小巧的，家乐福很少有大宗商品出售。这些微型物品通常以复数的形式存在和展开。如果说，物类和物类之间存在人为的等级制，存在组织上的秩序机制的话，那么，在物的内部，这些复数形式的物品的布置服从于美学法则和可见性法则。同种类型的物品（如各种各样的色拉油）整齐地码放着，它们试图堆砌成一个庞大的体积，一个醒目的形式，一个夸张的图案。这些物品单个地不会产生视觉效果，然而一旦集体组织起来，它们就从沉默中、从一个隐晦的角落脱颖而出。这个醒目体积将单个物品作为材料，利用它的色彩、形状、硬度，利用它的自然材质和固有的搭配能力，来雕琢它自身的美学。我们看到，这里有各种各样的庞大构图，它们形状各异，相互比附而又相互区分，它们各自划分了一个符号区域。这些构图不仅仅具有实际的指示功能，也不仅仅具有美学功能——它们可以对单调的空间进行装饰，可以使它更活泼、更俏皮——而且可以成为游戏对象。在这些构图中，包含着难度、心计、幽默感、无关大局的坍塌危险，这一切都使顾客产生了兴趣，他会走近它们，端详它们，抚摩它们，他可能动手挑选其中一个，他想看看它们会不会崩塌。那些像搭积木一样搭成的食品盒子，它们高高耸立，摇摇欲坠。给它们轻轻施加一点压力，它们会不会轰然倒塌？

在家乐福超市里，显现出一种真正的物的大海景致。购物者完全被物品所包围，物品将货架挤得满满的。它们将货架吞没和埋葬了，货架消失在视线之外，物品像是自己凭空支撑和生长起来的，它就那样一排排地安静地矗立着。同时墙壁也消失了，靠墙的货架及其物品将墙遮得严严实实。这样，除了一排排平行着的物品之外，购物者什么也看不到，他像是在无边的物品体系中逡巡，看不到尽头。目之所及，是物之大海。购物者在观望，是物的目标在引导着观望；购物者在行走，是倚靠着物的背景在行走。从一个物墙到另一个物墙，从一类物品到另一类物品，从一个物的方阵到另一个物的方阵，自始至终，他走不出真正的物的牢笼。

物既是家乐福的目的，也是它的装饰品；既是它的内容，又是它的形式；既是它的材料，又是它的美学。物，是家乐福这一名词的全部所指。物品之外还是物品，家乐福不为物品添加任何额外的东西。物是赤裸的、直接的、原色的，是现象学式的。这使家乐福与另一些商店截然有别，在那些商店里——无论是诸如世都百货这样的大型高级商场，还是诸如东四的专卖店那样的小型店铺——物总是被赋予了精神背景。那里的音乐，有时是莫扎特，有时是麦当娜，有时舒缓，有时激烈，它成为物的言语，是物的间接咆哮或低语。那里的灯光，有时柔和，有时暧昧，它是物的情调，是物的氛围、光泽和气质。那里的物是中心，不过是被烘托的中心，它的周围，点缀着布景、壁画、时尚或者历史。而家乐福的物呢？它坦荡、绝对、自在。家乐福驱逐了一切的暧昧和氛围，它将物置于光天化日之下——家乐福使用的是单一的日光灯，它亮如白昼，昭示了物的绝对真理。物，是自律的，是自行敞开的，是自我存在的。这是绝对的物的现象学，它以沉默的方式，既处在氛围之外，也处在历史之外。物是中心，不过是没有布景的中心。

不是刻意的人工氛围，而是平淡无奇的标价签，不是幽雅动听的音乐，而是枯燥沉默的数字，构成了家乐福的物品语义。标价签是它的价值，也是它唯一的诉说和应答言语。标价签是物同购物者的谈判机器，它无法更改。这既是契约，也是法律，既是物的经纪人，也是物的统治者。标价签，这张电脑打印的小纸片，它黏附在物的一个小小的隐秘角落，然而，它既覆盖了物的整个语义，又揭穿了物的深邃知识。

这样，在家乐福，你就难以看到那种通常意义上的售货员了。售货员是物和顾客的中介，是物的代言人，但是，在此，标价签取代了他的功能。这里没有问讯，也没有解答，一切都明确地铭写在标价签上。家乐福的员工呢？他们通常不是解答疑惑，出售商品，与顾客讨价还价。不，他们并不负责售出和减少商品，他们只是负责维持和添加商品。在商品被挑走之后，他们并不沉浸在出售的喜悦之中，而是陷入工作和再生产的焦虑之中：他们必须搬运货物，随时随地维持着物的量的稳定性。这样，在家乐福，不论每天售出了多少，它的货物依然是饱和的、完满的，货架从不留出空隙。家乐福像从没出售过、减少过或损失过什么似的，永远保持着物的拥挤状态。它似乎永远是平静和一劳永逸的，从不经历波澜。就物本身而言，它似乎从没改变，从没流通，从没发生任何位移。但是，在这种稳定性下面，有谁知道，它在反复地历经着购买和销售的狂潮呢？

顾 客

让我们来看看这些购物者吧。他们是家乐福的决定性的结构要素，他们是家乐福的对象，也是家乐福的目的。家乐福的一切都以他们为中心。他们具有消费和生产的二重性：他们既消费家乐福的商品，又再生产家乐福的制度。家乐福不是将他们作为观念上的主人看待，而是作为事实上的主人看待，作为物品的主人看待，即使在他们真正拥有这些物品之前。我们看到那些购物者漫不经心、优哉游哉，他们没有丝毫的羞涩感、不安感、局促感，他们可以随意停顿、消磨、打量、抚摩、把玩，重要的是，这里没有目光的监视和制度的约束。顾客有一种真正的心理上的自主感，他们闲庭信步的身影，犹如一场买卖的皮影戏。

他们从城市的各个角落涌来，无疑，他们是这个城市的长期居住者。家乐福不像北京的另外一些著名商场，那里混杂着来自五湖四海的人。在那些商场里，购物者具有多重身份，他们既观光，又购物。那些商场对于有些人来说，是一个富丽堂皇的场所，是触摸现代性的途径，是震惊、刺激、猎奇的乐园。商场，是免费的景点，同时又是冷漠的奢华机器：人们可以自由地进入其中，但是，面对有些物品，他们会忐忑、惊叹、困惑、丧失任何信心。商品虽然和他们面面相对，但通常拒他们于千里之外。在那些商场里，行走是自由的，又是紧张的，商场总是在提醒他们的经济能力、身份、地位和阶级属性，总是在提醒他们的现实处境和特有的政治经济学。那些商场并不会使他们陷入物的方阵中而迷途忘返。人总是无法坦然地和现代性共舞。

家乐福与那些豪华的场所完全不同。它是反身份的，也是反政治经济学的。它不提供现代性令人们景仰、震惊。这些货物通常是家用的、常见的、低价的，购物仅仅是日常生活实践，目光遭遇的是常识。物品不再表现为奇观、深不见底的秘密、巨大意义的载体，物品的意义附着在它的可见性的表层。购物是轻松的，它摆脱了那种严肃性，摆脱了昂贵物价引起的自卑感。在这个意义上，家乐福向所有的顾客——无论他们具备怎样的身份政治——敞开，它面向无限的人群。

娱乐也是消除这种购物政治经济学的有效方式。在家乐福的购物人群中，通常有一些以家庭为单位的小型购物组织，这就为娱乐提供了前提、机会。或者说，家庭购物群正是怀着一种隐秘的娱乐心理而来的，他们就是想在此耍乐。家乐福在自身的空间内为娱乐做好了准备，给他们提供了良好的娱乐设施。这些娱乐设施之一是两段楼梯，首先是上楼的，然后是下楼的，他们不是台阶式的，无须小心翼翼地拾级而上。上楼的通道——进入货区前的必经之路——是一段平缓的长长的斜坡，它如此宽阔，足以通过一辆东风大卡车。这就为一个家庭的嬉戏拉开了序幕：此时，购物之前的兴奋弥漫在这个短暂的通道上，通常，一个淘气的男孩抑制不住这种兴奋，他故作姿态，不愿耗力上楼，这个斜坡给了他一个表演机会，他会拉着母亲的手臂左右旋转且扬扬自得。而另一个下楼通道又给了他另一个机会：那是个不折不扣的滑滑梯，他可以坐在地上一直滑下去，或者，他通过一种俯冲方式获得快乐。

因为没有目光的监视，家乐福扫除了禁忌。这里没有惩治、呵斥、恶言相加，相反，顾客可以建立自己的秘密小世界，他可以在任意一个角落里搜索。脱离了权力机制的这种自由为为所欲为和放任自流提供了温床。在家乐福里面，顾客可以直接和物交手，而完全不顾及一些礼仪式的含蓄，作为中介的柜台、作为物的看护者的售货员被取缔了。购物者与物随时可以建立一种临时性的亲和关系，他们相互吸引，相互摩挲和私语，他们相互试探、权衡、评估、判断，二者没有距离、间隙、冲突、隔阂。时间并不会为这种喋喋不休而动怒，顾客也无须为他的犹疑不决付出代价。在物面前，他有着充分的自由、信心、勇气，他可以不停地摆弄、观摩和猜想，他可以片段性地作为它的主人（一种有充分所有权感觉的主人）。而且，顾客（只要他有充分的时间）可以将所有物品都主人般地仔细地搜寻一遍，他甚至能作为一个物的研究者大摇大摆，对于他来说，这些一望无际的物不过是些暂时无人看管的弃儿。

家乐福的购货通道十分宽阔，它足以容纳一辆大卡车在其中穿行。这给手推车提供了方便。购物者的双手只能是空空如也，他购买的物品被指定安置在手推车里，这就是手推车的铁律，同时也是它的泛滥根源。购物者推着手推车，缓缓而行，这就是家乐福展现的一种独特动感，一幅购物肖像图。

几乎所有的购物者都能感受到手推车在实用之外的乐趣。手推车可以消除购物时的单调和紧张。购物者在选购物品之后——为此，他必须付出一些精神上的代价，他的脑力和体力同时在盘算与权衡中受到损耗——通过手推车来调节和缓释一些暂时的紧张感，因为手推车富于一种轻松的手感。购物者将注意力转移过来，他通过掌握手推车的方向和速度，一种驾驶技术，一种支配和控制的技艺，一种操纵艺术，来获得某种游戏式的满足。手推车还可以用作恶作剧的手段：它可以对一个人进行轻微的试探性的进攻，可以将这种进攻乔装打扮，将进攻掩饰在无意的面具下，最终策略性地悄然启动。几乎所有的手推车都曾经和别的手推车相撞，而且，相撞来临的那一刻，手推车的主人都不刻意避免，而是兴奋地满怀期待。无疑，这不是一种实质性的剧烈冲突，它引发的不是暴怒，而是双方会意的但藏匿在心头的微笑。显然，手推车可以实现无意间的碰撞，暗示一个人的攻击本能，同时又使这种本能在光天化日之下不受批评。对于一些彼此陌生的年轻男女来说,手推车是一种语言,它可以示爱、挑逗,甚至故意引发暧昧的纠缠。这是可能性的道具、欲望的遮掩面纱,这也是羞涩的冒险、怯懦的勇气。他(她)满怀目的,但不是明确的目的。对于儿童来说,手推车就差不多是个碰碰车了,他毫不掩饰对碰撞的迷恋。儿童有时候就是冲着手推车来到这里的,对他来说,货物并不一定能激起他的兴趣。他的注意力、他的小小快乐、他的瞬间幸福在碰撞的那一刻达到巅峰,为了这一刻,他全神贯注,四处搜索,寻找机会,他不像成人那样掩饰他的动机和幸福。一旦时机成熟,他就果断出击,他会将自己的车猛地撞到另一辆车上,然后等待着回报,就在这种明确而又躲躲闪闪的碰撞中,儿童展示了他自己的秘密、真理和哲学。

然而,作为哲学和语言的手推车,并不排斥作为购物器皿的手推车。碰撞只是手推车的附加功能,在片刻的碰撞之后,空洞的手推车在等待着漫长的填充。在家乐福,在货物填满手推车之前,手推车常常被一个更小的孩子——常常是婴儿——填充着。他坐在购物车里,欢快地打量着四周,满足、骄傲、得意扬扬,既逍遥,又充满传奇,既享乐,又冒险,孩子的脸上焕发出一种奇异的光泽。这是家乐福的全部语境中最温馨的片段,家庭、欢乐、福分——这些人民理想——生动地浓缩在这个片段中,而又反复地被铭写出来。在家乐福,孩子的坐车行为并没有因为它可能造成的对车的损害而遭到制止,相反,它受到家乐福的鼓励,它内在于家乐福的结构本身。这个温馨的片段将购物这种充满盘算的交换行为转化为一种家庭行为。商业心甘情愿地遭受着感情的腐蚀、踩躏,在此,购物被娱乐化了。顾客和孩子其乐融融,他们摆脱了购物的严肃性、政治学、边界线,最终,摆脱了购物的空间、购物的建筑、购物本身。孩子返回了游乐场、返回了家中、返回了自己的游戏时光。

能装进一个孩子的手推车的吞吐量是惊人的,家乐福的购物车欲壑难填，它像一个无边的黑洞，有着巨大的吞噬力和吸附力。奇怪的是，购物最终不是为了满足顾客的口味，而是为了满足手推车的容量。在手推车和货物之间，顾客常常成为一个被动的中介者，货物和手推车在冥冥之中相互召唤。顾客呢？他成为它们之间的通途、桥梁，成为它们相互召唤的声筒，他鬼使神差地将货物往手推车里填充。是什么在支使着他？是完满性原则在支配着他，是美学法则在支使着他，是快感原则在支配着他。顾客，总是无意地将填满手推车视作己任，总是让手推车饱和，让它获得圆满性，他消除缺陷、填补漏洞，让它负荷累累、成就显著。此时，收银台还在遥远的另一端沉默着，付款的脚步声尚未临近，购物的经济和交换本质还没有最后露面。购物暂时摆脱了它的商业语境，摆脱了它的冰冷无情的利润法则，摆脱了蛮横而伪装的自由交换原理，总之，它暂且摆脱了实用性，摆脱了经济学。此时此刻，购物成为娱乐行为、审美行为。它仅仅是挑选、分拣、填充，是手工耍乐，是古老游戏的现代复活。这也是不顾一切的满足，有时是疯狂的满足，这是双重意义上的满足：使空洞的手推车得到满足，使购物者的欲望得到满足。这是形式美学的满足，也是动物本能的满足。

结　　论

严肃的购物转换成了符号的购物，交换脱离了它的基础，家乐福的原则就是将劳动剔除在商业行为之外，剔除在政治经济学之外。这个空间要排除劳动的阴影，要抹掉商品身上劳动的痕迹。商品被包裹起来，它展现的是形式的一面，它首先是作为包装好的艺术品而存在的，作为审美对象和娱乐对象而存在的，商品的内在价值、它的核心、它的基础、它的生产实践和劳动含量隐而不现，在此，商品好像从来没有被汗水浇灌。这不是含辛茹苦的商品，而是唾手可得的轻浮商品。商品在实用性外，展示了娱乐性。剔除了劳动性，也就剔除了美学的崇高法则。我们看到，在家乐福里，一切都滑向了游戏，滑向了表层，滑向了肤浅的戏剧。购物不再是家庭的盛大仪式，不再是精心谋划的壮举，不再是反复的算计、权衡、长久犹豫之后的痛苦抉择。购物不是在浓重的悲剧中完成，而是以喜剧的形式在谈笑间、在喧哗里上演。

在这样一个购物的历史舞台上，我们现在同时上演着三幕戏。首先是马路戏。我们看到了形形色色的地摊、菜场、游民的三轮车、昏暗街头的小吃店，甚至引导潮流的时装街。这是朗朗白昼下的小型交易。购买是在喧哗中进行的，不过是在讨价还价、算计、争吵、充满阴谋和骗局的喧哗中进行的。对交易中的双方而言，物是完全实用的，物的劳动价格并没有被刻意掩饰，相反，它被过度扭曲：在销售的一方，劳动价值在尖锐的说教声中直冲云霄；在购买的一方，劳动价值在咕哝的低语中一落千丈。交易的双方都不掩饰他们的动机，他们的目的都显而易见。在此，所有的布景、所有的格调、所有的隐秘劝诱和欲望道具都被抛弃了，如果说有谋略的话，那也是赤裸裸的欺骗谋略。这样一种马路交易，通常是一次性的、随机的、低成本的，它有时是蛮横的，并可能伴有轻微的暴力。它既不守信用，也不遵守法律。它只对有关利润的阴谋负责。这也是最古老的交易形式，开阔和无限延伸的马路是它的不朽图腾。

与此截然相对的是马路旁的阔绰、气派和堂皇的现代商场。这是美学的、幽雅的、理性的和文明的购物戏剧。这是崇高的美学、刻意的幽雅、小心翼翼的理性和道貌岸然的文明。在此，物多少有些神秘，有些深度，它们意味深长。结果，这些物的繁杂的人工因素强化了它们的劳动价值。物，总是自我增值。购买不再是一种纯粹而直接的交易行为，它是暧昧的探索、严肃的仪式和慎重的选择。这里既不欢笑，也不忧愁；既不争执，也不喧哗；既不狂喜，也不悲鸣。法律和契约对公开的欺骗大睁着双眼。总之，这里没有阴谋得逞的戏剧，只有理性反复推敲的暧昧艺术。

　　第三种交易形式在家乐福里表现出来，这是平易的、娱乐的、游戏式的、忘我的交易行为，甚至连交易的出售一方都是隐匿的。交易性被最大限度地弱化了，或者说，这是反交易的交易，反计算经济学的交易，反劳动的交易。物变成了没有深度的道具，交易变成有关物的游戏，超市成为新型的游乐园，这是当代社会的购物乌托邦。这样一个神话，在狭窄的出口处，在冷漠的收款机器旁边，在收银小姐礼貌而悦耳的招呼声中，刹那就崩溃了。

第三部分

后现代性的谱系

后现代性的哲学话语

长期以来，我们生活于总体性的信念中。总体性是什么？在尼采之前，总体性如此普遍，如此深入人心，如此自然而然，我们对待它就像对待每天呼吸的空气一样。我们从不对它质疑、反诘，从不对它投以好奇的一瞥，它从未成为我们的知识对象，从未等待我们的清理、打扫，从未引起我们的驻足，总体性是我们所思、所为的无可置疑的指南。确确实实，总体性犹如空气，我们每天都在呼吸它，受它支配，听命于它，但是我们从来没有看见它，而且，我们根本就没有看见它的意图、打算、心愿。

我们可以从身体的角度来观察一下总体性的活动机制。身体因为被纳入了一个总体性的框架内而丧失了感性，总体性要求局部环节忽视、牺牲它的部分本性，从而流畅和谐地融入总体性的构架内。在此，身体不是自治性的，它应屈从于一个更高一级的系统，它被归并入一个大的组织内，在这个总体性的组织中，那些外溢式的与该组织有冲突的粗暴强力就应被砍掉、去除和灭绝。总体性要求的是秩序、纪律，它需要因果式的逻辑链条，它需要在理性的轨道内的解释说明，它需要相互连接的论证分析，它需要一环套一环的紧密的同质结构。身体，因为总体性的这些内在要求，这些内在压力，它呈现的就是理性器官的一面，它就被视作意识的载体，我思的物理器官，它就等同于头脑、思维和认识，就等同于一个知识主体和理性主体。这样,身体才能容纳于高级的秩序体内,才能获得它的恰如其分的位置,才能确保一个正常的知识体的流通运转。

在此,我们清楚地看到,总体性压制了身体的感性面,身体只是将自己交付于一个理性他者,交付于一个无法目击到的理念,交付于高高在上的上帝或者灵魂。身体在此是第二性的,它需要被管治、被束缚、被理性引导、被灵魂鞭打,而身体内在的潜能,它的活生生的欲望,它的蓬勃的本能,它的粗糙的肉体性,在总体性的框架内,只好委屈地藏匿起来,隐而不现。

从某种角度上说,总体性等同于形而上学,它们压抑和迫害一切异质性的东西,阻滞一切节外生枝的活力。它们对待身体的态度,也就是对待一切异质性的态度及对待一切感性物的态度,身体不过是感性物的一个特例而已。在总体性和形而上学那里,身体、感性、欲望、迷狂、疯癫、邪念,因为它们的变动不居性,因为它们充分的活力生产,因为它们外溢的莽撞蛮横,因为它们草率的强力意志,它们必须被绳之以法,从而确保总体性的通畅,确保理性的威权,确保秩序的严谨,确保真理的贯彻实施,确保本质的纯洁光彩。

这就是总体性的信念,是我们不由自主深陷其中的形而上学公设,这也是我们无可置疑的日常生活指南。从柏拉图开始,它就深入人心。它源远流长,绵延千年,终于像地貌一样沉积下来,谁还会对这种深厚而久远的哲学地貌进行无礼的翻掘呢?

然而,在形而上学的彬彬有礼的绅士般的哲学传统中,一个粗野的村夫闯进来了,他抡着斧子大砍大杀,他尖声地咆哮,发疯似的颤抖,偏执地斥骂,形而上学成为他去之而后快的疾病,这就是尼采的形象。尼采不仅仅使形而上学转向,他还根本性地将之扭断。尼采,这个哲学另类,这个不可一世的孤傲天才,使柏拉图以来的哲学传统坍毁了。如果说,我们今天的后现代性潮流正是对形而上学的诋毁的话，后现代性正是将形而上学视作对手的话，我们便不得不承认，正是尼采播下了后现代的理论种子，点燃了埋藏于地底的蓄势待发的突突的后现代火苗，这种火苗，我们今天已经十分清楚，是由德里达和福柯变为熊熊燃烧的状态的。

我们还是从身体着手看看尼采和形而上学的根本分歧。这种分歧不是有限的分歧，不是可以通过有限的妥协而加以弥补的分歧，不是在另一个更高级的系统内可以化解的分歧。这种分歧是毅然决然的，是没有余地的，是水与火式的分歧。尼采挑衅式地指出，身体应从理性组织中解放出来，它不再是一个收缩式的小心翼翼的唯恐出错的依附性器官，身体应勇于承认它的肉体性，承认它的感性，承认它的物理性。尼采第一次为身体中的活力正名，为身体中强健的创造性，为身体中潜藏的能量、欲望、野性正名。身体在某种匿名的力的带动下舞蹈起来，它无所顾忌，目空一切，敢作敢为，放荡不羁。它断然割裂了与上帝的牵连，与灵魂的牵连，与意识的牵连，与知识的牵连，它的重心不再处于上部，而位于下部。正是由于身体以及类似于身体的异质物的这种放纵性，这种迷狂，这种蛮力和莽撞，总体性的大坝、形而上学的牢固堡垒才被冲垮。正是在此，我们触摸到了后现代性的脉搏，它不是别的，而只是一种异质性的爆炸式释放。

总体性的内核是本质主义。本质是一块巨大的支撑性基石，形而上学就是在这块基石上缜密地搭建起来的，它布局严谨，层层衔接，结构紧凑，井然有序，它是一个等级分明的巨型系统，是一个控制性的大厦，是一个内敛的支配机器，它有巨大的吞噬能力和整合能力。形而上学的力量之源、它的交汇点及它的核心就是本质、起源。事物总是围绕着它生长、裂变、演进、蔓延。本质通常处于感性之外，它无处寻觅而又无处不在，它一会儿是理念，一会儿摇身一变为上帝，一会儿又是极其自信的"我思"。在某个具体的历史瞬间，它甚至可能是一个抽象化的人，也可能是个匿名的信念或事物。本质具有无可置疑的优先性，它总是先人一步，高人一等，它的派生物总是围绕着蓓蕾似的本质发芽、生长、绽放，它们对本质的偏离是有限的偏离，对本质的损耗是有限的损耗，对本质的污染是有限的污染。本质是伟大的秘密之所在，是最初的神性之所在，是运动、位移、摇晃的支点之所在。本质是阳光尚未升起的地平线，是波涛滚滚的大海底下的暗流。既由于它的隐蔽性，又由于它绝对的优先性，本质需要复原，需要耐心地求证，需要反复地回溯，需要破除迷雾般的倒逆。因为这样的神性，因为这样不容置疑的种子性，本质就成为知识的目标，就成为知识所意图采摘的果实，本质主义就成为恒久的认识论、信念和哲学形式。

但是，这样一种起源式的本质论，它的优先性和高贵性，遭到了全面的质疑和讥讽，尼采嘲弄而又有点恶作剧地指出，人的起源处站立着的是猴子。后现代理论正是将本质作为一个巨型幻觉来祛除的，不存在某种单一起源物，不存在某种确定无疑的同一性和纯洁性，万物没有共同起源，或者说，万物的起源各个有别，它们成千上万，互不关联。在所谓的本质处，站立着的是偶然、机遇、运气和怪诞。本质不是必然的，不是不言而喻的，它不过是后来者的臆想、幻觉，它是寻找借口的阴暗的发明，是别有用心的累积和混淆视听。本质最终是卑微的，是微不足道的，自命不凡的本质不过是些小把戏、小花样、小计谋。

表象取代了本质，差异代替了同一性，物质代替了理念，这是后现代性对本质论的最尖锐的清理。正是在此，形而上学大厦倾倒了，形而上学的那块本质性和控制性基石被清除了，理性链条和逻辑绳索解开了，表面不再为一个幻觉式的本质所支配，表面理直气壮地成为表面本身；细节不再委屈地跻身于体系之中，细节也能独自活动、闪现、发光。严密的系统组织现在为一种平面式的无政府的差异系统所取代。差异，绝对的差异，是后现代性的律令，差异搅毁了一切等级制，搅毁了一切的支配与屈从，搅毁了一切的霸权与反霸权，搅毁了一切的绝对性与同一性。差异正是本质主义的不共戴天的仇人。本质主义是严肃、残酷、冷漠无情的，差异展现的则是嬉戏的脸孔，它是宽容、平等、轻松和诙谐的，它是欢闹的，是笑声朗朗的，是开放而又无拘无束的。因为它没有本质、起源，它就没有需要臣服的君主，它也没有回溯、求索、复原的崇高而痛苦的使命。最终，差异让事物返回事物本身，让事物从对他者的依附中解脱出来，让事物摆脱其固有的臣属性。物与物之间，或者，让我们更贴近德里达的意思，符号与符号之间令人生厌的因果关系被铲除了，它们之间只是纯粹的无功利性的嬉戏关系。在这种嬉戏的系统里，只有无始无终的符号播撒，只有自发的爆炸性的文本力量。播撒和爆炸，却没有方向感，没有引爆的内核，没有能量起源，它们是无拘无束的突破，是空洞而放肆的邪恶逾越。

对本源的清理也就是对真理的清理。本源和真理是一体式的，本源正是真理之所在，本源的优先性就在于它自恃的真理性，它总是正确的源泉。现在，那个毋庸置疑的本源消失了，那个派生性的内质被视作卑微的，被视作幻觉、发明，被视作庸碌的差异项，那么，它的品质、它的真理性也随之坍毁了。真理，因为它的绝对性，因为它的自我确证性，因为它的独一无二性，还因为它的高贵性和优先性，毫无疑问，它是控制和压抑式的。真理总是以虚假为前提，它是在同虚假的嗜血斗争中确立的。真理总是植根于深厚的土壤，它毫不松动，毫不摇晃，毫不颤抖。它稳固而自信，它既是知识搜寻的目标，也是知识活动的依据，知识总是在真理的轨迹内起舞，脱离了真理，知识就失去了航向，变成迷途的无所作为的羔羊，最终，知识就丧失了作为知识的凭据。

那么，那些假象，那些为真理所排斥之物，那些无从定形、无法纳入真理轨道内部的异质物就要遭到践踏，遭到永久的流放吗？真与假水火不容吗？我们真的要顺从这种霸道的、一神论的真理观吗？尼采首先发现了真理的不稳性，真理的绝对性让位于相对论：真理不是纯净无瑕、光明剔透的；真理不是地球外部的闪耀的恒星。真理总是被污染，被权力和欲望所污染，真理因而是即刻、暂时和瞬间的。这样，真理就失去了古典意义上的真理性。它现在见风使舵，任人支使，它听命于时势，听命于权力，听命于具体的环境。最终，真理总是和利益相结合。它是利益的托词、借口，它不再是亘古不变的教条、法则，不再是无往不胜的指南，不再是确定无疑的信念。真理是福柯意义上的一种事件，一种社会网络中的话语实践，一种具体而微的权力工具，一种操纵性的隐秘手段。它是社会空间内权力游戏的道具，是遮人耳目的伪真理，是一种纯形式的真理，是人为指派的强加真理。真理总是假借真理之名，进而掩盖它的虚假、相对性、闪烁其词和临时性。没有永恒的真理，只有永恒的真理借口，这种真理借口的背后是统治、操纵、压迫、支配，最终是狡诈的利益要求。对待真理的恰当态度是：剥掉它的面纱，让它赤裸裸地暴露它的野心、欲望和权力。真理的重量等同于飞溅的唾沫。

真理不再像暗礁一样埋藏于大海的深处，现在，吸引我们目光的只是一览无余的海面。于是，我们回到了表面哲学，这正是后现代性抛弃本质和真理的必然归途，本质和真理要么位于底部，要么位于上部，它需要纵向的挖掘和搜索。但是，表面哲学既不俯视，也不仰视，它只停留于表面，停留于平静的对象外观，停留于纯粹的外部性和物质性，它破除了内/外模型，高/低模型，它摒弃了深度迷信。在此，我们碰到了波德里亚的理论。外在的符码、模型、幻象不再是本质和真理的显现、发光、反映，不再是冰山浮出海面的一角，不再是影子式的辉光，它们有它们自身的重量、厚度、物质性，它们不再是再现性的手段，而是自身的对象。符码和幻象终于不是轻浮的记号，它们开始有了自己的密度、力量。在波德里亚这里，古典的再现论不是被简单地摒弃了，而是被彻底地逆转了，符号、模型、幻象，这些一度被认为是二度呈现物的东西，现在则不可思议地成为决定性的东西。现实，那个被视作具体实在的生活本身，正是符号和模型的操纵结果：真实生活令人惊异地尾随着类像前行，大规模的类型符号在引导、在决定、在支配。

这同后现代性的语言论暗中契合，语言不再透明地照亮这个世界，它不是覆盖于这个世界的面纱，不是抵达物质世界的通道。语言自己掌握自己的命运，词开始发现自身，它向自身折叠起来，向自身收缩、合拢、集结、凝聚。语言不再是事物的光彩、影子、窗户，它是它自己的窗户，它自己折射自己。它不是在和外物的交往中表现、行动，它是在自身内部，在词与词的关系中，在句子蹦蹦跳跳的字词组合中，在无始无终的词语嬉戏中，在骚动喧哗的文本中闪烁、跳跃、舞蹈。

语言现在不是事物的外在器官，语言就是物，语言组织了它的重量，它的密度，它的土壤，词开始在语言自身的土壤中发芽、生长、结果。语言是一个巨大的封闭性的差异系统，它停止了呈现，它在一个密封的轨迹里尽情地嬉戏。词，斩除了它的外在概念意义，斩除了它的人为的外向所指，而保留了它的物理形态，保留了它的书写、声音、笔痕、印记。写作因而不是将再现作为目标，不是将透视作为目标，而是将字词、将语言、将符号帝国作为目标；写作即是构筑一个空的没有指令、没有管治、没有独裁的符号帝国。文本的物质力量不是借助外物、借助文本"再现"出来的力量，不是借助文本运作于其中的机制；文本力量来自纯粹的文本性，来自神秘而玄妙的文本性，来自莫名的符号系统，来自一个坚不可摧的隐秘而孤独的符号世界。这个符号世界，这个匿名的然而又有着丰富物质性的语言系统,它自己做主,唯我独尊,恍恍惚惚而又优哉游哉。

在此,语言本身也构成一种知识对象,它构成一种客体,一个有待探究之谜,一处有待开发的知识矿藏。这样,语言不再被视作一个自然的中介了,不再毫无疑义地被看作通达其他知识的途径了,不再想当然地成为秘密知识的发光体了,不再被确信为真理的敲门砖了。相反,语言现在成为遮蔽、掩盖、变形、混淆视听的盲目力量。语言,因为它的厚重性,因为它的自主性,因为它内部的差异与重复,它和世上的不计其数的知识并驾齐驱,它们并列于同一个平面,比肩而立。它不再是诸知识体的一个可通约的公分母了,不再是任何知识体可借助的照亮灯具了,不再是普天之下的一个公共财产了。语言,在后现代理论那里,有了自己的品质、特性、土地、家宅,最终,它构成了一个自足的、封闭的无国王的王国。

主体一度被认为是语言王国中的国王,掌管着语言的命运。主体从几个方面控制和操纵着语言。主体凌驾于语言之上,语言是主体的表述、工具、手段,主体可以随意选择、运用、支配和宰割语言。主体首先是操纵语言的主体,语言的形态、面貌、节奏、韵律都有赖于主体的分类、挑选和清理。主体和语言的操纵及被操纵的关系,主体对语言的这种居高临下的态度,在后现代理论那里,出现了戏剧性的逆转。语言不再是主体的功能,相反,主体成为语言的功能。语言是一个有巨大吸附力的陷阱式的体系,主体被语言吞并,主体收起了自身由来已久的飞扬跋扈,臣服于语言,在语言面前躬腰垂首,沮丧低回。语言,以其物质力量,以其完善的系统性,以其顽劣的惰性,将主体卷入。在语言的巨大吸附力量面前,我们这些主体难道不是陷入手足无措的地步吗?难道不是经由语言跨入了异化的门槛吗?难道不是陷入了拉康式的符号秩序中从而付出臣服的代价吗？难道不是在一个规范化、条理化的系统内遵纪守法吗？难道不是类似于一个身陷囹圄的语言囚徒吗？我们所说，我们所写，我们的日常生活，我们存在意义上的生存，不都是处在一个规范化的先在的语言世界之内吗？我们夸大的主体，臆想的主体，膨胀的主体，最终，不得不令人沮丧地承认，自己也是卑微的主体，低贱的主体，盲目的主体，而且不是富于勇气、夹带自信的盲目，而是无知和莽撞的盲目，最终是要付出鲜血代价的盲目。

主体不仅是卑微的，还是分裂的。精神分析学告诉我们，主体内部不再是统一的、完整的，不再由"我思"、由意识来整体性地把握、持存。主体内部蕴藏着凶猛的不可遏制的能量，它气势汹汹，横冲直撞，不可一世，难于驾驭。主体内部流淌着的是差异的血液，它们构成诸力的冲突嬉戏；主体都潜藏着疯狂，欲望的英雄总是那些精神分裂症患者。主体不再是认知主体，再也不可能确保自身对于外物的恰当测量和估算了。主体不再成为一个中心点，万事万物不再汇聚于其心中。主体思考、认知、判断、分析、作结。主体不再成为一个焦点，成为天地中唯一的灵性，成为吞吐吸纳测绘大千世界的标尺。"我思"不再被看作统一而绝对的起点，相反，主体内部，那个作为主体的标签的意识内部，是盲乱而无形的；它颠三倒四，为所欲为。它是一个无政府式的器官，按照拉康的说法，主体内部出现了能指和所指的脱节。与其说主体是个运转正常的我思机器，毋宁说是个失去控制的欲望机器。

主体刻写于语言之内，主体内部混乱而无序，这种卑微而盲乱的主体观直接导致的后果是写作者的退场。作者不再被认为是文本的操纵者，与其说他控制、主宰着文本，主宰着世界，不如说他是文本网络中的一个节点。罗兰·巴特断言，在汪洋大海般的文本旋涡里，作者死了。然而，更为耸人听闻的说法是人之死。福柯发现，对于人类和知识来说，人不是最常见也不是最古老的问题，人只是近期的一个知识发明，知识并不总是环绕着人及其秘密而运作的，有关人的全部概念和知识体系只是在漫长的历史长河的某些瞬间诞生的，只是偶然性的产物，是某种信奉人类中心论的知识形式的产物，既然它们的出现是突然的，那么它们的消失也是可能的。

那么，这种漫长的历史是不是片段式的、不可预料的、断裂的、非连续的？正是如此。后现代理论对那种线性历史不以为然。线性历史观旨在缝合历史的缺口，它将历史纳入规律性的轨道，它监测历史的足迹，标出历史进展的曲线图。在这种曲线图中，依据重复，依据起伏，依据想象而成的因果律，还依据一些剪裁、省略和毫无憾意的对细节的冷漠忽视，历史就构成一条顺势而下的江流。历史背后耸立着的是理性动力，这样一种历史被赋予了平衡性、稳定性、连接的惯性和惰性，它是可以预料的，是可以被学科知识测绘的，各种各样的编纂史因而就有其完备的律令、细则和信心，因而也就有了历史学的合法性和基础。古典历史学的信念即是统一性、连续性和规则，它对此深信不疑：在纷乱的碎片中，有一种隐蔽的质的同一性，这些碎片正是在这一点上才可以朝着一个方向聚集起来。

这样一种历史观与后现代理论的历史观不折不扣地对立起来。对于后者来说，历史的碎片仅仅是碎片而已，每一个碎片都有完全的自足性，它们之间既没有一根牵连彼此的逻辑绳索，也没有一种巨大的统一性支配潜能。历史，无论是哪一种类型的历史，都充满着沟壑、断裂、歧路、迷途。历史不是汇聚式的，不是有方向感的，不是有目的和规律的，不是和着富有韵律的节拍的，不是音乐谱系式的，当然也不是权力意志颇费心机地操纵编排的。历史充满着机遇、偶然，它是零碎、散乱和细节式的，它总是忽然变向，出尔反尔，躁动不安，反复无常，一会儿和风细雨，一会儿剑拔弩张，一会儿缓缓前行，一会儿大步流星。历史的步伐永远没有节拍，历史的成分也永远不是同质性的，它充满着异质，充满着各种各样无法区分的调料，充满着冲突、抵牾、纠纷、矛盾。没有一种同质性的历史，只有一种喧哗而骚动的历史；没有一种秩序井然的历史，只有一种歧路芜杂的历史；没有一种总体性的历史，只有一种细节和片段的历史；没有一种宏大的历史，只有一种具体而微的历史。

这样，历史编纂学——它有某种系统本能——无可置疑地就充满着冷漠的表情，它对细节视而不见，对异质性熟视无睹。历史编纂学依据的不是具体性，而是想象般的主观性，这种主观性伴随着压抑、偏见、好恶，它还充满着人工意图、策划和阴谋，它是选择性的、功利性的，它充满着省略。在历史教科书的背后，还有沉默的部分，还有有待申诉的部分，还有地底岩浆，还有一个巨大的无法被吞噬和吸纳，也永远不可能被吞噬和吸纳的隐秘角落。这就为福柯式的考古学设下了使命，考古学不是别的，它正是要使历史中的沉默体、边缘体、异质物重现、出声，要让它们呼喊或细语，要让一切怪异物合法化。

这种总体性历史当然是书写的，它构成一种压迫式的知识形式。历史和知识正是统一于叙事中，叙事是二者的结合体；历史编纂采纳的是叙事形式，知识采纳的也是叙事形式，存在某种叙事形态的总体性历史，也存在某种叙事形态的总体性知识。利奥塔将这种总体性知识称为元叙事，他还明确地断言，后现代正是对元叙事的质疑。叙事依赖于历史哲学，它将它的缓慢演进寄于真理，寄于合法化规则，寄于宏大叙事。这种宏大叙事结构紧凑，环环相扣，步步推演。知识依赖于某种严密的工具论展开，它的起点是威权，是公理，是不容置疑的基础知识，因而，这种宏大叙事的派生物是同质性的、因果性的、逻辑性的。后现代知识正好是对任何一种合法化的质疑，是对启蒙知识、理性知识、可通约知识的极度不信任，是对大理论的拒斥。后现代知识信奉维特根斯坦式的语言游戏，信奉差异，信奉歧义，信奉多元性，信奉微观性。局部知识无须借助宏大叙事，无须借助共识、真理和普遍性，它不再依赖于规则、标准、原理，它不再在解放、幸福、科学的巨型迷信中徜徉，相反，它的潜能是史无前例的实验、生产、求新，它容忍而且激励任何一种异质性。正是在此，少数派的知识及无法纳入普遍通约性的少数话语应享有存在的权利，应享有公正的位置，它们不应被漠视、被出卖、被利用、被异化、被压制。这样，这种知识的差异拜物教，在政治上所引发的后果就是对极权主义的诋毁——极权主义的哲学核心则是不折不扣的普遍主义，它压制和迫害一切非议、歧见、悖谬。而且，具有讽刺意义的是，极权主义总是埋藏着一个巨大的合法性基石，正是这个基石，构成总体性迷信。在政治上——如果我们非要将后现代性引入政治中的话——后现代性开启的空间是那种旧式的古老的自由主义，然而，这仅仅是一种局部的自由主义，因为我们在这里还发现，主体、理性等自由主义要素消失了，我们现在回到的主体不是认知主体和真理主体，而是欲望、本能式的主体，是一个丧失古典主体性的主体。与其说这是个主体，不如说这仅仅是个身体，这样，我们再一次回到身体上来。我相信，从哲学和认识论而言，后现代性正是以绝对的差异来回击形而上学和总体性的；从政治、实践，以及活生生的日常生活而言，它正是以身体来对抗主体的，身体也许是后现代性或明或暗的真正目标，是其真正的焦点所在。

后现代性要破除各种各样的迷信，这同时包括科学迷信和上帝迷信。后现代知识观即是对科学迷信的破除，它属于后现代的认识论。后现代身体观即是对上帝迷信的破除，它属于后现代伦理学。上帝不再仅仅是基督教意义上的上帝了，在此，上帝是多位一体的圣词，同时包括本质、起源、理性、真理、灵魂，而身体正是对这一切的狂暴冲击。身体，以其肉体性，以其感性，以其瞬时性，以其自然性，以其大地性，以其享乐性，聚结为后现代的火药筒，最终爆炸式地摧毁了形而上学体系。

后现代性的使命，它的伟大的历史实践，正是要让身体回归身体，让身体重享自身的肉体性，让身体栽植快感内容，让身体从各种各样的依附中解脱出来。于是，这样的后现代目标——我们称之为这个时代的伦理学目标——就具有硬币般的两面性：它既是摧毁性的，又是生产性的。福柯的理论堪称摧毁性的，它具体而微地摧毁了各种各样对身体的规训机器，包括律法、监狱、理性，以及无处不在的控制性话语实践；德勒兹的理论则是生产性的，身体在此是永不停息的欲望机器，它活力四射，外溢莽撞，它是一辆脱轨的无人驾驶的高速列车。欲望行动在本质上不是弥补性的，不是对匮乏的填充，相反，它是冲动性的、生产性的，它的气质是狂野的，它胡作非为，它的领域是游牧，它的节奏是奔突，它的风格是猛烈，它的使命是解放。结果，永远流动的欲望机器冲垮了一切既定的秩序，不论这种秩序采纳的是什么形式，只要它是僵化的形式。就此，欲望机器最终生产的是一个欲望乌托邦，身体乌托邦，快感乌托邦。

后现代性正是这样以一种反乌托邦的形式构想了乌托邦，以一种反希望的形式构想了希望，以一种反伦理的形式构想了伦理，以一种反上帝的形式构想了天堂。

德里达的风格政治与书的终结

"我梦想像个女人那样写作。"德里达写出这样的句子让人浮想联翩。我相信,德里达这么写的时候十分认真、十分严肃,甚至十分坦诚。德里达从不戏谑,他也缺乏幽默感,按特里·伊格尔顿的说法,他的行文是高度地不幽默;他也很少运用反讽,他似乎没有将幽默、反讽、调侃熔于一炉的习惯;德里达甚至缺乏激情,缺乏瀑布般句子的连绵不断的男性力量,缺乏果断、确定性和钢铁撞击式的脆亮的回音。在句子的力量方面,德里达真的类似于女性。

"像个女人那样写作",这真是个暧昧的提法。对肤浅的解构主义信徒来说,他们会立即在此捕捉到德里达式的颠覆行为。他们相信,德里达在此轻而易举地拆解了男/女的二元对立;对女性主义者来说,这无疑也是个令人振奋的消息,它展示了多种可能性,尤其是女性写作的可能性。另外,这句话也是一个不确定性的调停,它是肯定与否定、愿望与事实、男人与女人之间的想象性调停。总之,这句话十分容易让人嗅到解构主义气息。

但是,这句话除了表达愿望外,也许还隐含着深刻的挑衅性。一个男人梦想像女人那样写作,这大大超乎了我们的常识期待,尤其这个男人是一个哲学男人,是一个如雷贯耳的哲学男人的时候,情形更是如此。德里达,那个人们心目中的激进形象,那个达达主义式的狂徒,那个邪恶的理性贬损者,那个哲学魔鬼,总之,那个人们心目中疯狂的男人怎么会诉诸女人呢？那种高度玄想的，那种被认为是充满着辩论、推理和反思的哲学智慧——那种哲学智慧长期以来被视作男人的专利——怎么又求助于女性的写作呢？德里达的挑衅引发了这些问题。这些问题的出现又证实了这种挑衅的必要性：一种挑衅没有引起人们的质疑就称不上是挑衅。

在我看来，德里达在此的挑衅是对我们通常熟知的哲学概念的挑衅。哲学，长期以来自封为理性的特权者，它扬扬自得地为自己编织了首尾连贯的思想体系，它对各种各样的感性物、偶然性、修辞性，对各种各样骚乱的语言要素进行压抑，从而确保它的真理性。这样，一种哲学同一个更大的传统形而上学有机地纠缠在一起。形而上学，对德里达来说，是一个全盘性的巨大的西方传统，这个传统逐渐累积下来，形成某种根深蒂固的常识，也可以说是根深蒂固的无意识，德里达将这种西方传统——也可以称之为西方思想——命名为"在场的形而上学"。这样一种形而上学的框架即是将存在确定为在场。它对一种基础主义的本源论深信不疑。在此，本源是隐秘的操纵力量，是万物发芽的种子，是盛开的鲜花的蓓蕾。它具有起源性、优先性、决定性、控制性；万物以此为基础生长、蔓延、显现、出场。在表象和本源之间，就存在支配性的逻辑关系，就存在明确推理式的理性关系，就存在决定性的臣属关系。这样一种再现式的思维全面浸入西方传统中，它也毫无疑问地深入西方哲学中。

在德里达看来，这样一种哲学方式和思维方式已经牢牢地控制了人们的所思所为。人们总是不自觉地陷入这种形而上学的操纵中，他们毫不迟疑地在逻辑的轨道里跋涉，他们对任何偶然性都不以为然，他们心安理得地依赖于某些成规、定论、公理，他们慵懒地沐浴在理性的光辉下。在形而上学内部，没有质疑，没有欲望的地盘，没有意外的火花，没有感性的位置，甚至没有隐喻，没有修辞,没有歧义,没有矛盾,没有冲突,没有争斗。我们只是从这些大词——理念、目的、起源、存在、主体、本真、意识、上帝、理性、人,等等——从这些霸权式的词语出发,只要从这些准则、目的、标准出发,我们就可以安然无恙,就可以摆脱盲目,接近真理,抵达理性之岸,就可以确保我们的有效性、真实性和确切性。

　　如果说,形而上学的思维方式已经构成这样一种霸权式文化控制的话,德里达的工作就是针对这种霸权的一种解放行为。他将他的全部写作都聚集于对这种霸权的揭露、发现和诋毁上。关于解构,我们应该明确地将它置于针对形而上学的语境中来对待。解构不是盲目的摧毁,不是不负责任的肆意妄为,不是歇斯底里式的破坏,不是虚无主义——通常人们斥之为无理想的虚无主义——的极端发泄。对于解构的类似指责数不胜数,它们完全没有注意到解构的解放一面、发现一面、调查一面和敏识一面。解构正是在无与伦比的识读和发现中展开的。德里达的写作主要是一种识读式的写作。他选择识读的文本范围极其广泛,柏拉图、卢梭、胡塞尔、海德格尔、索绪尔、列维-斯特劳斯等。德里达小心翼翼地用一种十分警觉的方式指出了这些哲学家的文本是怎样暗暗地契合形而上学思想的,它们是如何成为形而上学的例证的,又是如何悄悄地维护和扶植这种本源论的形而上学观的。由于这些作者、这些文本极具代表性,他们被认为是西方思想的表征,所以,德里达的识读在某种意义上是对西方的形而上学思想的一种雄心勃勃的祛幻事业。哪里有形而上学偷偷摸摸的控制,哪里就有德里达警觉和敏锐的眼光。

　　德里达相信,形而上学已经深入各个角落,西方的每个毛孔都透着形而上学的汗渍,我们无一例外地呼吸着形而上学的空气。在这种恐怖的形而上学氛围里,我们怎样摆脱形而上学的控制力量和渗透力量?形而上学不仅仅是穿在身上的外套,它已经成为我们赖以生存的环境，它已经构成思想的天性，构成认知、思考、写作的血肉器官。既然如此，在形而上学之外，我们还能找到支点来撬起形而上学杠杆吗？也许只有沉默，只有封闭心灵，只有让肉体沉睡，只有让自身陷入一种无边的空洞的虚无暗夜中。

德里达确实是以沉默的方式——这种沉默是相对于口语的沉默，是一种不发音的缄默的写作——来抵制形而上学，来抵制语音中心主义式的形而上学的。写作在德里达这里有非同凡响的意义。写作（writing）是一种无声的实践，是一种生产，是运动着的差异与重复；同时，写作即文字，即一种视觉性的物理空间，一种物质形态。无论是一种运动实践，还是一种视觉物质空间，都是反形而上学的。运动着的实践破除了那种静态的固定成形的形而上学模型；而物质文字是对再现式的在场模式的损毁。写作具有可变性、自主性，对德里达来说，它尤其具有穿透性。它是对任何既定秩序的穿越，是对学科范畴的穿越，是对任何一种分类学的穿越，最终是对形而上学的穿越。分类学或者秩序，是形而上学的粗暴产物，它们可以在两个层面上加以理解，它们既可以是纵向的等级式的，也可以是横向的区分性的，它们的特征就是有意将事物划分成不同的价值区域和性质区域。这种界限分明、等级森严、纵横交错的分类学——它的表现之一即是哲学、史学、文学之间的泾渭分明——被写作吞没了。它们只是一些物质性的文字，它们只是一种书写生产、书写实践、书写行动。只是在写作中，分类学和形而上学被抹去了，写作最终吞没了哲学。

德里达所发明的一些新词，或者说，他的一些赋予了新意的旧词，都是对各种各样分类学的爆炸。播撒（dissemination）这个词形象地表明了这一点。播撒没有明确的界限、方向，或者说它允许所有的方向、所有的界限，这样，界限和方向就失效了。播撒明确地标记着无方向的运动，标记着运动的可能性和进程，它不是一个确切的意指，不是一个固定的静态形象或意义，否则，它也会落入语词的形而上学中。德里达发明的这些词都带有类似的实践性和不稳定性，如果我们将词或者概念定义为意义和声响物质的有机结合的话，德里达的这些词和概念就不是严格意义上的——也可以说形而上学意义上的——词或者概念。德里达明确地断言过，延异（différance）既不是一个词也不是一个概念。延异、药（pharmakon）、增补（supplement）、处女膜（hymen）、踪迹（trace），都不存在单一的明确而固定的意义。它们只是摇晃于可能性之间，包含着互不调和的冲突，包含着杂乱无章的异质性，包含着纷乱、碎片、歧义和抵牾；药既是毒药，又可能是良药；处女膜既可能表示已婚，也可能指涉处女。它们位于临界点，这是些骑墙式的双关语。德里达迷恋这些非确定的边界线，迷恋这些两可性。在这些反概念中，意义和书写物之间没有透明的联系渠道；与其说是意义浮现于书写物上，不如说书写物承载的是意义的偶然性、机遇、临时性和可能性。这些非概念的概念，不是一劳永逸地凝集了一个明确的主旨，而是明确地拒绝了任何定形的主旨，这些概念（反概念），清除了任何附着于其上的主题学幻想。

这些不稳定的、摇摆式的反概念就处在动荡、爆破和穿越的状态中。德里达的这些语词发明同本雅明的寓言有着隐隐约约的联系。在本雅明那里，一个词，一个意象，可以生长出多种多样的意义，这些意义并没有内在的重组要求，它们彼此相异，它们不谋求在另一个层次中的有机统一，这种区分是绝对的区分，这种异质性是绝对的异质性。但是，本雅明的这些词，仍旧是形而上学意义上的词，词只要有明确的意义，哪怕这些意义彼此冲突，相互区分，互不往来，就带有形而上学的意义残渣。在德里达的这些书写物中，没有确切的意义，哪怕是相互冲突的确切意义；它们只是意义的可能性，是意义的即时生产性的机缘。在"踪迹"中，只有一些无规律的记号闪动，只有一些隐约的运动着的划痕，它在可能性的轨道上盲目地延伸、闪烁。也许，"灰烬"（cinder）更恰当地表明了德里达的良苦用心。"灰烬"几乎埋葬了词这一概念本身。德里达说："它不是在场，也不是缺席，它破坏了自身……它是一种不是任何东西的东西。"这样的词就处于生产和抹擦之间，最终，它是一种在场形式的抹擦，是对记忆的抹擦，是对意义的抹擦，是遗忘；它无意交流、在场、显现，它本身就是焚毁。延异，德里达最著名的概念（我们姑且称之为概念），它涉及了时间，它是在时间之流中飘荡，然而它又不是纯粹的时间，它是空间化的时间；它也涉及空间，它在差异中显现空间，然而它又不是纯粹的空间，它是时间化的空间。"延异不是，它不是一个在场存在者。"它以一种非时间非空间化的方式飘荡，它摇摆于刻写和抹擦之间，它堪称嬉戏式的漫游经验。

德里达的这些新词——或许我们应更恰当地称之为反词、反概念——都具有"无"的特征，都具有缺席性、不稳定性、实践性和流动性，这一切都是对在场——在场的特征正是呈现、有、确定性、具体性、现时性——的毁灭性扰乱。但是，德里达的这些词又不能被聚集起来，不能被视作某种德里达主义的关键词，不能形成一套相关的主题词，否则，这又陷入了那种集结式的逻各斯中心主义，陷入了这些词苦心破除的理论幻觉。对于德里达来说，一个反词、一个反概念，在长期的运用和累积中，怎样避免缓缓地演化为词和概念呢？同样，德里达为数众多的写作和文本，那种旨在破除形而上学理论，旨在破除逻各斯中心主义思想，旨在破除在场幻觉的写作和文本，又怎样避免不成为新的理论、新的定形思想、新的缺席幻觉呢？理论、思想、幻觉自身就内含着形而上学素质。

我们正是可以通过这种悖论式的诘难来着手讨论德里达的文本。在德里达这里，文本和写作大致等同。写作，这是个绝对的动词，它将实践性、历险性、私人性和发明性融于一体。因为写作的目的之一即是诋毁逻各斯中心主义，所以写作只能以缺席的秘语形式，只能以隐私的方式展开。透明、再现、摹拟、严谨，这正是德里达处心积虑摧毁的东西，因而在德里达那里，反透明、反再现、反摹拟、反严谨构成写作的基本姿态。德里达的写作同样是自焚式的灰烬，是以一种生产的方式进行自我抹擦，最终，是一种根本性的冒险。

冒险意味着赌注，也意味着快感。冒险即是处于灾难的边缘，对德里达来说，写作的冒险即是处于哲学的边缘，处于哲学传统或者哲学体制的边缘。对于哲学体制而言，推理、逻辑、论证、对差异的压抑、对快感的损耗是基本的律令。哲学论证务必在逻辑的轨道里安全地进行。但是，德里达，正如我们在他的大量文本中所体验到的，他属于那种毫无风险的哲学体制，他试图保持一种"无源头的写作"。推论和逻辑总是有一个起点，有一个不可置疑的正确的公设源头，正是从此，哲学论证才能一步一步地互相连接，互相印证，推导地走向封闭的终点，才能获得另一个定论式的结论。德里达的写作令人惊讶之处——也可以说是令人费解之处——即是他取消了那个凭据性的源头，或者说，他至少有意地取消了那个公认的真理性起点；也可以说，他讨论的着手点是一些无所依靠、无所凭借、无所谓论断的光秃秃的记号。这些记号如此不具有倾向性、真理性和断言性，人们很少将它们作为讨论、研究、分析、写作的对象。比如，在对乔伊斯的《尤利西斯》的讨论中，德里达是从"是的"这个词着手的，他细究了英文版和法文版中"是的"这个词出现的次数和频率。他以这种点数的随机的方式穿行在《尤利西斯》这个包罗万象的文本中。德里达并没有对《尤利西斯》做出归纳式的主旨提炼，相反，他将自己的旅行故事，将《尤利西斯》中的细节片段，将自己在别的文章中的论点编织和糅合起来，这样，这种编织、糅合、带有某种意气用事的即兴组装就构成一种漫游式的写作经验，这种漫游正是对任何一种主题学的冲毁，而它又巧妙地戏仿了《尤利西斯》的文本本身。正是在漫游经验中，意外、偶然性、旁枝末节，总之，那些全新的东西才可能涌现。这样一种漫游的起程"从各方面看，都不属于绝对的开端"，它是"彻底的经验主义的，它是一种偏离正路的念头，沿着路线与方法的可能性前进，成心孤注一掷地要冒险到底。……经验主义这个概念本身是自杀性的，它没有能力独自维持自身的称谓，它作为真理产生之际正值真理的意义被粉碎"。

经验与真理相对，与理论相对，最终与知识相对，经验性的写作最终是一种非知识性的写作。知识总是公共性的、可流通的、透明的和敞开的。经验则与人有关、与身体有关、与爱欲有关，最终与一种不可理喻的个性有关，与一种未知的秘密有关。就德里达来说，他的写作不是在知识中穿行，不是在公开的信息中穿行，当然，也不是在某种人为的秘密中穿行。德里达的写作确实采纳了某种不为人知的秘语，这种秘语不是故设的路障，不是设计式的谋划。德里达的秘语是"对于秘密的更古老、更原初的体验，是一种不向信息敞开的、抵制信息和知识的、即时性地自我秘写的体验。……包含在这种秘写、这种密码中的，恰恰是对于写作与语言的体验"。①

德里达的这种写作——经验和体验，在结构上是横向的、平面的，它不是一种"提取"，不是一种"揭示"，不是一种纵向的汇聚。经验和体验包含着直觉的素质，包含着本能、欲望、机缘，因此，这种横向体验又不是线性的、直接的和推理式的。漫游，兴之所至的漫游，是对德里达的写作的一个恰如其分的描述。漫游留下

---

① 德里达：《一种疯狂守护着思想》，何佩群译，上海人民出版社，1997年，第7页。

的正是踪迹，它去除了漫游者的在场，又抹擦了铭写的在场。这就是德里达的写作令人费解的原因。在我们既定的知识中，在我们与生俱来的在场本能中，在我们久已养成的求解惯习中，写作总是应该提供信息、说明陈述、展示主题，总是应该以知识的形式出现，但是，德里达的写作对我们有关写作的信念和认知产生了质疑。德里达的写作同我们对于写作的期待严重地不相称，这是以一种写作形式来质疑一种写作观念，以一种经验来质疑知识，以一种冒险来质疑体制，以一种秘语来质疑信息，以一种抹擦来质疑铭写，以一种漫游来质疑规划，最终，这就是解构主义——人们用它来描述德里达的中心思想（又是一种形而上学的描述）——对于形而上学的质疑。对于解构主义的体验（我不说"理解"）应同对于德里达的写作的体验紧紧地连接起来。写作，也可以称之为动词和名词间摇摆不定的书写，是德里达，也是解构主义的符咒。

漫游的形式常常是分叉。分叉是对中心的撕裂。在德里达这里，缺乏清晰的过渡性。过渡需要连贯性、逻辑性和或多或少的因果性。德里达的段落、话语组织乃至句子，常常是分叉式的而不是过渡式的。分叉既是一种突然的中断，也是一种莫名其妙的开端，它是拐弯式的，同时也是突发式的；它是偏离式的，同时也是不可预料式的。德里达的写作就被这种纵横交错的分叉贯穿着。分叉没有被一种意图引领着，没有被一种遥远的统一目标召唤着，分叉更多是听凭一种节奏、一种机缘、一种语速、一种调子，最终是一种本能。在写作中，打断、转向、停滞、加速这些分叉经验是德里达的明显标志。这种分叉是绝对的分叉，它既不要求在另一个层面上被重组起来，也不能被进一步地减约。这种播撒式的分叉慢悠悠地闲逛着——德里达从不气喘吁吁地疾走。德里达的写作闲逛通常是对哲学写作所忽视的隐秘角落的闲逛，通常是对缄默的领地或不容置疑的常识处所的闲逛。

但是，这种漫游式的经验主义写作依然是以一种解读的形式出现的——德里达的写作文本通常是对另一些写作文本的闯入。依照我们通常的用语，德里达的文本是评论文本。评论是一个文本对另一文本的识读、解释、辨认及归纳总结。被识读的文本总是一个有待破译的先在物，它隐匿的秘密、埋藏的主旨和暗示的倾向都应在评论文本中得到揭示。这是评论文本的固有本能和机制。这样一种揭示，即相信原初文本之外还耸立着一个神的评论性揭示，毫无疑问是形而上学的模型。德里达的识读因为充满着写作性而避开了这种固有的评论形而上学模式。识读因为被写作性、被经验主义的漫游或者历险所操纵而丧失了它的形而上学性。德里达就此将读和写融于一体。读，不再是被动的，不再是第二性的。读不再和写相对，读是另一种形式的写，写是另一种形式的读。写作和识读的形而上学神话就此坍毁了。只要是分类学，德里达就不会放过。

德里达的这种识读——如上所述，也可以说，这种写作——就不再是在被识读的文本之外构造某种累积式的主题，而是在被识读的文本内穿梭迂回。他的注意力不再紧盯着控制文本的外在神学，而是紧紧聚焦于文本内的文本性。这样，原初文本和德里达对此的识读文本就不是覆盖和被覆盖的关系，不是内在/外在关系，而是交织关系、缠绕关系，以及德里达意义上的差异关系。这是一种文本内部的识读，或者更恰当地说，是一种文本内部的写作历险。它当然不同于主题内容式的评论，但也不同于那种通常意义的形式主义评论。形式主义评论着眼于文本性，但它的立场依然在文本之外，它的视角依然遵循透视法，它是从文本的外部来考察文本性，最终，在形式方面，它构筑了主题学。

德里达的写作是对一切的主题学、确定性和封闭性的挑衅与蔑视。除了漫游、分叉、嬉戏，对读和写的内在的差异性的置换，对文本性的迷恋等之外，德里达还倾心于虚构、修辞。如果我们不是将虚构理解为真实的反面的话,这种虚构就类似于发明。德里达酷爱发明。不论是虚构还是发明,都同文学有相关性,但决不等同于文学。发明和文学的共性之一即是二者都具有某种专有性与独一无二性。但是,文学是一个类属概念,是一个可以不讲原则的原则,是一个稀疏的零零落落的原则,但终究是一个原则;而发明则是一种反原则,是一种反类属,是一种反源头的虚构。发明又意味着与历史的中断,意味着一个全新的事实的出现。对于德里达来说,使每一个新的文本都带上发明性是他的写作的伟大构想之一,这样一种文本发明,可以有效地摆脱惯习、历史压力、写作惯例,以及各种各样积习式的文本语境。它以一种凭空形式,一种光秃秃的大胆形式,一种纯粹的实践形式涌现出来,最终它可以摆脱书籍的惯例。如果说书籍已经深深地沾染上了形而上学习气的话,德里达的文本发明则是对书籍形而上学的甩脱。

我们正是可以由此来接近德里达对于书籍的讨论。书籍是以连续性为基础的。标题、序言、正文、后记都是一个稳固的总体性中的要素,而它们又得到了工业性的排版印刷的内在支撑,获得了物质形态的保障。书籍的合法性是主题学上的,它有一个集中式的问题框架,这就为它构成了一个封闭式的起点和终点;它又是连续性的,它为各个成分(章节、序言、注释等)安排了各自的位置,让它们排布在一个有机组织中,从而确保书籍的理性一面,确保书籍的逻辑、论证、推理和断言的有效性与合法性,最终,确保书籍自身的形而上学信念。

我愿将德里达的最大欲望理解为对这种书籍形而上学的解构。书籍正是我们活生生的历史,是我们的食粮,我们在某种意义上是活在书籍中的。书籍刻写了我们的思想,也刻写了这种思想的思维进程。书籍既是历史的产品,也是唯一的历史本身,这样,历史及历史的枝枝节节,它的惯例、偶然性、细部、边界、沉默体都弥漫于书籍的构造组织的肌体之中,书籍形态——而非它的独特内容、主题、故事——正是历史、思想史、思维史,如果我们大着胆子说,它就是文明史。对于书籍形态的质疑,也许是一种真正意义上的对于历史的质疑。

于是,德里达对书籍的有机组织进行了考察。他讨论了作者的签名,讨论了标题问题(《双重讨论》),讨论了序言问题(《播撒》),最重要的是,他自己的文本实践对于书籍概念和线性写作概念进行了精心的解构。在《丧钟》这部冒险式的著作中,德里达通过并置的形式来展开写作。在每一页的左半部分,德里达对黑格尔的著述展开了分析和阐释,在右半部分,同这位古典哲学家面对面的是盗窃犯和有点不合法的同性恋作家热内。德里达将这两个有点冲突性的作家强行地并置于同一张书页上。这样,书籍的那种连续性的静态空间就不存在了。书籍中有诋毁、相互争执、动态、渗透和充满可能性的流动空间,我们还可以看到黑格尔和热内的位置。语义、主题和文本也不再是遥不可及地处于两种不同的历史中。德里达以组装的方式拆毁了书籍的概念,他对段落、页码、内部界线这些传统书籍的特性进行拆解,由此产生另一空间,另一种解读、写作、注释的实践,最终,是另一种书籍,或者更恰当地说,是一种反书籍。

因此,我们正处于这样一个起点:"书的终结和写作的开端。"

附

德里达:哲学的结束

如果哲学是一种智慧之爱的话,雅克·德里达也许是今天唯一的一位哲学家。与人们通常对他的看法相反,他保留了哲学的古典气质，而且，似乎没有人像他那样对那些遥远的希腊式问题保持着持久的兴趣。他长久地对抽象的东西，对纯粹哲学和伦理的主题抱有兴趣。他属于那种冥想式的哲学家。而且，显然，他被冥想的欢乐所充斥。有时候能够看到他陶醉于其中，甚至是为了冥想而冥想。正是这种冥想气质，使他很少被眼前巨大而厚重的现实面纱所遮住——他不怎么将笔触停留在现实上，无论是今天的现实，还是作为一种历史的现实。现实不是不重要，只是对于哲学来说，它激发的欢乐过于短暂，它易于让想象力的翅膀折断。因此，大部分时候（晚年除外），他的写作抹去了历史细节——按他的说法，他不会叙事。他只是冥想。一个哲学家的冥想，他的至福状态，就如同一个语无伦次的疯人一般：冲破了人类成熟理性的限制，但又不乏某种神迹般的天启。今天的思想事实是：人们过于理性化了，并且将理性作为写作力量的基奠。而德里达的写作，就像一个没有被理性所感染的孩子一样，在想象的天空中穿行。但是，这不是一个稚嫩的孩子，德里达的梦想，不是孩童般的写作，而是"像个女人那样写作"。这种延续了大约半个世纪的冥想式的写作，是一个复杂而莫测的智识王国，这个王国不可企及，它让人顶礼膜拜。或者，我们可以更复杂点地说，德里达的写作将理性推到了一个不可思议的境界，使得这种理性以一种偶发的想象表现出来，理性的极致就是理性的崩溃。哲学的极致就是艺术和审美。德里达就是这样将哲学和虚构（小说）熔于一炉，在某种意义上，德里达的哲学是经验的诗篇。这种哲学是分叉式的秘语经验，用他的说法，这种秘语是"对于秘语的更古老、更原初的体验，是一种不向信息敞开的、抵制信息和知识的、即时地自我秘写的体验"。对，德里达的写作不是将各种知识编织成一个巨大的万花筒来炫耀般地展示，而是自我的多少有些孤独而收敛的内心低语。这让平凡的人们难于追逐。诋毁和赞誉也由此而起。

我们知道，今后，再也没有人比德里达对这个理性传统，甚至可以说，对整个西方传统更了如指掌了。尼采的爆发、海德格尔的迂回、德里达的繁复，这三个人编织的线索，是20世纪最重大的哲学事件。这个哲学事件执意要同先前的西方传统发生分歧。德里达并非像尼采那样要同这个传统高声地直接对垒，而是小心翼翼地打破这个传统的森严制度、它的缝合机制，他要在这个传统中发现异己性，发现它的缺口，发现其顽强生长的他者性。这就是抽象意义上的"解构"。"解构"，这个词毫无疑问已经广为人知了。但是，解构并非如那些攻击它的人所想的那样是一种简单的摧毁。解构不是对价值和传统的不负责任的攻击。相反，解构仅仅是一种发现的敏锐目光。在这个目光的注视之下，事件及知识露出了自身神秘的诡异。如果说解构有什么欲望的话，那也是对隐秘压抑和宰制机制的摧毁欲望，无论这些宰制是以什么面孔出现的，也无论这种宰制表现出如何的正当性和自然性。解构，因而是一种无与伦比的识读和发现，这种识读和发现以一种不可思议的敏锐穿越了漫长的历史进程，以至历史在德里达的写作中以一种奇特的方式存在：历史是以一种不在场的方式而完满地在场的。只是到了最后，德里达意识到了某种政治伦理的迫切性。一些政治性的忧虑席卷而来，他不同寻常地历史化了，而且非常直截了当，解构不得不在历史的压力下返回具体的历史。这种努力，这种力图有所现实作为的政治性努力，现在却富于悲剧性地突然中断了。

就其哲学意义而言，德里达的写作主要是一种识读式的写作。他对大量的经典文本展开了讨论，这些讨论无一例外地被德里达的独特目光所覆盖。德里达细腻的解构让这些文本敞开了。解构不是让对象坍塌，而是让对象发出光芒。这是双重的光芒：原有文本的光芒及解构自身的光芒。

这些光芒如今永远地消失了。一个后结构主义时代也结束了。

我甚至要说，哲学也到此结束了。德里达和福柯、德勒兹、拉康等人一起，开创了人类知识史上的一个群星璀璨的奇迹。这个奇迹注定要以一种历史记忆的方式存活，但是现在，这个奇迹居然真的变成了历史记忆，它真的只能以记忆的方式存活了。

好在德里达存活在各处，存活在各门学科里，存活在各种知识中——长久以来，他被各种知识反复不停地消化和咀嚼，而成为人们再生产的食粮。这使得他——无论是活着的他还是逝去的他——倔强地改变着人们的思考，改变着今天的知识面貌。他决不会从历史中、从知识的记忆中被抹去。

好在我们都有记忆，我们能够记忆。这些记忆让我们，让我们这些德里达的读者，让他的信徒，在这个时刻，稍感宽慰。2001年9月，在三联书店的一楼，我和几个朋友，第一次看见了德里达。他安静地走进书店，在门口拿着一本他无法阅读的中文书，随意翻阅起来。我们几乎同时看见了他。我们都有点激动，有一种神秘感袭上了心头，我们默默地虔诚地打量着他。他意识到有人看着他，微微地抬了抬头。突然，他的手机响了，他从上衣口袋里拿出手机，走出门外，有一些严肃地在说法语。

我们几个不约而同地笑了。

罗兰·巴特的断片、括号、警句、书籍和成名史

罗兰·巴特的批评家生涯同时也是发明家的生涯。甩开一切往昔文本，视写作为一种色情作业，将书籍看作欲望的成品，把享乐引入一种思想实践中。如果说在罗兰·巴特之前，尚无人对写作有如此放肆的要求的话，那么，罗兰·巴特堪称写作这个行当的伟大发明家，他的一生，乃是发明文本的一生。

发明新的写作形式，是罗兰·巴特的永恒梦想，对词语、对写作、对文本，最终是对书籍的某种乌托邦构思，使罗兰·巴特成为20世纪的最坚决的形式主义者，虽然这种形式不无存在的痕迹。在写作之初，在他漫长著述生涯的第一篇文章的第一个段落里，罗兰·巴特就敏感地察觉到形式对他的重要性。面对着复杂的纪德，巴特意识到总体性写作的无能，他无法将纪德的丰富性统一在一个秩序井然的文本里，为此，他选取了一个破碎的断片（fragment）方式，一种提纲方式，一种并置方式，一种小标题方式，对此，他的理论理由是："不连贯似乎总比一种歪曲的秩序好一些。"[①]

《论纪德和他的日记》这篇短文暴露了巴特日后的诸多旨趣。纪德散淡的唯美主义态度隐隐约约地贯穿着巴特的一生。巴特以一

---

① 罗兰·巴尔特：《符号学原理》，李幼蒸译，三联书店，1988年，第22页。

个文学批评家的身份开始写作,同时也以此奠定了他的巨大声名,尽管他的身份令人眼花缭乱,而且他谈及的对象五花八门。《论纪德和他的日记》所采用的断片或者絮语的写作方式,贯穿着罗兰·巴特的写作一生,是罗兰·巴特形式主义风格中最具形式性的地盘,他从未采用过总体性的写作形式,尽管在晚年他表述过这样的念头,不过,这或许依然是他的创造欲望的一种潜在的冒险劲头的表示。最初的这篇文章还出现了少量的但给人印象极深的括号,他将一些补充性的无关大局的句子用括号给括起来,似乎仅仅作为一种参考或无谓的提示。后来,括号被巴特更频繁更大胆地使用,在他所有的著述里,都大面积地涌现被括号包围起来的句子。罗兰·巴特显然谙熟且发展了括号在修辞学和意识形态领域中的双重革命作用,括号具有表意的无限潜力。最后,在论述纪德的同时,巴特还提到了尼采。尼采、纪德、巴特,在思想史上,这三个人是遥不可及的三颗耀眼的星,然而,在写作的形式主义街区,他们是近代的最伟大的随笔同盟军。

《论纪德和他的日记》是 27 岁的巴特个人气质和禀赋的结果(27 岁才发表第一篇文章,无论如何应算大器晚成),它是年轻巴特的本能产品,它暴露了巴特与生俱来的一面,也就是在约十年后,巴特所清醒意识到的风格一面。在十年后的《写作的零度》里,巴特才开始认真地思考写作本身的问题,这时,他明确地将写作同个人气质结合起来。由于语言、语言结构是先于个人、个人躯体而横亘在那儿的,它是个人面前的一块顽固磐石,它有待个人的想象性锻铸,而源自个人躯体、个人生物学基础的内在惯习的私人性部分则成为一种封闭性的个人风格,它保有一种个人惯性,因此,"语言结构和风格之间存在表示另一个形式性现实的地盘",这就是巴特所理解的写作,它是语言和风格之间的一种"历史性协同行为"。① 写作是一种功能，是创造性和社会性的一种交涉关系。这样，巴特将个人风格同语言结构对立起来，而写作则是两者之间的频繁穿梭，是陈腐规则面前的一种主动选择，是压力和能产性之间的互动行为，因此，从本质上说，写作成为一种"形式的伦理"。

生物学经验、写作、个人风格、形式冲动都统一在写作者的深处。对罗兰·巴特来说，它们的表现形式就是：断片气质、警句冲动、括号要求、词语欲望。显然，这一切都是社会性语言结构的天敌，语言结构是罗兰·巴特的不共戴天的仇人，他在跻身法兰西学院之际，还将语言结构称为不折不扣的法西斯主义。语言结构同其背后埋藏数千年的逻各斯中心传统一道施展着控制和压抑的暴力，它们造成的后果表现，对海德格尔来说，是毁灭大地；对阿多尔诺来说，是压制性社会和专制主义的盛行；对德勒兹来说，是精神分裂症的激进流播；对罗兰·巴特来说，则是个人欲望和享乐的美学损耗。因此，向本质语言论开战，几乎是20世纪思想的天命，从维特根斯坦到海德格尔，从阿多尔诺到福柯，从克里斯蒂娃到德里达，无一不在对这种本质语言论及其哲学背景进行无休无止的批判。

罗兰·巴特不怎么提及那个顽固的逻各斯中心主义传统，他似乎与生俱来地具有一种免俗能力，他以他的词语方式和文本方式，总之，以一种写作形式本身同那个哲学传统决裂。这样，罗兰·巴特的著述里似乎少了一点诘难式的哲学气味。然而，其著述的形式感却异常突出，它以一种美学方式表达了一种政治和哲学姿态，表达了一种思想趣味，它以另一种方式，不是通常的主题学方式，而是一种叙述方式和文本方式，完成了自尼采以来的现代西方思想的求索之路。罗兰·巴特同德里达等人并行在解构主义的大旗下，无

---

① 《符号学原理》，第70页。

可争议地成为20世纪最富创造性的大师之一。而詹姆逊所发现的"形式的政治",既能在海明威这样的作家身上找到,也同样生动地体现在他一度攻击过的形式主义理论家罗兰·巴特的周身。

语言结构的直接压力乃是规训、教化和惩治言语的自由主义冲动,而这恰恰是巴特的毕生所为,他是一个彻头彻尾的文本无政府主义者,他以充沛的热情和欲望,以尽可能多的方式,从各个缺口来撼动那个巨型的语言结构及贯彻它的哲学环境。就巴特而言,断片是抵制总体性的有效方式。总体性、语言结构、逻各斯中心主义都是西方哲学传统(柏拉图以来的传统)所豢养的孪生子。总体性是控制和异化的别名,它暗含着中心、等级制和人为的秩序感。总体性要求屈从和就范,它就是盲目的纪律和权威制度。总体性迫害那些异质性的细节和节外生枝的活力,它是压抑性的法律和制度。断片则将总体性撕开了裂口,它摧毁了总体性的堤坝,让那些异质之流自由地涌动。一开始,巴特就意识到总体性的歪曲本性,他抛弃了其暴君做派,相反,他将各种各样的局部细节并置起来,它们享有同等的地位,他不为它们排序和组织,而以一种现象学的方式直接将它们暴露于世,使它们恢复原样,从一种盲目的牵连中斩断它们的异化绳索,从而最终使它们的本来面目显现。这种断片效果无意之中同海德格尔的"去蔽"结成联盟,虽然二者的论说方式有天壤之别。

断片写作对巴特来说,还具有一种职业姿态的意义。巴特只是偶尔临时地在大学执掌过教鞭[①],这使他并未背过机构的重负并轻易地摆脱了校园机器的一切律令。在巴特看来,整个校园都是压制

[①] 巴特仅于20世纪40年代末期在布加勒斯特大学和埃及的一所大学短暂执教过,这和当时的大多数法国知识分子不同,他们许多人终其一生都待在校园里。

性的，为了摆脱校园的种种控制模式，他曾鼓励学生要"敢于懒惰"①，而且，也正是校园里发出过"烧死巴特"的声音②。罗兰·巴特对校园的敌意也许就是对制度性的控制模式的敌意，这其中就包括对校园论文写作的敌意。校园论文——通常被制度化和机构化了——务必以一种传统的论述模式出现，它要求论证的逻辑性、系统性，以及真实的资料和求真的务实精神。断片形式——无论具有多大的真理性——都将被校园所拒绝，并被斥为一种轻浮的随笔方式。

这样，罗兰·巴特的断片形式同他本人的职业一样，始终是游离于学院之外的，在这个意义上，罗兰·巴特是个完全的边缘分子。但是，较之学院风格而言，断片也许更接近世界的真相，就像更年轻的利奥塔所指示的那样，要维护差异的专名权，向总体性开战。巴特的断片姿态既是向总体性开战，也是向整个大学校园机器的荒谬律令开战。

在巴特之前的几个伟大断片写作者有帕斯卡、尼采、维特根斯坦和什克洛夫斯基，但只有尼采一人终其一生像巴特那样用断片写作。尼采的断片是一个个天启、一个个神谕，他用警句的方式大声揭露和预告世态真相，这些断片由惊人的断言、恐怖的陈述、呼啸而来的气势、革命性辞藻，以及来自天国的启示录般的深邃洞见构成，它们既像是语无伦次的疯言疯语，也像莫测高深的神明显灵。

罗兰·巴特在气质上恰好和尼采形成对照，他耐心沉着、镇定从容、优雅而极富涵养。这使他的语句节奏均衡乃至缓慢，而绝无尼采式的气喘吁吁。他将断片和一种音乐节奏相提并论："断片像

---

① Roland Barthes, 'Dare to be Lazy', *The Grain of the Voice*, Hill and Wang, p. 338.

② Roland Barthes, 'On behalf the "New Criticism", Roland Barthes replies to Raymond Picard', 同上书, 第38页。

一首循环歌曲的音乐主题：每一个碎片都是自足的，它仅是邻居的空隙，作品由插入物构成……断片乃间奏曲。"① 这种往返而非递进的节奏感使罗兰·巴特有足够的耐心待在对象的深处，他反复地搜索、品味、抚摸、玩弄对象之物的反常性，他展示了它们的丰富层次。巴特并不强调细节上的连贯性和统一性，相反，它们往往相互抵触、冲突，矛盾丛生，这样，对象由于被断片所切割，显示出一种细节上的逼真性而非一种清晰的整体性；《符号帝国》中的日本不是通过一种总体性的政治、经济格局来呈现的，相反，巴特将筷子、俳句、包装和街道等的丰富细节并置起来，最终，日本是作为一个包含各式各样的符号的国家而非一个权力国家展现出来的。

巴特用一种闲情逸致征服了对象，这种断片方式使他能随心所欲，优哉游哉，他不必去追赶文本的速度和次序了，也不必屈从于文本自身的结构性压力了，这使他似乎总是在写文章的"开头"，每一个断片都是一个新的"开头"。通过这种断片，这种不断的重写"开头"，巴特感受到了快乐，"这就是他写断片的原因，如此多的断片，如此多的开头，如此多的快乐"②。

注重空白、强调边缘、解放压抑的要素、释放监禁物，这种断片模式在哲学上同解构主义不谋而合，巴特承认他曾受德里达的影响，事实上，他和德里达通过不同的途径达到了同一终点，即反形而上学的终点。德里达无论怎样玄奥奇妙，其著述依然是传统意义上的哲学著述，他在各种场合历数柏拉图至海德格尔的罪状，然后以其延异取代了逻各斯中心主义传统。巴特甚少提及那个传统，不过他用断片形式展示了他的哲学旨趣。断片之间的陌不相关性，事物内部流露出来的冲突性，正是延异的直观实践形式，这无论如何

---

① *Roland Barthes by Roland Barthes*, p. 94.
② 同上。

既是德里达也是德曼所苦心搜求的一种理想文本，一个既无中心也无等级制的文本。

巴特的断片模式也许不是写作史上最独特的方式，但在写作史上绝对没有人像他那样频繁而又多情地使用括号，括号构成其著述的重要成分和标志。就像他的烟斗几乎不离他的左手一样，可以肯定，一个没有括号的文本绝对不是出自巴特之手，无论它与巴特的文本多么相像。

巴特对括号的使用似乎没什么规律，括号和正文的关系有时是解释性的，有时是补充性的，有时是反诘式的，有时又是自相矛盾的，但从修辞的角度来看，括号中的句子和正文很少构成一种畅通关系，巴特正是将不利于正文节奏感的句子存入括号。巴特始终要求某种简短性，这使他对关联词句甚至关联段落深感厌恶。它们不仅增加长度，成为文体本身的累赘物，同时，关联词句大量出现，容易造成文本的平庸感，因为关联词句并非表意的，而仅仅是种无谓的过渡。关联词句既无法突出词句本身的魅力，也无法获得一种指意的魅力，对于"精致"的罗兰·巴特而言，用一种饶舌的方式使用关联词既是烦琐的，也是俗套的。

用括号取代关联词句无疑是明智之举，括号具有极强的表现力，它甚至可以将一切句子囊括其中，巴特充分地意识到了这一点。写作过程中突然闯来的句子，扰乱固有节奏的句子，让正文产生歧义的句子，解释性和追忆性的句子，巴特以不变应万变，一律将它们锁进括号中，既不让它们轻易地溜走，也不让它们混淆视听，这既保留了思考的粗糙感，同时又保留了文本的精致感。

括号中的句子很大一部分是矛盾性的，如："我无任何形象（只勉强具有母亲的形象）"[①]；"不再有语言（这就是说，从另一

[①] Roland Barthes, *The Pleasure of the Text*, Jonathan Cape, p. 5, p. 9.

种意义上讲：只有语言，而没有别的）"。这充分展示了巴特的辩证法，巴特内在世界的丰富性、事物所固有的两可性、言语内在的瓦解性等，既是优柔寡断的，也是精雕细琢的，既是自恋的，也是玩物式的。巴特既不对读者，也不对自身保持一种明确的专横独断态度，他总是站在各种各样可能性的十字路口四处顾盼。括号通常和正文从两个相对的方向涌来，巴特只好将其中一个挪进括号，同正文并置起来，这样，既不影响文本的速度，又保持着事物的初始状态。

另一些解释性的词句也被处置进括号中，如"其采用的方式极其含混（一直含混到词根处）；一边是适度的、适宜的和抄袭性的（主要指抄袭符合规则的语言，例如在学校里、在习惯上、在文学中和文化中确定的语言）"①；解释和补充性的句子往往是朝纵深方向发展的，它们突然让文本静止下来，而朝文本的深处开拓。巴特将它们存入括号，首先是为了维持一种均衡节奏。巴特的断片写作似乎总是在某个平面上均匀地游走，他喜好一种均匀的速度，句和句之间保持着和谐的步调，这样，干扰节奏的解释性句子只好打入另册了。同时，用括号存放这些解释性句子也免除了逻辑上的烦琐求证。解释性同时也是推理性的，它要求一种明显的、不可或缺的逻辑秩序，这容易落入巴特所讨厌的本质语言论的圈套，括号避免了对正文节奏的影响，同时也是一种省略的解释，一种最低限度的解释，总之，它是一种逃离解释圈套的解释。

第三种括号类型是比喻性的，通过括号中的类比，巴特将遥远的事物拉到文本中来，使它们在新语境中获得新的意义，如："文本摆脱了意义（就像摆脱兵役一样）"②。同时，文本本身的意义

---

① *The Pleasure of the Text*, p. 6.
② *Roland Barthes by Roland Barthes*, p. 87.

由于括号中比喻的到来，而溢出了文本，两种类比物互相依附，互相利用，从而扩大各自的表意势力。这样，通过利用括号招纳类比句子，巴特令其文本产生一种辐射力，同时，他以这种简短方式，时时接纳文本之外的意义，他从自己的文本领域，扩充到整个世界领域。巴特通常利用括号的比喻功能，谈史论今，并以某种出其不意的方式，将完全陌生的两类事物巧妙地嫁接在一起，并澄清了各自隐匿的一面。

将外在的、异质性的和边缘性的东西利用括号招进文本，对巴特来说，既是一种便利的偷懒方式，也是一种特殊的思考方式，同时也是巴特惯有的文本自由主义方式。括号中的内容可作为另册之物被轻蔑地对待，它们是从属的、无关大局的、无谓的；但它们又可能是享有无限荣光的，它们被括号保护起来，它们享有特殊地位，它们并非低"人"一等，括号在此是礼遇的象征物。就巴特而言，他似乎对括号中的句子更为用心，他更偏爱那些闪现的火花、那些从天而降的异质之流，它们和正文纠缠不休，它们常常以调侃和顽皮的方式挤弄与瓦解正文的严肃性。这样，巴特的自相缠绕的文本既充满智慧，又富于情趣，它们既是启蒙的，也是反思的。

断片和括号都在不停地解开捆着写作手脚的绳索，即一种论证逻辑绳索，后者就是要灭除异质性和想入非非的奇谈，它要将一切纳入正途，然后乘着逻辑的汽车顺利地抵达终点。巴特在写作中同样有他的终点，不过，他绕过了这条逻辑坦途，他似乎是轻松地不经意地到达了终点，他省略了种种过程，而通常以警句的方式告一段落。

警句就是结论，它无须论证。王尔德是个警句老手，虽然他常常失之油滑，而尼采则终其一生用警句写作，此外，普鲁斯特和波德莱尔也惯用此道。无疑，警句具备高度的包容力和概括力，能频繁写出警句的人无疑应归于具有无限洞察力的智者行列。将隐藏的普遍事实和有规律性但尚未彰明的世界真相用一种简短的形式——通常是一句话——暴露出来，这几乎可以说是写作的至高境界了，而频繁地使用警句，在一个文本里不停地闪发智慧之光，这只能是少数天才的作为，罗兰·巴特无愧跻身于这种天才的行列。

警句也是一种削减方式，它砍去了逻辑论证的枝枝丫丫。这二者也许就是天生的敌人：警句是概括性的，逻辑论证是推理性的；警句是结论，逻辑论证是过程；警句是向上的，逻辑论证是向下的；警句有赖于直觉洞见，逻辑论证依靠推理演算；警句是东方的，逻辑论证是西方的。对巴特来说，删削、感性、直觉、辩证矛盾和警句在思考及写作方式的意义上，是同义词。它们统一在巴特的断片文体——按他自身的说法——即写作与分析各行其是的随笔文体里。

警句构成巴特著述中的力量成分。巴特很少采用霸道和蛮横的口吻，甚至连充沛的激情也谈不上，这使他的文本柔和、雅致。然而，巴特的警句给它增加了力量。警句通常是一种决断方式，一种利落的断言，它显得坚定、简捷、智慧、干脆、有力，它加强了肯定和自信的语气。在一段文字中突然闯入一个警句，这陡然使文章变得理直气壮起来。巴特通常在令人意想不到的地方使用警句，这首先能引起阅读上的惊奇感，然后，在文章的薄弱处，它增强了表现力和说服力。警句常被作为一个公理对待，它容易令人屈服，这样，它足以取代一步步的求证了，而且，警句自身有一种不错的节奏感。警句乃是用一种抑扬顿挫的语式陈述的洞见，这样，警句节奏本身也改善和制约了文章本身的韵律。

罗兰·巴特利用警句既增加了文章的力量，也改进了文体的节奏，他总是在适时之机将警句召唤出来，这得益于他敏感的生活经验、丰富的个人背景，以及挥之不去的思想惯性。罗兰·巴特总是发现日常事务的真理，他不像尼采那样专注于人类性和世界性的真理，比如，他说，"荣誉可以名不符实，快乐则表里如一"①；"在美国则相反，到处都是性，就是在性行为中没有性"②。这些警句充分生活化而又有一种旋律感，它们有机地嵌入文本，使文本在均衡的节奏中不时地散发一种智慧的兴奋。

断片、括号、警句——还有罗兰·巴特的词语风格，那是个更大的问题——构成了罗兰·巴特的书籍表象形式。罗兰·巴特无疑是20世纪最重视书籍模样的人，他永远是个翻空出奇的大师，在书籍形态上，罗兰·巴特的形式主义作风表现得淋漓尽致，他凭借其出色的想象力和创造力发现了几种新的写书办法。怎样写一本书，这也许是巴特留给20世纪的最值得珍视的遗产之一。

在巴特之前，只有伟大的尼采似乎意识到了这个问题，尼采对他面前的一切都不满意，他用一种新的书籍形式，同时也是用一种新的哲学形式向旧哲学世界开火。尼采的书籍形式和其哲学形式保持着近亲性，它们相互依托，相互求助。但尼采天生不是一个形式主义者，他为一种永远的焦虑所折磨，这使他无暇顾及形式。而巴特则充分意识到书籍形式本身的种种意义，对他来说，写书不是同世界的真相打交道，书籍也许不是发现和证明的一种推理工具，书籍更像是裸露欲望、呈现快乐、获得欢愉的手段。书籍和世界无关，书籍只和个人欲望相关，它是欲望的施展形式，有多少欲望，就有多少书籍。这样，欲望既成为书籍的动力基础，也解放了书籍头上固有的魔咒，书籍不是启智工具，它不需要那种条条框框，书籍暗含的本质主义倾向——它的体系、规律、逻辑推理、求真意志——应该被彻底地抛弃。书籍不过是个人的欲望历险，是个人的享乐之途。

---

① 罗兰·巴尔特：《符号帝国》，孙乃修译，商务印书馆，1994年，第44页。
② 《符号学原理》，第2页。

德里达的《丧钟》是对本质主义书籍的一次彻头彻尾的攻击，但德里达太过严肃、沉重，他过于较真了。罗兰·巴特则轻轻松松，他似乎是在谈笑间就赶走了本质主义在书籍中徘徊的幽灵，他放开了书籍的手脚，充分扩大了书籍的形式地盘。他的至关重要的第一步，就是拆毁了书籍中蕴含的等级体制，他将逻辑牵连的各章节中的绳索斩断了，这使得书籍显得无始无终，到处都是开头，又到处都是结尾，到处都是入口，又到处都是出口。每一个断片都是独立的，它们没有一种体系上的隶属关系，尽管在谈论的对象上不无相关之处。《神话学》《符号帝国》《文本的快感》《巴特论巴特》《恋人絮语》都采用了这种随机和并置的方式。巴特后来越来越强调断片之间的任意性，在《文本的快感》和《巴特论巴特》中，他在每个断片里面都抽取一个小标题，依据小标题的第一个字母顺序进行书籍的排序，这样，排序的任意性就一览无余了。

巴特的另一部奇书《S/Z》则不是这样排序的。作为一个批评文本，《S/Z》引入了整个批评对象——巴尔扎克的小说《萨拉辛》，他将这部小说分成 561 个小单元，然后把自己的评述话语穿插其中，每一个完整的小单元后面，都有巴特做的述评，这样，巴特的评述话语被小说单元切分了，小说也被巴特的评述话语切分了。《S/Z》实际上是两个相互缠绕的文本的大杂烩，它们既相互引证、推衍，也相互质疑、解构。在《巴特论巴特》中，巴特显示了一种与众不同的自传方式，他和写《忏悔录》的卢梭相反，他要读者相信这可能是出自一位小说人物之手，而且，他调用了三种人称（我、你、他）来陈述自己的种种经历、兴趣、习惯和琐事，里面还附有表格、图像、漫画，以及书信手稿。总之，他在书籍中调动了文字之外的手段和连续叙事之外的春秋笔法，他展示的是局部的、破碎的甚至是隐喻的巴特——也许破碎才是一个人的真实面孔。

《恋人絮语》是巴特获取巨大声名的一本书，写作此书时，他已过花甲之年，然而，他令人惊异地准确模拟了青年男女的怀春状态。谈论爱情的书籍不计其数，然而我敢说《恋人絮语》这样的书籍只有一本，它既不是一种理论分析性的爱情指南手册，也不是一本讲述爱情传奇的虚构小说。巴特利用一些经典爱情题材——如歌德的小说——作为他的理想模拟对象，他揣摩的是些经典情境，如恋人的眼神、春梦、争吵、情话、回忆、姿态、语调等，它既有微弱的事实陈述，也有理智上的推测和盘算，然而，它更像是表演，是恋人之间的一个舞台脚本，是一个叠加的爱情变奏曲，是一个感伤戏剧。

同《恋人絮语》一样，巴特的大部分书籍永远无法归类，巴特后来对文学、哲学之类学科名称闭口不谈，他只谈写作和文本，正是这两个词语消化了巴特那些奇特的形式。然而，巴特的最后一个形式，准确地说是一个仪式，一种死亡形式，永远无法被消化掉，它成了这个伟大形式主义者的最惊人的作品。

1980年2月25日，巴特穿过法兰西学院门前的大街时，被洗衣店的一辆卡车撞倒，随即被送进医院，不久，病情即有好转，他还接待来访者，然而，3月26日，巴特却突然去世。这使他的死变得扑朔迷离，且有一种突出的形式感。汽车终止了巴特的学术历程，他是在他一生的巅峰戛然而止的，此时的巴特不仅是巴黎知识界屈指可数的头面人物之一，而且他已成为一般公众所敬仰的学术明星，他正吸引着无数的目光，人们都在期待他的下一次创造。然而，巴特的最后创造同生命相关，他经历了死亡，以及死亡即将来临的体验，他有一个短暂的回味和咀嚼期（一个月），最终，他经历了一切：贫困、疾病、孤独、曲解、成名、成功、辉煌、闲适、享乐，以及最重要的——死亡。对罗兰·巴特来说，这一生还缺少什么呢？

巴特的一生，是递进的一生，很少有人像巴特那样巧智地度过一生。巴特从贫困和孤独起步，然后缓慢而又坚决地走到了荣誉和成就的巅峰，他总是向上的，尽管他对功名不甚在意。巴特的旅途步伐极富节奏感，他没有创造出一段令人荡气回肠的荣辱兴衰史，相反，他是踏着成功的鼓点一步步地登上山巅的。达至山巅之际，也是他的旅途终结之时，这使他回避了下坡时的落寞心态。他的同路人，除了无与伦比的福柯外，几乎都是在将要下坡的路上，带着或多或少的遗恨离开这个世界的：列维-斯特劳斯快要被人遗忘了；拉康的后半生几乎是在吃前半生的老本；萨特仙逝时的感人景象不过是奠基在其《存在与虚无》上的；可怜的阿尔都塞进入坟墓中时，除了他的躯体，还有那些错乱的神经。只有巴特，这个形式主义者和唯美主义者，将他最后的灵魂安葬在鲜花和荣誉中，安葬在他一生的巅峰，而且，采用了一种突变的死亡法，一种令人意外、扼腕叹息、无限悔恨和悲悼的死亡法，一种"断片"死亡法，一种轻松的"随笔"死亡法，一种伟大的形式主义死亡法。

乔治·巴塔耶的神圣世界

在哈贝马斯《现代性的哲学话语》中，这句话频繁地被引用，甚至可能是被引用得最多的："尼采对现代性的批判沿着两条道路被继承着。怀疑论者尼采……的继承者是巴塔耶，拉康，福柯；作为对形而上学最早的批评者，尼采……这方面的继承者是海德格尔和德里达。"在此书中，哈贝马斯将巴塔耶和海德格尔并列起来，正是他们在尼采之后开启了反现代性的两条道路，并从不同的方向点燃了法国的后结构主义火苗。

但是，在晦涩这一点上，巴塔耶比海德格尔有过之而无不及，他复杂、烦琐、神秘，并且有一种福柯所叹服的僭越能力——无论是对于知识分类的僭越，还是对于生活道德的僭越。"你如何对巴塔耶这样的作家进行分类？小说家、诗人、散文家、经济学家、哲学家，还是神秘主义者？这个问题如此之难，以至文学手册总是忘掉了巴塔耶，而实际上，巴塔耶写了大量文本，或许，这些文本一直以来就是一个单一文本。"① 罗兰·巴特这样说出了巴塔耶给人们留下的阐释难题。不错，巴塔耶是个小说家，他写了大量的小说，而且是属于萨德传统的，他曾经孤独地以公开信的形式为萨德的离经叛道，为他的虐恋嗜好、尸体迷恋和各种各样的排泄形式做

---

① Roland Barthes, *Image-Music-Text*, Fontana, p. 157.

辩护，他赞扬萨德式的"排泄力量的冲击性爆发"，这种爆发——包括一切的呕吐、排泄和残酷而异想天开的色情折磨——是对庄重性的欢乐式冒犯，是对人们道德信念的大规模摧毁。他的小说《眼睛的故事》中的主人公是眼睛，但这个眼睛不是冷静而客观的观看工具，而是一个充满幻觉的色情狂，这个色情狂以各种各样的虐恋形式将其欲望体验推向死之边界，只有这个时候，这种经验，连同产生这种经验的欲望，才沐浴着一层神圣的光辉。《眼睛的故事》堪称色情史上的伟大小说，它可以同任何一部这方面的小说相提并论。这部20年代诞生的小说一直深深地隐伏在某些越轨人群的内心深处，这些人对极限经验深深地着迷：60年代写《从作品到文本》的罗兰·巴特，70年代拍《感官世界》的日本导演大岛渚，80年代写《快感的运用》的福柯，90年代录制《维纳斯是个男孩》的冰岛歌手比约克。他们对于巴塔耶的反复求诉犹如巴塔耶对于萨德毫无保留的持续认同——他是第一个对萨德做出正面评价的法国作家。

　　同样，巴塔耶同超现实主义的关系——这种关系总是伴随着和布勒东的争吵，他也自嘲地宣称是"打入超现实主义内部的敌人"——使他注定是一个诗人，哪怕是"高贵"的具有领袖气质的布勒东所咒骂的"下流""肮脏""污秽"的诗人。他的那些简短、富于韵律的诗总是有一些"令人难忘"的动词，这些让人"恶心"的动词，使这些诗歌对正统诗学具有某种摧枯拉朽的毁灭性，令人产生一种不堪回首的生理上的震惊；同时，巴塔耶偏好阴暗的形容词，这些形容词可以恰当地进入他的黑夜式的"内在体验"，这是对"不可能性"的体验，一种导致空无的僭越体验。诗，要使他"将自己投入死亡之中"，"死亡盘踞在我心中/像一扇小小的窗户/她啜泣着她是个懦夫/我害怕/我会呕吐"。① 这样的诗，和他的断

---

① Georges Bataille, *The Impossible*, City Lights, 1991, p. 147.

片散文一样，发出一种凄厉而隐匿的尖叫声。这些散文在《内在体验》中，在《罪感》中，借助破碎形式，以一种暧昧的激情凌乱地表达出来。这些断片，是不连续的内在体验的混乱隐喻，它们踉踉跄跄，喋喋不休，它们表现为自我撕裂，似乎有一种巨大的力量被包裹着难以发泄。这是尼采式的散文，但它们剔除了尼采式的情不自禁的高声嘲笑，它们也不是卡夫卡式的孤独的喃喃低语，这是布朗肖式的反省，它们最终以一种压抑了的急迫、一种不过于爆发的敏感、一种病态的痉挛方式导向虚空。巴塔耶的"否定"美学就这样在他的散文中得到表达：这是对表意的固执否定，对词语的毫不吝啬的"耗费"，对认知的绝对抵制；这是独自享有"主权"的写作。德里达说，这种写作"越过了意义、统治和在场的逻各斯"[1]。德里达的学生南希持有相同的看法："'巴塔耶'不过是在抵制他的话语表意……我们在其著作的字里行间只能读到抵制意义的书写游戏。"[2]

但是，巴塔耶毕竟是长期的图书管理员，而且是熟练的杂志编辑——这个职业需要有一种统计和分类兴趣。他的神秘主义倾向并不能掩盖他作为一个清醒的擅长推理的经济学家的事实，他对礼物经济，对生产、消费、交换及其漫长的发展史有持久的兴趣，并同马克思的政治经济学展开了暗暗的竞争，他提出的"普遍经济"既是波德里亚的象征交换的起点，也是德里达的延异思想的源流之一。但是，经济学家对于他来说绝对是一个讽刺，经济不过是他的哲学思考的一个方面，一个手段，一个证据。他选择经济学来论述，是同马克思一样，将人和主体的确立看作一个漫长的劳动与生

---

[1] Jacques Derrida, *Writing and Difference*, Routledge and Kegan Paul, 1985, p. 267.

[2] *The Bataille Reader*, edited by Fred Botting and Scott Wilson, Blackwell Publishers Ltd, 1997, p. 3.

产过程，人诞生在经济生产之中。同时，这也是为了巩固对理性的识别，因为理性的最常见的世俗实践形式就驻扎在经济活动中。由于巴塔耶始终将理性作为靶子，所以，经济学的批判最终会还原为理性的批判，经济学最终必须服务于哲学，正如他的（罗兰·巴特没有提到的）人类学探究服从于他的哲学一样。实际上，只是作为一个哲学家，一个尼采式的哲学家，巴塔耶才奠定了他的先驱位置。巴塔耶的真正源流是尼采，正是由他掀起了对尼采的法兰西式的热情，他是福柯通向尼采的桥梁，巴塔耶信奉尼采，同时将尼采作为对抗黑格尔的手段，这无疑也是德勒兹处理尼采的方式。和德勒兹信奉"权力意志"稍稍不同的是，巴塔耶信奉的是"酒神"，信奉神秘的远古经验。这个尼采的信徒，柯耶夫的忠实听众，萨特的潜在对手，布朗肖和列维纳斯的同道，后结构主义者——福柯、德里达、波德里亚、克里斯蒂娃等——频频示敬的先驱，这个将大笑和啜泣反复锤炼为一体的神秘主义者，他的研究工作是从探究远古神秘经验的人类学开始的，而这种神秘经验的核心是死亡。巴塔耶奇特地颠倒了性和死的次序：他从黑格尔式的死亡开始，在此，"死"催发了"自我"和"自我意识"的诞生；而"自我"和"自我意识"，则是在"性"中，在神秘的巅峰经验中，找到了自身的死亡和结局。死和性，这两种对立的体验形式，以彼此越界的方式成为一个巨大的纠缠不休的连续体，它们以相互撕裂的方式得以整合。作为福柯的一个榜样，巴塔耶是名副其实的实践家，越到晚年，他越成为一个身体力行的萨德式的实践者，在性实践——无论是异性还是同性性实践——方面，他俨然是一个不知疲倦的老手和花样翻新的常客，而这一切，都意在将他的存在空间变得膨胀而丰富，尽管此时此刻，"真实的存在变为一具横卧的肉体"。1962 年，65 岁的巴塔耶病逝，他终于摆脱了长年的健康困扰——病痛几乎笼罩了巴塔耶及其父母的一生，巴塔耶自己因为肺结核而变得阴郁、消沉,他崇拜的父亲因为梅毒而瘫痪、失明,他的母亲在令人绝望的压力下多次自杀未遂。对于他来说,死亡,从来就不是一个悲剧,而是一种最为欢乐的可以放声大笑的神圣经验。僭越的足迹消失了,但他拓展的空间还在,今天,这个空间变成一份人人可以从中采掘的遗产。这,是什么样的空间,又是什么样的遗产呢?

一

巴塔耶从哲学和人类学这两个方面为理性勾勒了一个漫长的历史。巴塔耶愿意将"人性"和"理性"关联起来,在他这里,人性差不多是理性的最初种子,因而这个理性的源头远远超出了尼采所指出的古希腊时期。实际上,自从有了人性,也就是说,自从人摆脱了兽性,理性种子——人的意识——就开始步步为营地建立起来。巴塔耶的基本问题就是:人性是怎样建立的?它是如何摆脱兽性的?

黑格尔的(通过柯耶夫讲授的)《精神现象学》给巴塔耶提供了启发。在黑格尔看来,历史是精神和自由意识的发展进步史。"精神现象学"可以说是意识的经历和发展的科学,是意识的形成史,它讨论的是意识如何发展为一种以"绝对知识"为目标的完善的形式。柯耶夫重点对黑格尔的主奴辩证法做了阐释,他以这种主奴关系——这是《精神现象学》中的真正秘密所在——阐释"意识"和自我意识(主体)的初始出现。黑格尔相信,"自我意识只有在一个别的自我意识里才获得它的满足"[1],也就是说,其存在需要被另一个自我意识所承认,这两个自我意识为了获得承认,获

---

[1] 《精神现象学》(上卷),第121页。

得一种纯粹的声望而展开了一场生死斗争。在这场斗争中，主人用自己的生命去冒险，他摆脱和否定了生命的动物性本能对他的制约，并不顾一切地迎着死亡而上，这是以死作为赌注的冒险。而奴隶刚好相反，他受到生命本能的制约而保持求生的愿望，他不否定身上的动物性的求生本能。这样，因为害怕和逃避死亡，在这场斗争中，奴隶就被征服了，而主人则拥有了对奴隶的主权，他将奴隶置于被奴役状态。在此，主人就是那种敢于冒险、能够承受死亡焦虑的人，主人获得了自由、自为，获得了自我意识，赢得了主权和承认，就是因为他敢于否定他身上的动物性的生命保存本能。恰恰相反，奴隶是那种不能承受死亡的人，"一旦面临死亡，奴隶就会退却。他总是在自然存在的层面，也就是动物的层面存在着。动物也是这样，面临死亡就会退却"①。

但是，柯耶夫发现，一切并未止步于此。在黑格尔的论述中，奴隶并没有完全受到自然性和动物性的制约。由于他被迫地要为主人劳动，他就要改变和否定自然。劳动，即是做自然的主人，这样，因为他的自然性（求生的动物性），他成为奴隶，但是，因为劳动，因为对自然的改造和否定，他又从奴隶中解放出来而成为自然的主人。而真正的主人不劳动，不和自然打交道，自己并不亲身改变和否定自然，只是维持着自身的惰性。因此，实际上，不是主人而是奴隶的劳动改变了世界，创造了历史，"历史就是奴隶劳动的历史"。"历史的展开、它的未来属于奴隶的劳动，历史进程、人的存在的历史形成，因此就是作为劳动者的奴隶的劳动，而非尚武者的主人的劳动。可以肯定的是，没有主人，就不存在历史。但

---

① 巴塔耶：《黑格尔、人类、历史》，见《色情、耗费与普遍经济》，汪民安编，吉林人民出版社，2003年，第294页。

是，这仅仅是因为，没有主人就不会有奴隶，也就不会有劳动。"①将生命孤注一掷的主人只是历史开端的条件和一个必要的基本前提。这样，奴隶和主人的地位颠倒了：奴隶在劳动中获得了自我意识，他克服了他的奴役状态；相反，主人否定了他身上的动物性，征服了奴隶，但是，他不劳动，他并没有改变和否定自然，他被一种惰性支撑着，因此，他实际上并没有成为自然的绝对主人。正是在这个意义上，柯耶夫说，主人的真理在奴隶那里。

黑格尔在《精神现象学》的导言中有一个关键性的段落，对自我意识和精神的出现、对历史的展开、对死亡在这种历史和自我意识的展开中的关键作用做了说明。主人通过生命冒险、通过死亡而获得了自我意识，主奴辩证关系最终发生了逆转，这些论述在这个核心段落中得到了抽象的表述。巴塔耶就是通过柯耶夫的解读，在这个核心段落中，在这个论述死亡的段落中，发现了存在和历史的秘密。在这个段落中，黑格尔说："精神的生活不是害怕死亡而幸免于蹂躏的生活，而是敢于承担死亡并在死亡中得以自存的生活。精神只有当它在绝对的支离破碎中能保全其自身时才能赢得它的真实性。"② 也就是说，精神的诞生来自对于死亡的承担这一事实，它之所以有一种力量，是因为"它敢于面对面地正视否定的东西并停留在那里"。怎样理解黑格尔的这些话呢？巴塔耶如何对待黑格尔的这些论述？

巴塔耶承认人类和死亡密切相关。他将具体的人类学考察塞进了黑格尔这些抽象的精神和死亡论述，并让这些论述获得一种实证意义。不过，巴塔耶相信，意识的诞生，人的存在的出现，应该早

---

① Alexander Kojeve, *Introduction to the reading of Hegel*, Edited by Allan Bloom, Cornell University Press, 1980, p. 20.
② 《精神现象学》（上卷），第 21 页。

于这种主人和奴隶之间的冒死争斗,是先有了人的存在(意识、精神),然后才有奴役和被奴役的状况。在奴役发生之前,劳动——对自然的否定——就已然开始了。因此,同黑格尔不同的是,巴塔耶将历史的展开放在更久远的原始先民那里,在那个时候,死亡依然是人性得以奠定的契机,不过这个死亡不是主人在同奴隶所做的斗争中的生命赌注。在他看来,动物并不懂得死亡,它对死亡无动于衷,也就是说,它并不"承担死亡",对死亡的漠视,证明了动物尚未产生精神。巴塔耶通过人类学的考证,发现了最初的墓葬和石器工具。墓葬表明,人开始认真地对待死亡和尸体了。这就和动物区别开来:只有人类才开始隐隐约约地意识到死亡,意识到自身的有限性。巴塔耶对墓葬的解释是:在原始人看来,尸体蕴藏着一股野蛮而残暴的力量,它催发了尸体的腐败和恶臭,这些引发了人的厌恶,由此而形成人对于尸体的恐惧和禁忌,最终,为了躲避这种残暴力量,人将尸体掩埋和隐瞒起来。这表明,人类存在拒斥死亡的愿望,并开始有了一种"死亡"意识、生命意识和有限性意识。此时,人类开始"正视否定的东西",开始面对死亡、"承担死亡"和思考死亡,思考"唯一令人恐惧和令人战栗的死亡",这种死亡令那个"对未来的消逝全神贯注的人感到畏惧和惊讶"[①]。此时此刻,"精神得以自存",这就是意识最初的诞生——死牢牢地刻写在原初先民的意识深处——也是人否定他的兽性的开端。

动物因为其身上的兽性而对死亡毫无感觉,而人则深深地埋藏着对于死亡的恐惧意识。正是在对待死亡的态度上,人性和兽性体现出区别。在此,人性开始了对兽性的否定,人正是通过对他身上的兽性的否定而同动物区别开来——巴塔耶敏锐地抓住了黑格尔的否定哲学。兽性依赖于本能行事,它从不否定,并完全受自然的驱

[①] 'Hegel, Death and Sacrifice', *The Bataille Reader*, p. 284.

动，随时随地听从自然欲望的要求。这样，动物身上的兽性从来不超越自己，从来不溢出自身，从来不同自己分离和对立。它既不自我压制而被迫隐匿，也不被故意地延缓和推迟，相反，它和自身构成一个完全的无障碍的统一体，兽性在每一个瞬间都毫不犹豫地达成自我的圆满肯定。这种自我肯定的动物，永远是自我重复，它从来不会变化、进步或消失，从来不会展开它的差异性历史，从来不会死亡——无头苍蝇到现在依然是无头苍蝇。而人性，则开始被否定意识所充斥着。人既否定他身上的兽性自然，也否定（改造）外在的大地自然。正是在这种双重的否定性中，在这种否定行为中——"行为就是否定，否定就是行为"——人开始同自然的封闭总体性分化了，同他置身其中的自然（广袤的时空融合体）分化了，也同他身上的自然（兽性）分化了。这种分化借助语言和理性等巨大而令人惊讶的力量，其结果是，自然总体性中的诸构成要素分崩离析。"纯粹抽象的大写的我"在这种分化中抽身而退，站在了自然的对立面，他同自然展开了一场否定性较量："我"出现在自然的核心，"犹如光出现在夜晚"。他制作工具，将自然作为改造的对象，并纳入自己的掌握中。这就是最初的生产和劳动，这种对象化生产为一种有用性产品所引导，其目的是物，作为生产者的"我"根据物的有用性培植他的盘算内心，他也就此展开了他的历史：劳动的历史、意识的历史、理性的历史、语言的历史、主体的历史——按照柯耶夫的说法，这种历史就是奴隶的劳动的历史。在这个对自然的否定性劳动所主导的历史实践中，他摆脱和压制了他的兽性，并在这种压制中确立了人性，确立了黑格尔意义上的主体，这个主体用工具（最早是石器）来整饬，用语言来再现，用理性来权衡，用意识来认知。那种巨大而混沌的连续性的动物性统治在这种缓慢的历史进程中被条分缕析地切割了，各种各样迥异的对立面得以形成，它们并不同一，但也有可能被有机地串联在一起，主体和客体，内在性和外在性，自我和非我，知识和非知，概念和直觉，现实原则和快感原则，可能性和不可能性，等等，截然对立，泾渭分明。一个越来越秩序井然的世界在历史的地平线上缓缓出现，在此，盘算、规划、知识、理解将世界各就其位地重新布置了一番，深谋远虑的目的论压倒性地取代了动物性的及时行乐。

巴塔耶用复杂的方式耐心地对理性世界——巴塔耶称之为世俗世界——的形成做了分析，这个理性世界为谋划的观点所主导，具体地说，在这个世界上，人们的各种实践，都有一个谋划的思虑、一个可预计的期待、一个能预测结局的目的，一个可以测度的有用性结果。这种谋划的观点为一种有用性所固执把持。就像奴隶的劳动一样，他的产品从来就不是自己即刻消费掉的，他的产品脱离了他自己，其目标对象是控制他的主人。因此，谋划，其目标总是锁定在一个时间上的未来，其根本意图乃是产生事后效用，产生一种功利性的结局。无论是在生产实践中，还是在意识推论中，无论是在行为中，还是在认知中，功利性的谋划观点以各种各样的形式有力而顽固地潜伏其中。两个世界，被对象化的物的世界和认知性的主体世界，都被这种谋划所宰制，并以一种或曲折或直接的逻辑形式表现出来。显然，现代世界——资本主义世界——在巴塔耶看来是这种谋划性的功利主义世界的巅峰。在这个敏于计算的世界上，人最大限度地压制了他的盲目兽性。

巴塔耶的这些历史结论并不让人吃惊。他说过，"马克思在我们的时代具有几近决定意义的重要性"，我们在这里看到了黑格尔-马克思式的历史哲学和实践哲学。他对韦伯并不陌生，资本主义科层制的刻板及铁笼的巨大阴影在这里忽隐忽现。同样，卢卡奇的物化理论也是一个有力的佐证和参照；法兰克福学派似乎也在巴塔耶之后从启蒙的角度做出过类似的分析。但是，巴塔耶和这些现代社会的诊断家不一样的是，他有大量的人类学实证资料，按他的说法，他有一种科学的研究工具——尽管在总体上他对科学抱有敌意。正是这种人类学视野，对早期原始人的分析，对宗教起源的探究，对远古艺术语言的解谜——巴塔耶在这方面的博学让人眼花缭乱——以及他和涂尔干、莫斯、列维-斯特劳斯这些人的接近，使巴塔耶显示出严谨和实证的一面，他对功利主义的理性世界图式的解释性批判就存在一个扎实的根基。他对经验兴致勃勃。因此，巴塔耶并不纠缠于古代的哲学文本，也不对希腊语词盘根问底，在这一点上，他和海德格尔相去甚远。同样，他不像韦伯那样，也不像阿多尔诺那样将理性的决定性统治视作短短几个世纪的事情，相反，巴塔耶将整个人的历史，将人脱离兽性的历史，将漫长的人性的历史看成自己要面对的理性的历史。如果说，在尼采那里，理性自苏格拉底起同审美做斗争，在康德那里，理性是在17、18世纪同威权做斗争，那么，在巴塔耶这里，理性则是最早的先民同兽性做斗争。如果说，巴塔耶的同时代人大多将人和外在的理性、制度、国家、权力对立起来，巴塔耶则关注人的内在对立，关注人性和兽性的对立，他并没有轻视外在的理性制度对人的约束性影响，但是，他将这种影响和人的内心冲突关联起来。他的最为剧烈的时刻，是人性和兽性彼此冲突与挣扎的时刻。正是因为引入了兽性这一维度，正是因为关注兽性和人性的相互残忍撕裂，巴塔耶的思考，连同这种思考的令人震惊的恐怖性最终得以喷发。

兽性被人性完全压制了吗？或者说，在人的意识、在人性逐渐奠定的时候，兽性被完全否定了吗？

二

这是巴塔耶的关键问题。实际上，巴塔耶将兽性看作一股强大的回潮和逆转力量。开始，它的确被人性所否定；但是，在被否定的同时，它像某种倔强的野草一样反复地生长出来，兽性从来不会在人身上完全根除。这样，人，就被不同的剧烈冲突的力量所撕扯，人性的确定因而变得困难重重。

人摆脱了他的自然性，从自然中脱颖而出，这是人的第一次否定，这次否定确立了人性，确立了一个世俗世界。但是，这个原初否定发生的时候，在它身上同时又埋藏着对它的逆向否定，也就是说，对否定自身的否定。人在逐渐建立他的主体性的时候，还有一股力量同时在否定这种主体性。这就是"二次否定"。如果说，第一次否定确立了一个功利主义主宰的世俗世界，确立了一个物质主义世界的话，那么，第二次否定则是对这个世界的毁坏。它让这个谋划的世界破裂、暴露、绽开，让严谨的逻辑秩序链条滑脱，让物质主义统治和功利主义式的盘算的内心世界露出豁口，从这个豁口中，一个神圣世界溢出来了。这是与世俗世界截然对立的世界，在这个世界中，宗教、艺术、性登场，同时，非知得到了强调，混乱的内在体验不再为谋划所主宰，奢华的耗费代替了处心积虑的积攒，总体性的普遍经济取代了整饬性的局部有限经济，异质性颠倒了同质性，性的随机狂热压倒性地挤走了克己的苦行。这就是巴塔耶的"神圣世界"，也是被世俗世界所"诅咒的部分"。这个神圣世界和世俗世界在毫不松懈地较量，这种较量符合尼采的根本原则：世界是一个诸力竞技的世界。这是两种力的较量，从一个根本的角度上来说，是兽性和人性的较量，是自然性和世界性的较量，是僭越和禁忌的较量。

世俗世界通过原初否定而形成了禁忌，禁忌主要是对兽性的禁忌。因为只有除掉兽性，让它藏匿起来，让它消失，人性才能奠定。人和动物的不同之处在于他恐惧、讨厌和拒绝兽性，人性就是在疏远、排斥和否定自然兽性的过程中被奠定起来的。人，就是要独立于自然和对抗自然。"我们以远离污秽、性功能和死亡的形象看待人。"① 显然，在身体领域，尤其是在性的领域，禁忌会施展最大的力量，因为性正是动物的标志性特征，是兽性牢不可破的典范形式，是自然本能的狂暴的驱动力量，它主宰着动物的所作所为，并让动物随时臣服于它的粗蛮。于是，同死一样，动物的性遭到原初先民的厌恶，人类要控制这种力量，要从它的宰制中解放出来，结果，人类以禁忌的方式对性围追堵截，将它安置在隐蔽的地带，正如将尸体隐藏在坟墓中一样。人类的性，就这样成为一种隐私，被塞进了规范的强制性框架中。性被立法了，乱伦被禁止了，性再也不能像动物那样在光天化日之下赤裸裸地出没，而且它的即时性快感冲动被推延了。对于人类来说，性禁忌不是完全拒绝性，而是对性进行规划，是控制随机的性，将性纳入一个合适的轨道中，纳入一个未来的恰当的目的中——人类在性这里就开始表达最初的谋划和推理思想，可见谋划伴随着人性的始终。同样，对身体性的所有本能冲动——这正是人和动物身上的共同性——都应该进行否定和排斥，因此，排泄也令人厌恶，生殖、经血、呕吐、大小便，以及性的排泄都应在某个黑暗角落偷偷摸摸地进行。这些禁忌的设置，这样一些对兽性自然的否定过程，以一种复杂的方式同人类意识的诞生、生产性劳动的开端相互交织在一起，它们最终通向了"灵魂的纯洁与永恒的宗教"。这样一个过程非常明显："它一向是否定人对自然状况的依赖，以我们的尊严、我们的精神特征、我们的超脱对抗动物的贪婪。"②

不过，尽管人性踩着兽性而起来，但是兽性在抗拒着，而且不屈不挠。巴塔耶承认，对于兽性自然的否定注定是要失败的。人性

---

① Georges Bataille, *The Accursed Share*, Volume 2, Zone Books, 1991, p. 91.
② 同上。

及其世俗世界对兽性，对这些被诅咒的东西进行否定，并不能让它们不起作用，而是赋予它们一种别样的价值，使它们成为一种"陌生的、令人困惑的东西"，这些被诅咒的东西"不再仅仅是自然，而是经过改造的自然，是神性"。① 这不是兽性，而是形象是野兽的圣物，是神圣的兽性，这些被诅咒的东西被涂上一层辉光，对世俗世界进行否定，犹如世俗世界对自然兽性进行否定一样。这就是神圣世界的诞生。巴塔耶让我们看到，动物的性已经演变成人类的色情了。色情是性，但不仅仅是性。它是被改造的性和被改造的"自然"，它包含着人类的喜悦和不安，恐惧和战栗。人类的世俗生活对性进行否定，他们筑成一道大坝将性围困起来，但是，性恰恰因为这种大坝的禁锢而充满着神秘的魅力，在这种魅力的驱动下，在它的顽固本能的驱动下，它要对这种大坝反复冲刷，它要重新返回，在返回的途中，它又为一种羞耻感和恐惧感所深深地侵扰，性的返归之路决非坦途。但是，这种对性进行否定的恐惧感和羞耻感从反面强化了性的冲动与欲望，使这种欲望加速地膨胀，并带有一种毁灭性的呼号。它冲破世俗世界的禁令而将自己置于危险之中，这是一种英勇就义的悲剧性快感，它被神圣光晕所笼罩。这样，人类的色情与动物的性的差异显现出来：动物的性的满足一帆风顺，它没有负担和阻力；而人类的色情遇到了阻力，它在禁令和恐惧中前行，快感披上了危险的色彩，并在紧张中欢乐地发抖。不过，这种阻力从反面滋生和强化了犯罪式的僭越，使这种僭越带有一种赌徒的疯狂冒险。在此，色情将僭越和禁令、欲望和恐惧、贪婪和拒斥包裹于一身。

这就是神圣世界的矛盾特征：厌恶越是令人难以忍受，就越诱人，即便是死尸。巴塔耶奇特地在令人厌恶的尸体那里也发现了欲

---

① *The Accursed Share*, Volume 2, p. 92.

望：杀人的欲望。神圣世界的矛盾性同世俗世界的合理性针锋相对，后者具有一种逻辑上的通畅性，有一条通往目的论的康庄大道，这条大道被可见性的平稳规律所统辖。而神圣世界既是反逻辑的，也是反目的论的。在此，僭越和禁令犬牙交错，它们不是你死我活的截然对立关系，而是一种相互追逐式的强化关系：僭越突破了禁令，但是禁令并没有完全消亡，它在远处进一步地守候等待着僭越。僭越和禁令之间的这种游戏"为这样一种固执性所调控：僭越不停地穿越和再穿越它后面瞬间式波浪般的闭锁之线，这样，它再次返回不可穿越之地"①。这是神圣世界所包含的相互纠缠的整体。显然，这个世界不是世俗世界之前的动物世界。它不是被世俗世界所否定，而是否定世俗世界，就像神圣的色情僭越搅乱了性的世俗禁忌一样。如果说，世俗的性禁忌是对动物的性立法，那么神圣的色情则是对这个性法则的否定。神圣世界、世俗世界、动物世界之间的否定关系，是黑格尔式的否定之否定的关系，神圣世界对世俗世界的否定并不是自然兽性的老套回归，而是神圣兽性的崭新萌发。在这个神圣的僭越过程中，世俗的一切思虑都被抛弃得一干二净。

巴塔耶从神圣色情的角度前所未有地给予了萨德正面评价。萨德的性虐待游戏，不是动物兽性的活生生返归，而是神圣兽性的展开。在此，僭越和禁令交织的双重性暴露出来："一方面，正面地呈现为排泄力量的冲击性爆发（对庄重的过度侵犯，十足的色情狂，伴随着强力和痛苦的射精的性物质的狂暴排泄，以及对死尸、呕吐、排泄的变态的力比多兴趣）；另一方面，反面地呈现为一种相应的限制，对于和上述冲击性活动相对立的一切事物实施的一种

---

① *Language，Couter-Memory，Practice*，p. 34.

严格的禁闭。"① 在萨德这里,僭越和禁令分别表现为排泄与占有,而占有过程则呈现在复杂的排泄过程中。萨德对这一过程做了耐心而细致的描述:倒错性行为、大小便、精液、尸体、大笑、哭泣、死亡、淫荡,萨德着魔般地细察了这些实践,这些实践性的排泄形式构成了对禁令的奋不顾身的异质性僭越,禁令充满厌恶地阻止着它们,但对它们的迷恋同时从反面更汹涌地爆发。在这样的一些色情经验中,拒斥和诱惑、驱逐和吸引、排泄和占有交替发生,它们在撕裂的过程中又被整合欲望所牢牢地充斥。这,便是萨德式的神圣色情的情感波动:性的残酷暴力中却置入了反常的快感,折磨的痛苦如影随形地反向生产了欢乐的高潮。在巴塔耶看来,神圣色情在矛盾中轰然爆炸。

神圣世界最典型的形式是宗教。正是在这里,我们碰到了巴塔耶的献祭。献祭是一切宗教形式的特定手段。如果说,色情作为一种圣物,否定世俗世界的禁令的话,那么,宗教献祭作为一种神圣行为,否定的则是功利性法则和目的论法则——这差不多是世俗世界的统治性法则。色情和献祭是对世俗世界再否定的两种强烈形式,因为,世俗世界最初确立的前提是对人身上的兽性实施禁令,它的最后表现则是谋划式的功利主义生产法则。色情和献祭就分别对世俗世界的前提和后果、条件和形态进行了否决。因此,在巴塔耶的神圣世界里,宗教献祭成为非目的论的普遍经济的绝对形式。

巴塔耶怎样看待献祭?在原始宗教中,献祭是一种纯粹的耗费,无论是种植性的谷物献祭,还是饲养性的动物献祭。献祭将产品无目的地破坏掉,动物或谷物作为祭品,丧失了有用性,不再在一个未来的功利性通途中发挥功能。祭品溢出了它在世俗世界中的功能性位置,它不是供人消费的食物——食物的功能性用途十分明

---

① 《色情、耗费与普遍经济》,第3页。

显，它是劳动再生产的必要前提；同时，它也不再在这个物所支配的世界链条中占据任何位置，它一劳永逸地消失在生产它的物的世界上。献祭同功利性世界的占有和获得法则刚好相对，它成为放弃、缺失、丧失、纯粹的耗费、无保留的掏空。但是，为什么会出现这样的献祭呢？为什么要将这些有用的物品，而且常常是贵重的物品——如羊或者谷物——庄重而豪华地毁掉呢？也就是说，献祭的动力学是什么？献祭要义无反顾地毁掉和丧失的，到底是什么？

巴塔耶将献祭解释为对世俗的物化世界的否定，正如神圣色情是对那个世界的否定一样。物化世界对原先那个混沌的世界进行了否定性分割，使那个深深的连续体成为主客对立的秩序井然的规范世界。这个世界的强大的生产逻辑力量，使一切物品都刻上了其固有的功能性。物在这个世界上成为功利性链条的一个环节，它附着了某种物自身之外的东西，也就是说，物被污染了，丧失了它的自我主权，离开了它的初始状态，变成了一个异己物，这是物的"异化"。而献祭，正是对这种异化状态的矫正，它所要剔除的，正是这种被功能化的物，被污染的物，献祭，通过毁灭的方式，使物离开这个世俗世界，回归它应该所在的混沌的世界中。这样，牛，就既不是食品，也不是生产工具——这都是物化世界对它的粗暴改变——牛仅仅是保持自身整体性和持续性的牛，是同自然和谐嬉戏的牛。献祭中对牛的杀戮，就是杀掉这种物化的牛，被污染和被侮辱的牛，被功利性原则训练出来的牛，被物化世界作为工具来使用的牛。献祭，因此就是让牛剔除强加于它身上的东西，就是将物化的世俗世界对牛的强暴去掉，从而让牛吻合于它的内在性和直接性，返回自身的连续性中，并获得主权。献祭中的杀戮，因此是对物化本身的一次杀戮，是对物化世界的杀戮和否定。于是，献祭就以一种否定形式中断了那种由目的论支配的生产和消费交织的因果路径，它绝不起衔接和传递功能。如果说，献祭是奉献给神灵的赠礼的话，那么这是不求回报的赠礼，是没有返归的赠礼，是纯粹的赠礼，是绝对耗费性的赠礼。

这就是原始宗教中的献祭所体现出来的神圣意义，神圣意义就这样通过否定之否定而再一次萌发。否定世俗世界，让祭物接近初始状态，同时赋予它一层辉光——献祭总是庄严、慎重和奢华的。与此同时，献祭意味着死亡，它使观众目击了死亡，使观众一步步地体验死亡的来临，"死亡一方面从根本上摧毁了肉体存在；另一方面，也正是在献祭中'死亡经历着人的生命'"①。人在献祭中看到了死亡的迫近，一步步经历着死亡的经验，他要在死亡的过程中获得自我意识："人为了最后将自己揭示给自己，他就必须死亡，但又必须在死亡的同时活着——看着他自己停止存在。换言之，死亡在灭杀有意识的存在的时刻必须成为（自我）意识。"因此，死亡成为一种诡计：要获得自我意识，就必须死亡；但若真的死亡降临了，人又无法看到死之过程，也就无法获得自我意识。可以说，有生之年，死亡注定不会光顾他。人不可能观察到他自己的死亡，于是，这样的要求，或者说，难题，便提出来了："他在看见自己死亡的过程中死去。"②

要解决这一难题，死亡只好被安排在表演中出现，在戏剧和文学中出现，在献祭中出现。死亡就此成为一种模仿对象——只有这个时候，人们才能看到死亡，体验死亡，接近死亡，人们将自己等同于戏剧中的人物，将献祭者等同于被杀死的动物。但这种死亡只是外在的死亡，是他者的死亡，不是"我"的死亡，"我"和死亡永远擦肩而过，死亡和"我"之间只能保持着一段空白的距离，不能直接相遇。但是，"我"在戏剧中看到了死亡，献祭者在献祭中

---

① 《色情、耗费与普遍经济》，第278页。
② 同上书，第279页。

看到了死亡，他们在观看中获得了死亡的体验，这种体验为一种强烈的兴奋感所充斥："这种献祭的兴奋感众所周知，并且可以界定：它就是神圣的恐惧，即最丰富和最痛苦的体验，它不将自己局限于分断，而是相反，它像被揭开的戏剧帷幕一样，向一个超越这个世界的王国开放，正在升起的光线重绘了一切事物的形状，并摧毁了它们的有限意义。"[1] 献祭中的死亡，在此，既使人通过分断获得了自我意识，又超越了这种分断而摧毁了自我意识，因为在被杀死的那一瞬间，人在战栗中受到了深深的吸引，他摆脱了自我意识，变成某种悬浮的空洞状态，这是一个"空白"的自我，世界被弃置而去，人被恐惧和狂喜，悲哀和快乐，害怕和诱惑所强烈地充斥着，紧接着就是完全地耗尽，他全神贯注于"毁灭"这一瞬间事实，停留在"杀戮"的那一刻，并深深地陷入一种巨大而完全的"毁坏"的兴奋感中。此刻，时间的因果顺序，谋划的结局，有用性的价值诉求，物品的事后影响，这些世俗世界的规范铁律崩溃了。神圣情感的矛盾性——它对应于世俗世界的逻辑解释——再一次在这种主权瞬间得以爆发。献祭不是贪婪占有，而是奢华性缺失；不是对遥远将来的投资，而是着眼于此刻的耗费；不是和对象截然对立，而是和对象融为一体；不是平静的心理推算，而是纷繁的情感折磨；不是表象性的话语说明，而是沉默无言的剧烈波动的内在体验。献祭，同色情一样。在这里，人向世俗世界之外的神圣世界无限地接近。

但是，仅仅是接近而已。献祭仅仅是他者的死亡，是"自我"死亡的模仿，是自我死亡的虚构，"自我"并没有真正死亡，因此也就无法体验绝对的神圣世界。同时，如果最初的献祭——纯粹的耗费和赠礼——无限地持续下去的话，那么，物化的功利世俗世界

---

[1] 《色情、耗费与普遍经济》，第 280 页。

则遭到彻底的破坏,在这其中构建起来的"自我""人性"就会丧失殆尽,人最终又会返回动物的兽性状态,他处心积虑建立起来的世俗世界就完全崩溃了。巴塔耶似乎相信,人一直在这两种世界之间徘徊挣扎,并轮番交替,他不能够完全溢出物化的世俗世界——那样他就难以生存,同时,对神圣性的向往、对现已丢失的连续性的执着返归欲望时时攫住他的内心,驱使着他的神圣性要求。显然,他既不愿意,也不能够完全地置于其中任何一端。作为对这个问题的解决,原初的人们将献祭理解为一种模仿,理解为对死亡的虚构和追溯,而不是真正的绝对死亡,这样的献祭因此就是不完全的神圣体验。同样,为了防止献祭中的神圣性对世俗世界构成过分的威胁,原初的先民们逐渐将这样的神圣献祭限制起来,让它不完全地进行,让它在一定的时段内发生,让它有一个开端,还有一个终结,也就是说,让它体制化。这样,献祭过程中的神圣体验不会无限制地持续下去,随着献祭的结束,神圣体验也暂告一段落,世俗世界之门接着重新打开,功利性的目标诉求再次主宰着人们的思虑。献祭就这样被规范化了,它变成了一种有限度的神圣体验,并和世俗经验轮番交替。这样被体制化了的献祭就成为宗教仪式,它不是持续的,却是间隔式的、反复的,它不是永远伴随着无穷无尽的狂欢式的饮宴,而是有一个戛然而止的终结;它不是真实的死亡,而是对死亡的模仿,是对原初神圣世界的虚构模仿。仪式化了的宗教就这样通过对祭祀中的献祭的制约,通过将献祭体制化而奠定起来。

在此,宗教就为个人体验神圣性提供了可能。体验这种神圣性当然不能完全向动物世界返归——在这个世界里,主体、自我和自我意识,以及人都丧失了——那么,他只好在宗教这里寻找出路。由于个人自我总是有明晰的意识,他通过同自然世界的分断而从中脱颖而出,而这,则天然地和混沌的非知的连续性的神圣世界保持着隔阂，从根本上来说，自我实际上无法打开神圣世界，无法获得神圣的经验。同时，自我又渴望着摆脱"物化"世界，渴望着打开神圣世界而获得神圣经验，渴望着进入连续性的整体中，渴望着恢复他原初的混沌状态，这样，自我陷入了矛盾的两难困境中。在巴塔耶看来，人们对自我和神圣性这一充满困境的关系的解决，无法从自我的死或者不死着手，而是应从对神圣事物进行改造着手，使被改造或替代的神圣事物能和自我迎头相遇，从而满足自我的神圣性欲求，同时又不摧毁自我。这样的结果是，神圣事物逐渐蜕变为一个对象，即宗教中的"人格神"，这个人格神可以满足自我（无须死亡地）经验神圣性的要求。

神就是这样作为对一个悖论——自我要体验神圣就得死亡，而死亡后又无法体验神圣——的解决方案而在宗教中被慢慢发明出来。这个人格神可以和活生生的"自我"相遇，让自我自由地体验神圣性。显然，这种人格神的神圣性同尚未分断的自然持续的整体性的返归的神圣性并不一样，后者是对动物世界的不安却有力的返归，是向前自我的努力返归，是对自我的摧毁和否定，并逼迫世俗世界中的自我死亡；神所体现的神圣性则超出了自我，超出了这个物化的世俗世界，但并不逼迫这个自我死亡。世俗世界中的自我可以通过祈祷、信仰和爱——这些都同逻辑推理针锋相对——来随时地接近神，体验神，萌发神圣情感。实际上，巴塔耶在这里区分了两种神圣性：它们的共同之处就是脱离和超越了世俗世界。但是，一种神圣性的脱离路径是向先前的自然性和动物性充满矛盾地逆向回溯，这种回溯是向下的，它适应于对动物性的直接冲动，以及它们所体现出来的不洁、肮脏和巨大欲望，我们在萨德那里，在神圣色情中看到了这种神圣性的返归。人类这种神圣兽性的返归显然对人性（主体）构成了巨大的威胁，于是，作为一种替代方案，通过死亡、献祭，以及随之而来的体制化的宗教所涌现的另一种神圣性的脱离路径出现了，与前一种截然相反，它是向上的，向着纯洁、干净、无欲和灵魂的方向迈进，这种神圣性在献祭的宗教中体现出来。前一种神圣性被直截了当的欲望所统治，它的驱力是色情；后一种神圣性则通过启示和信仰来完成，它的驱力是死亡。无论是欲望还是启示，都超越和摆脱了理性推算所主宰的世俗世界，都摆脱了外在的事后功利性目的，都是对人类古老的未分断的连续性的缅怀性追溯。如果说对连续性的缅怀、对世俗世界的超越有向上和向下两个路径的话，宗教和色情就位于两个路径的极端，并且两者之间保持着最大的排斥性张力。"神圣形式的二元性，是社会人类学的重大发现之一：这些形式必须分布在对立的两个阶层之中，即纯洁的事物和污秽的事物之中。"①

三

在世俗世界的两端，或者说在它的上下两个方向，存在两个类型的神圣世界。这，便是巴塔耶构造的一个多层次的丰富的世界模型。他的一系列概念和分析都在这个丰富的模型中展开。在此，世俗世界同两种神圣世界相对立，两种神圣世界在分享共同性的同时也存在截然的对立。与神圣性相反，世俗世界的特征是具体的现实功利性生产，巴塔耶称之为有限经济。而他持续不断的写作，正是对这种功利性的世俗世界——它同时导致了主体的谋划思维——的不倦的批判。

在巴塔耶看来，这样一个世俗世界的强烈形式是同质性社会，而同质性的社会"是个生产的社会，即实用的社会。一切没有用的

---

① 《色情、耗费与普遍经济》，第53页。

要素都被排除在社会的同质部分之外"①。在此，每一个要素都和别的要素相关，都对别的要素发挥作用，都卷入一个紧凑的生产的链条中而变成一个功能性环节，它在一个可通约性范围内发挥作用。同质性要素是一个缺乏自主性和自为性的要素，它无法自我隔绝于这个共同尺度，而是将自身还原为自身之外的某种存在，比如说，将个体还原为他所创造的产品，将人性还原为可以交换的存在。实际上，巴塔耶是将资本主义世界作为同质性世界的典型形式来看待的。这个同质性的资本主义社会，"由占有生产资料或者注定要维持和购买生产资料的货币的人们构成"②，也就是说，这个构成部分是资产阶级。如果说，同质性对应于功利性生产的话，那么，在一个社会中，还存在不可通约的异质性世界，它们对应的则是非生产性耗费的一切。同质性对应于逻辑性的可测度性，而异质性对应于非逻辑性的混乱；同质性对应于功能产品，而异质性对应于自主力量；同质性世界将所有要素纳入一个秩序井然的有效运转机器中，而异质性世界将社会无法同化的东西囊括其中。异质世界是同质世界的剩余物，它"包括了被同质社会当作废物或者当作高级的先验价值来拒绝的一切"③。显然，神圣性（超自然力量、禁忌、未知物）属于异质世界；身体的排泄物、色情、梦、情感和无意识属于异质世界；暴力、疯狂、残酷属于异质世界。资产阶级是同质社会的主体要素，而暴民、斗士、诗人、贵族、疯子、领袖，以及底层的贫民——他们因为贫困而受到了侮辱，由此而表现出发泄式的粗野和暴力——则是异质社会的主体要素。这些人的共同特征就是另类性、不可通约性，就是处在整个生产的逻辑链条之外，

---

① 《色情、耗费与普遍经济》，第43页。
② 同上书，第44页。
③ 同上书，第48页。

处在盘算的有限经济学之外。他们不是被谋划的功利思维所宰制，而是被情感、被无意识、被盲目的自主力量所支配。他们享有自身的主权。

巴塔耶正是在异质性框架中来思考法西斯主义的。如果说存在两种形式的神圣性（色情和宗教）的话，那么，在同样的意义上还存在两种异质性：高等的异质性和卑贱的异质性。同神圣性一样，这两种异质性都具有连续性欲望，都是对理性推论的超越。因此，在两种异质性之间，就存在非理性的整合的可能性，异质性和异质性可以组织成类似宗教的——非生产性的——神圣统一关系。在法西斯主义的结构中，领袖权威将自己装扮成一个高等的异质性存在，他将自己看成另类，超出了同质性的世俗世界，并且是不能合理和合逻辑地解释的。领袖权威具有王权性质，他将宗教的神和军队的首长这两种要素的特性融于一身。就军队首长而言，士兵对他处于一种绝对的依恋状态中，"这种依恋隐含着每一个士兵以将领的荣耀为自己的荣耀"[1]。因为，士兵大多来自贫困而卑微的底层，一旦被征募，他们身上原初的异质性、松散性、卑微性和贫困性都被否定了，他们穿上了整齐的军装，组成整齐的队形，迈出一致的步伐，"构成军队的大众从一种被排斥被毁灭的存在过渡到一种纯化的几何学秩序，从散漫无形演变为攻击性的严格紧凑"[2]。这样，士兵消融在自我否定之中，而不再作为原初自己而存在，他们成为军事将领的所有物，就像将领本人的组成部分一样。他们身上原先的异质性被改变了，他们在军队中获得了深刻的同质性。对于法西斯主义来说，让那些底层的大众转化为士兵从而绝对地服从首长，这还不足以让整个社会服从元首的统治。首长要整合社会，还必须

---

[1] 'The Psychological Structure of Fascism', *The Bataille Reader*, p. 135.
[2] 同上书，第 136 页。

获得一种对全民有效的宗教权力,只有在宗教中,才能完成一种非推理式的统摄,一种完整性和连续性,一种"我"和神的无条件的神圣性。在法西斯这里,通过鼓动"一切尽在国家中",通过将国家、人民、人格、民族,以及元首进行含糊其词的混淆,元首就将各种异质性要素统一起来,他被看成神圣自然的投射,被看成非功利性的主权,是民众无条件地投入情感和服从的对象。于是,非功利性循环圈中的异质性的民众受到了这种神圣性的强烈吸引。"元首的宗教价值正是法西斯主义的基本价值……真正的元首事实上是一个原则所放射的光辉,这个原则不是别的,就是将一个民族提升到神圣力量的价值之上的光荣存在的原则(它废除了一切可能的考虑,不仅要求参加者的激情,而且要求他们的迷狂)。民族,活生生地体现在元首的人格中。"[①] 法西斯主义正是这样充分利用了军事权力和宗教权力的两种功能,并通过对各种各样的异质性要素进行统摄而奠定起来的。在此,现实的异质性经过法西斯主义的巧妙改造变成了虚假的却神圣的同质性。元首的神的形象——连同军队首长的形象——出现了,法西斯国家也这样出现了。

巴塔耶对同质性从来就不抱好感,正如他对生产性的有限经济一样,有限经济在某种意义上就是同质性经济。这种经济就是"生产"和"攫取"的经济,其中的任何实践活动都必须纳入"有用"的功利性范畴中,都必须为事后的结局负担功能性责任,都必须转入一个利润生产的链条中,这是目的论经济学,其顶点在资产阶级那里得以形成。巴塔耶同意韦伯对资本主义起源的论断,正是宗教改革引发的革命,标志着一种新的经济形式——生产性占有的经济——的道路,这种经济偏离了中世纪的经济方向,它导致的后果是,"神圣世界、非生产性的消费世界遭到破坏,地上的一切被强

---

① 'The Psychological Structure of Fascism', *The Bataille Reader*, p. 139.

加到生产的人和资产阶级身上"①。也就是说，生产性的资本主义经济开始了，经济人出现了，韦伯在《新教伦理与资本主义精神》中引述的富兰克林的话——金钱具有增值、生产的本性；钱越多，每一次就能生产得越多——被巴塔耶看作资本主义经济的指南，这个经济就是最大限度的利润化过程，这是一个压倒性的法则，为此，资产阶级要节俭，要想方设法地获得最大利润的积攒，要"设法降低和延缓奢侈的耗费"。在这样一个累积和占有的生产状态下，这样一个事实就无法反驳："资本主义社会一般地总是把人的东西规约为物（商品）的状态。"② 这就是人们生活、工作、受苦的主要原因。因此，巴塔耶对这种目的性的生产方式、对资产阶级、对资本主义充满了反感，资产阶级抛弃了非生产性的耗费，"将财富的展示藏在禁闭的大门之后"③。他们对奢华的耗费充满了仇恨，这是资产阶级的标志，也是他们存在的理由，更是他们令人恐怖的伪善法则。在此，"慷慨和高贵消失了，与之相伴的只有富人和穷人的鲜明对照"④。

巴塔耶相信，这种以攫取和占有为目的的有限经济既不是最初的经济活动的本质，也不是经济活动的一切。实际上，存在两种消费模式：一种是生产性的消费，就是为了某种别的生产目的而进行的消费，消费就是为了更多地占有和积攒，资产阶级的消费即是这种消费的典范；另一种消费是非生产性的消费，这种消费并没有目的，没有可计划的事后结局，消费就是纯粹的消费，它并不试图占有和获利，它的目的仅限于自身。巴塔耶称后者为"耗费"，它指的是非生产性的消费形式。如果说生产性的消费将重点置于"攫取"和"贮存"之上，消费是为了占有而进行的，那么，耗费的重

---

① *The Accursed Share*，Volume 1，p. 127.
② 同上书，第129页。
③ 'The Notion of Expenditure'，*The Bataille Reader*，p. 175.
④ 同上。

点就是"缺失",这种耗费经济,从来不进行利弊权衡,从来不要求一种目的性回报,相反,它是彻头彻尾的浪费。巴塔耶的耗费形式包括奢华、战争、哀悼、宗教膜拜、豪华墓碑的建造、游戏、奇观、艺术、反常性行为(不以生殖为目的的行为)等,这些消费形式的共同点在于,它们是些无用的浪费行为,且无意导致一个增殖性的结局。

巴塔耶承认这两种消费形式的存在,但是,他将非生产性的耗费作为人类活动的最初动力,在他看来,缺失性的耗费是占有性的消费的起源。商业活动的先驱不是人们所想象的物物交换,最初的交换并不是为了获取和占有而发生的,相反,根据马塞尔·莫斯的人类学考察,交换的动力来自破坏和丧失的本能。人们遵循一种丧失(而不是占有)需求来从事交换。莫斯在《礼物》中考察了北美印第安人的夸富宴(potlatch),这被认为是古代交换的一种广泛形式。这种夸富宴通常发生在节日中,它不是交易,而是在公开场合的赠礼——赠礼者向对方慷慨赠礼,这是财富的转让、缺失,赠礼者通过这种财富的大度缺失来获得荣光,同时也让受赠者蒙羞,并被迫做出回报性的挑战——受赠者为了抵消对方带侮辱的财富的耗费性炫耀,要进行同样的财富耗损来回击。这样,在夸富宴中就存在三个义务:给予、接受和回报。首领要"证明他拥有财富,唯一的办法就是把财富挥霍掉、分发掉,从而压低别人,把别人置于'他名字的阴影下'"[①]。这很类似于中国人的"面子"。一旦首领给出了这种夸富宴,那么,人们必须接受礼物,他们没有权利拒绝夸富宴,拒绝,就是害怕回报的表示,就是自甘低下,显得畏畏缩缩,他们的名字就会因此"失去分量"。一旦接受了礼物,回报就是必需的,"如果不做出回报,或者没有毁坏相等价值的东西,那

---

① 马赛尔·莫斯:《礼物》,汲喆译,陈瑞桦校,上海人民出版社,2002年,第70页。

将会丢一辈子的脸"①。从这个意义上来说,"回报的义务是夸富宴的根本"②。于是,在夸富宴中就存在一场赠礼者和受赠者之间的毁坏竞赛,首领甚至可以通过杀害奴隶、烧毁村庄、抛撒钱币来让对手蒙羞。在这场夸富式的竞赛中,谁都不会羞愧地退出,他们都毅然地接受对方的挑战,毫不吝啬且充满豪气地将财富一一毁掉,并借此获得荣耀和声名。在此,毁坏和缺失成为财富的功能性要求,财富的运作根本就不是通过贪婪攫取的方式实现的,相反,"财富完全转向了缺失,仅仅通过缺失,荣誉和辉煌才与财富相连"。③ 在最初社会的交换中,财富听凭这样一种需求:无限缺失的需求。财富为挥霍和缺失的动力所宰制,从一开始,财富并不总是要求自我增值。

从这个角度看,财富的耗费,连同耗费过程中的慷慨、奢华、过量、放纵——人的这些内在体验——是慢慢地在资本主义社会的贪婪和吝啬中消失的。保存代替了耗费,占有代替了缺失,积攒代替了废弃,吝啬代替了慷慨,这就是资产阶级的"肮脏嘴脸",同时也是工业资本主义的铁一般的法则——巴塔耶对此耿耿于怀。一旦累积式的工业资本主义达到高峰,积攒达到极限,有限经济完全在它的狭隘轨道中运行,整个世界的能量链条就会崩断。这,就是普遍经济没有得到充分考虑的结果。

巴塔耶从普遍经济的角度提出了耗费的必要性。普遍经济正好构成了有限经济的反面,对后者来说,经济总是服从某个有限目的,它在一个局部事实和孤独的范围内活动,并且只是满足这个范围内的目的性要求。这样一种经济活动,"是根据特定的有明确目

---

① 《礼物》,第74页。
② 同上。
③ 'The Notion of Expenditure', *The Bataille Reader*, p. 174.

的的实践活动而被构想的。通过控制和调节这些实践活动的总量，心灵得以进行推论。经济科学只是对孤立的情境进行推断和归纳；它将其对象限制在为了一个明确目的而实施的活动中，也就是限制在经济人的活动中"①。普遍经济的视野则开阔得多，它将地球上的能量看作一个相关性的整体，并且将没有特定目的——生产目的——的能量活动纳入自己的考量中，这样的一些能量活动并不要求目的性回报，这其中最典型的是光，是太阳。巴塔耶发现，太阳在本质上是一切财富的起源，太阳总是没有回报地放射和耗费能量，它是普遍经济的典范表现，太阳的"辐射使地球表面产生过量的能量。首先，生物接受了这种能量并在它可能企及的空间界限内将能量积聚起来，然后，它对这种能量进行放射或耗费，在释放大量的能量之前，生物已经最大限度地利用了能量来促进其生长。只有在增长不再可能的情况下，才会出现能量浪费。因此，真正的过量是个体或集体达到其增长极限时才开始的"②。这个时候，耗费、奢华和慷慨就应该出现了，利润应该被挥霍，过量能量应该被驱散，利益应该化为灰烬。这成为普遍经济的规律性行为。无限的生产、增长和积攒是无法想象的，因为生物生命所需的能量是有限的，也因为地球有限的空间和能量对增长构成了限制，局部性的增长只能对另一个局部构成压力，这就会导致失去平衡的危险。"如果系统不再增长，或者这种剩余能量不能完全在系统增长中被吸收，它就必定会毫无价值地丧失；它应当被花费，无论是愿意还是不愿意，无论是以光荣的方式还是以惨败的方式。"③ 对增长的无止境的追求最后可能导致防不胜防的悲剧性耗费——两次世界大战

---

① *The Accursed Share*, Volume 1, pp. 22—23.
② 同上书，第29页。
③ 同上书，第21页。

就是生命和财富的悲剧性耗费,即以"惨败的方式"所进行的耗费。这,恰恰是工业理性经济盲目增长的恶果。耗费没有及时地实施,就会断然地通过战争的方式残酷地进行。因此,为了避免盲目的增长信念所引发的耗费悲剧,巴塔耶试图设想并不完善的解决答案,他要求在具体的历史时刻,有一种"光荣"的耗费,它不求回报,慷慨地将财富作为礼物赠送给他人,犹如太阳的照射从来没有要求返归一样。比如,像美国这样的富国,要避免危险,就应该将部分财富拱手让给贫困的印度。能量不可能永远服务于增长,服务于生产性扩张的有限经济,相反,它应该在普遍经济中,在整个地球的空间内被权衡,剩余的能量和过量的财富应当摆脱生产性目的而被花费,应当消耗在自身的领域中,而不屈从于外在的目标。这样的耗费无可避免,"无论是愿意还是不愿意,无论是以光荣的方式还是以惨败的方式",巴塔耶半个世纪以前的话语,就像给今天这个时代——巨大的贫富差距导致了冲突和战争的时代——提前做的一个注脚。

四

巴塔耶对有限经济的批判完全吻合于他对主体的批判。如果耗费经济的特点是缺失的话,那么,它所代表的思维方式、主体经验同样也是缺失的。巴塔耶相信,主体埋藏的心理内容就是其经济实践方式。累积、占有、盘算的有限经济活动对应于理性式的主体经验,或者说,(理性)主体的日常实践是目的论的有限经济活动。因此,在巴塔耶这里,对理性、主体和有限经济的批判是统一的。三者恰好构成了世俗世界的整体:在这个世俗世界中,主体在反复盘算和谋划，这是其理性推论活动，这一活动直接表现为现实的有限经济生产，即一种占有性的目的论实践。这样的主体是一种没有主权的主体，也就是说，主体总是针对外在的对象目标并为之绞尽脑汁，逻辑性的有序线路完全铺设在主体经验中，主体不是在自身的领域中任意起舞，而是在规划的轨道中小心翼翼地前行。这样的有限经济实践的主体，同时也是一个知识的主体，当知识在推论、在对未来的结果进行估算、在为这个结果处心积虑地寻求通途时，它和有限经济实践毫无二致。知识同样是在时间中展开，为了未来而漠视当下时刻，它同样灌注着谋划的品质。这样的知识借助语言而进行，语言既是时间性的（它让知识在时间中穿行），也是铭刻性的（它让知识得以记载、明晰和具体化，让知识得以存在）。在这个意义上，知识和语言都是理性主体的自然而默契的功能。而非知识呢？"非知识的道路是最空洞的无意义之物"[①]，它能交流狂喜，难以捉摸的狂喜。知识主体或有限经济主体，这样的世俗主体必须被打破，逻辑性的谋划线路必须断裂，目的论的践行必须被拆毁，只有这样，神圣的内在体验才能流溢而出，人所固有的整体性要求——既是对原初混沌世界的乡愁式怀念，也是对神的世界的无保留认同——才能获得满足。

这样，上帝必须死去，就像尼采宣称的那样。基督教中的上帝成为目的论的化身。由于基督教改造和吸收了柏拉图的理念论，上帝成为一个遥远的目的，一个不可见的但时时强有力地存在着的"本质"，人们必须参照上帝踯躅前行，而且，"来世"的诉求成为现世实践的理由。现世的每一个活动都通向来世的救赎之路，都是为了将来目的的顺利实现而小心翼翼迈出的步伐。生活实践是为了

[①] 《色情、耗费与普遍经济》，第111页。

在来世获救。由于基督教中这样一个隐约但坚决的上帝的存在，现世生活成为一种充满目的论的谋划生活。对上帝的爱、救赎、来世等观点强烈地主宰着人们的生活要素，这些要素也只有通过纳入这样一个来世的路径中才能获得价值，它们只有在一个可通约的同质性轨道中才被赋予意义，也就是说，在基督教文化中，生活的具体要素只是跟外在的目标结合，并且只有通向这个外在目标时，才会被承认是有意义的。这样，生活陷入了一个谋划的圈套中，它并没有获得自身的充分意义，没有获得自身此时此刻的主权，没有在自身内部腾挪施展。生活实践，它的此刻此地性，被出卖了。在这个意义上，上帝死去了，那么，他的形象所代表的未来，因为对未来的期盼而做的谋划，乃至这种谋划的主体，将一并死去。如果说，信奉上帝的生活为谋划思虑所主宰的话，那么，它和理性的生活——同样为谋划和推论的有限经济所主宰——别无二致，只不过前者将重心置于想象的天国，后者则是置于世俗的大地。

因此，基督教的上帝必须死去。但是，巴塔耶并不是对宗教持有批判态度，他只是对基督教抱有尼采式的敌意。在巴塔耶看来，古代的原始宗教，并不包含着谋划思虑，人只是在一种献祭式的缺失心理状态下，对神圣事物产生一种无条件的接近和返归，并在一个广袤的世界中达成一种无挂虑的连续性的共同体。但是，由于基督教受到了理念论的干扰，神圣事物变成了人格神，尽管在此，神和人之间的爱是无条件、非推论性的，并且同样达成一个爱的共同体，不过，爱受到了限制，并指向和被封闭在一个单一的"他者"那里。这个他者上帝，是一个起源性的存在，既是世界的起源，也是人类的起源，他是一个看不见却无处不在的强大形象。对这样一个上帝的爱，就是有方向和目的的爱，是对一个存在对象的爱，同时也是被"认知"所确定的爱。爱或者信仰，是有理由的，这样，它的范围和领域不再是无边无际的，它被浓缩在一个区域中。如果说，在古代宗教那里，共同体是无限的，对象（在死的献祭中）是缺失的，个人自我是突然摆脱了认知（知识）并处在由震惊所引发的空洞状态中的，那么，在被体制化的基督教这里，对象（上帝）得以恢复，自我意识并没有丧失，共同体被赋予了有限轮廓，宗教向绝对整体性复归的内在体验被打了折扣。在此，尽管爱本身是反推论的，但爱毕竟被推论所包围和左右。也就是说，信徒之爱的体验是神圣经验，但神圣经验的引发是因为信徒本身的权衡和考量。

让这样的上帝死去，在某种意义上，就是为了让权衡的自我也死去。上帝和（认知式的）自我，从来就是两个彼此纠缠不休的相互参照物。巴塔耶对于上帝的愤慨当然就是对于这样一个自我的愤慨。尼采的上帝之死，对于巴塔耶来说，就是自我之死；在福柯那里，则演变为"人之死"。自我和人，都是理性和盘算式的主体，是占有和谋划的主体，是与对象对立起来并在那里反复开掘的主体，是有限经济的实践主体。其典范形式是笛卡尔的"我思"和黑格尔的"自我意识"。但是，在巴塔耶这里，这个主体的历史要漫长得多，他的源头可以上溯至他和自然分断开来的那一瞬间。巴塔耶用"内在体验"和"否定神学"来对抗这种自我意识。同尼采一样，巴塔耶将黑格尔哲学作为靶子。同"占有"和"攫取"相反，内在体验经历的是"缺失"和"无"；同谋划和权衡相反，内在体验经历的是断裂和意外；同生产和积攒相反，内在体验经历的是耗费和奢华；同认知相反，内在体验经历的是非知；同理性和科学相反，内在体验经历的是"不可能性"；同他者的时间性目标相反，内在体验经历的是此时此刻，是主权，因为"拥有主权实际上就是享受当下时刻而不再考虑这个时刻之外的其他一切"，"超功利的生活是主权的领域"。① 黑格尔式的主体倒塌了。

巴塔耶的哲学，在一个根本的意义上，就是对拥有主权的主体的求诉，就是对内在体验的求诉。这是关于人的哲学，是主体哲学，是反黑格尔主体的主体哲学。这种哲学以巨大的耐心告诉我们，我们的内在体验不要被时间性的未来目的所拖累，不要被理性的格栅所规整，不要被知识科学所宰制。巴塔耶对那些功利性循环圈外的经验倍加注意：笑和哭泣。它们的经验就是功利性经验的断裂，是意外、绽开和破裂。笑和哭泣，是突然的情感爆发，是意想不到的事件引发的震动，是对此刻聚精会神的沉迷，而这，恰好在谋划的逻辑之外。这便是主权的发生。同样，"一切包含悲剧、喜剧或诗性方面的艺术形式"②，一切排泄形式，一切缺失，一切功利性路径的断裂开口，一切虚空，都是主权经验，都是神圣经验，都是超功利性经验，这就是"笑声所启示的深意"：忘记一切。沉入存在之夜。无数的无知者在哀求，让自己沉入痛苦。走过深渊，在绝对的黑暗中体验黑暗的恐怖。战栗、绝望，在无情的孤寂中，在人的永恒的静默中（所有愚蠢的判决，对判决虚妄的回答，夜的回答只有寂静的疯狂）。上帝，人们曾用他抵达孤寂的深处，但现在人们不再认识、倾听他的声音。人们对他一无所知。上帝最后的言语意味着所有的言语都将完全归于无效：必须意识到他的雄辩（这是不可避免的），必须嘲笑这雄辩，直至陷入没有认识的麻木（笑声不再需要笑，哭喊也不再需要哭，饮泣也不再需要饮泣）。尤其令人头痛的是：人不是沉思的对象（他只有通过逃离才能获得平静）；他是哀求，是战争，是痛苦和癫狂。③

---

① *The Accursed Share*，Volume 3，p. 198.
② 同上书，第230页。
③ 《色情、耗费与普遍经济》，第92页。

保罗·德曼和阅读

如果真要为哲学撰写一部历史的话，解构主义无疑是它的最后篇章。尼采当之无愧地成为这部哲学史的破折号，正是他打乱了柏拉图主义的哲学脚步，他将哲学拐进了另一个胡同。不过，海德格尔依然将尼采归入柏拉图主义的阵营，按照他的说法，在他之前的哲学史都是柏拉图主义的注脚，他的工作就是要结束哲学中的柏拉图主义，结束那种本质神学、理性陈述和二元思路。为此，他抛弃了对存在者的探究而改为追问存在本身，但是，在德里达——解构主义的首要人物——眼里，海德格尔仍不彻底，海德格尔放弃了存在者，但他没有放弃追问，他没有放弃寻找和索求。而德里达则同时彻底地放弃了追问和追问对象，他砍掉了附加在文本上的所有额外枝丫。在多数时候，德里达通过文本来解释和证实他的学说：我们应该对文本听之任之，放任自流，我们应该给文本充分的符号自治权，文本不应该置入任何等级机制中，尤其是长期以来我们所习惯的能指/所指等级制。文本并非如海德格尔所愿敞开一个世界，相反，文本根本就没敞开过，它只是在内部通过符号的相互追逐嬉戏而自得其乐，意义被德里达从文本那里驱赶走了，就此而言，神、理念、逻各斯、本质也从哲学中被驱赶走了。

如果说，哲学史的尾声就是对它的起源致命一击的话，那么，德里达的哲学则在某种意义上埋葬了哲学学科本身，因为很难指望还有一种崭新哲学更有力、更彻底和更充满仇恨地攻击柏拉图哲学传统。哲学或许还没有死亡，但一种哲学形式肯定死掉了。德里达给哲学带来了灾难，然而在某种意义上给批评带来了福音：德里达以文本作为道具，他的写作本身带有浓厚的批评痕迹，德里达的文本具有文学和哲学的"两栖"特征，这一切都给文学批评新的机会，保罗·德曼的巨大身影正是在这一哲学和文学运动的过渡地带中浮现的。不过，此前德曼在美国批评界一直是个有力的存在，他大器晚成（41岁才拿到哈佛博士学位），50年代他步入美国知识界之际，新批评主宰着文学领域，这令德曼有所不满。在他看来，新批评太缺乏哲学气质了，它没有一种大的思想背景作为支撑，新批评浓厚的技术倾向使其流于雕虫小技。德曼的兴趣长久以来一直停留在欧陆思潮上，在他那个时代，美国几乎没有什么激动人心的哲学家了。德曼本人就是为数甚少的有欧洲哲学素养的批评家之一，他很早就利用过萨特和胡塞尔的理论来解读文学，他也感慨海德格尔在美国所遭受的冷遇，因此，德曼一直耐心地寻找机会将欧洲思想嫁接到美洲大陆来。

德里达1966年的美国之行成全了德曼，在某种意义上也成全了德里达本人。当时，美国理论界正打算欢迎一位年轻的结构主义者，他们准备在美国全面推行结构主义浪潮，然而，德里达在约翰·霍普金斯大学的演讲却出人意料地诋毁结构主义及其领袖列维-斯特劳斯。德里达宣称，并不存在一个所谓的结构中心，结构是没有等级制的，在结构中任何一个位置都不具有优先性，结构无须追根溯源，此在总是被自由嬉戏所化解，自由嬉戏是空缺和此在之间的相互作用，它是某种非中心化力量，是某种不确定性的永恒动力。德里达完全动摇了稳固的结构主义秩序基础，结构主义的理性等级制度被一种充满活力的差异力量所搅毁。德里达出乎意料而又新鲜的说法彻底搅动了美国知识界的神经，更重要的是，这一说法正巧同当时的美国文化环境合拍——60年代正是美国生机勃勃的造反时代，正是一个无法无天的自由嬉戏时代，正是一个欢快的激进政治时代，正是一个无所不为的弑父时代和说唱时代。因此，鼓吹运动、差异、嬉戏和无政府主义的解构哲学突然光临，恰逢其时。

如果说德里达在美国播下了解构主义的种子，德曼则催其发芽。这两个人在约翰·霍普金斯大学的相遇是解构主义的一个决定性事件，也可能是20世纪后半期最重要的理论事件之一，他们的合作，造就了解构主义的声势和力量。德曼促成了德里达一年一度的耶鲁之行，并团结了他的耶鲁同行希利斯·米勒、杰弗里·哈特曼和哈罗德·布鲁姆，这个小集团很快扩张了解构主义的势力，他们四处传播解构主义学说，并向耶鲁博士灌输忠诚解构的信念。这些耶鲁博士涌向全国，他们有效地控制着文学系，将解构这个响亮的词搬上讲坛。终于，解构主义像一场大火在美国各地燃烧起来，它成为知识界的一场理论风暴，德里达和德曼的大名迅速地成为媒介的中心词语。

然而，德曼并不是作为解构主义运动的组织者而奠定声名的，他也不是作为一个德里达的解释者而著称于世的。相反，德曼也许是这个解构运动中唯一堪与德里达比肩的人物，德曼倡导了文学领域中的解构主义批评，这一行为意义重大，它既扩大了哲学的势力，又恢复了批评的哲学尊严。同时，德曼的身体力行奠定了一种批评典范，一种不同于德里达的文学实践典范，正是德曼的批评而非德里达的批评铭刻在解构主义文学活动的功劳簿上。

德曼的批评写作似乎比德里达更讲究规则。德里达为数不少的批评写作离奇古怪，它们似乎无章可循，然而，在德里达看起来有些恍恍惚惚的行文和思想历程中，却充斥着令人着魔的魅力。他的异想天开总是同一种伟大的创造纠缠在一起，他的胡说八道总是暗藏着惊人的发现。面对文本，德里达表现出一种巨大的操纵力量，他随心所欲地支配、使唤和摆弄它们。奇怪的是，这些文本并没有因为德里达的无所顾忌而暴露出它们顽强的惰性，它们确实顺着德里达这只不可捉摸的手交出了它们尘封已久的秘密，不过，这些秘密绝不是文本外向指涉的意义。德里达的批评实践主要是来证实他的哲学想法，他并没有孕育一套系统的阅读模式。而且，德里达对文本的处置表现出一种独创性的天才风格，它是不可效法的，他只能离群索居，而这个流派的领头羊，只有保罗·德曼是当之无愧的：他既对解构主义批评做了理论上的指导，又通过卓越的实践为这种批评活动提供了样板。

德曼毫不犹豫地反对文学研究中的内外指涉关系。在他看来，将文本中的词语系列匆忙地和一个外在意义搭配在一起，显然忽略了文本中语言的文学维度，这一点，法国的符号学家功不可没。他们借助语言学，尤其是索绪尔和雅各布森的语言学，来揭示文本的意义生成机制，这就使批评和阅读放弃了劳神费力的释义重负，文本内在的语言制度得到了充分的揭示。然而，对德曼来说，法国的文学符号学家做得还不够，他们并没有意识到语言中语法结构和修辞结构的差异，法国的理论家让语法和修辞在功能上保持完善的统一，并一帆风顺地从语法结构过渡到修辞结构。对他们来说，修辞仅仅是语法模式的一个特殊子集，修辞往往是一种特定的组合关系，一种变相的另类语法形式，句法总是能将修辞吞没到自己的秩序组织中来，因此，结构主义符号学和叙事学总能在文本中找到一个无往不胜的语法网络，文本不论怎样活跃，总是被语法关系所罩住，这样，文本本质上还是一个充满惰性的稳定组织。

德曼提出了完全相左的意见，语法和修辞并不是那么团结一致的，它们之间横亘着一道跨不过的横沟，修辞并不能轻而易举地被语法所招安。语法真正的共谋者是逻辑，它们结合在一起才能产生默契而一致的真命题。然而，修辞，德曼引用伯克（Burke）的说法，乃是对语法模式中符号和意义达成一致性关系的某种辩证的破坏，修辞始终是语法的一个捣蛋鬼，对语法而言，修辞总是一个不和谐音；同样，皮尔斯也强调语法和修辞的差别。皮尔斯坚持认为，解释符号并不等于为它找到一个寄居的意义、为它解码，解释符号乃是用另一符号来指代它。这样，对符号的解释势必会引出一串无穷无尽的符号链，皮尔斯称这种"一个符号产生另一个符号"的过程为纯修辞，他以此来区分那种"符号直达意义"的纯语法。

德曼支持语法和修辞之间存在紧张关系的看法，他提出了语法修辞化和修辞语法化两种不确定的表意模式。前者是在一个完全清晰的句法模式里，由于修辞的介入，这个句法却滋生了两种无法把握乃至完全对立的意义，它表明了语法并非单一意义的源泉。语法并不能给文本释义提供可靠的保障，文本也并不只有字面上的意义来源，修辞在此开辟了令人眩晕的指涉偏误的可能性。后者则是在频繁的修辞使用中暗含着语法的力量，隐喻通常依赖换喻而前行，文本在随心所欲中似乎依稀遵循一个语法航向。语法和修辞在一个文本中的相互交涉共同导致了意义的模棱两可性，文本现在是不可知的，它充满着抵牾、矛盾、冲突，总之，它封锁了通达外在意义的道路，语法义（字面义）和修辞义在文本内部展开了一场旷日持久的战争。

德曼就此搞垮了文本的指涉秩序，他断言，文本不再给我们敞开一个确定的意义，阅读所产生的情感恰恰是对文本、对语言的不知所云所产生的焦虑或喜悦，而不是对文本具体所言的强烈反应。德曼几乎是在笼统的意义上使用文本和语言的，这就使得他的说法看起来具有普遍性。文学、哲学、批评，这些都是由语言组织起来的文本，毫无疑问都分享他的理论套路，因此，在最根本的意义上，它们没有什么大的区分，它们都承受着语法和修辞的折磨，它们都不会给人以清晰的意义，而哲学多年来被错误地对待，事实上，它既不昭示真理也不启智，修辞总是在暗中破坏它的逻辑和语法基础，哲学史一直都在掩盖着它的虚假性，从头至尾，哲学都是个骗局。文学无疑老实得多，它承认自己天性中的欺骗伎俩，它承认它内在的冲突和矛盾，它承认它的自我解构本能。这里的重心不再是文学的虚构性了，而是德曼给我们的迎头一击：哲学也是虚构性的。那些打着纪实的旗号，宣称要裸露自己灵魂的忏悔录更是一种虚妄的托词。

德曼将卢梭搁在了他的解构主义手术台上。那也是他的一个批评实践范例。卢梭的意图是对其过失进行忏悔，而德曼则试图证实他的忏悔滋生了一种相反的辩解因素。卢梭在《忏悔录》中回忆他在都灵做仆人的时候，盗窃了一条丝带。当盗窃行为被发现时，他却栽赃给一个女仆，是那个女仆给了他这条丝带，言外之意是她想引诱他，他当众伤害了这个无辜的姑娘。事后，卢梭一直在考虑，这次诬陷将会对这个名叫玛丽永的姑娘造成什么样的可怕后果。然而，在德曼看来，卢梭的忏悔不可避免地导致了它的反面——辩解。因为忏悔是以真理的名义克服罪孽和羞耻，它凭借对事物真面目的申明，凭借对罪感的自我暴露，而获得一种补偿性的心理平衡。然而，在叙述那个情节时，德曼发现，卢梭并不使自己仅仅局限于陈述"实际"上所发生的事情，他还在进行议论，他在强调他忏悔的力度和深度，而这，在德曼看来，恰恰就是一种开脱罪责的辩解，因为忏悔仅仅是一种言词，不是现实中一种实实在在的补偿行为，它通过言词上的自我指责，在事实上摆脱了罪责，甩掉了愧疚。因此，我们实在拿不定：卢梭到底是在开脱、辩解，还是在忏悔？词语的两面性在此暴露无遗：忏悔话语和辩解话语难解难分，它们潜伏在同一段字词之下。

德曼还惊人地发现，隐喻也是卢梭由忏悔话语滑向辩解话语的一个生动道具。故事中的丝带是一个充满魅力的能指——它离开了主人，也就成为一个无依附的能指。这个纯粹的空能指由于被置入一种偷盗语境中，就变成一个交换和联结财富锁链的枢纽，并沿着一条交换路线游动。而卢梭宣称，他正准备将这条盗得的丝带交给玛丽永，于是，德曼有充分的理由相信，这个丝带能指指代着卢梭对玛丽永的欲望，它是欲望的替代品，毋宁说，指代着两人彼此间流动着的欲望。正是这种双向性，使卢梭有理由说这条代表欲望的丝带是玛丽永送给他的，这一诬陷说法无可避免地成为卢梭盗窃行为的又一替代，于是，这里展示了双重替代：丝带替代一种欲望，这一欲望（卢梭对玛丽永的欲望）又被另一种欲望（玛丽永对卢梭的欲望）所替代。而替代恰恰是隐喻的本质，在某种意义上，这一事件正好是一种连续隐喻话语实践，它所产生的辩解结果（卢梭说是因为想把这条丝带送给玛丽永他才盗窃的）严重地损害了忏悔话语的严肃性。至此，德曼再一次巧妙地搬来隐喻证实词语的含混性。

德曼几乎使出了浑身解数——上述介绍不过是这篇典范解构论文的部分手段——阻止卢梭一厢情愿的虚假忏悔。德曼在他的解构式阅读中不放过任何一个可疑点，任何一个细枝末节，正是通过机智地利用它们，德曼使得词语的明确指涉性能陷于瘫痪，意义被悬置了，文本陷入没完没了的内讧中。然而，德曼在挖掘文本的歧义时却充满着自信。他通常使用一种决断的口气，一种毋庸置疑的语调，一种权威修辞。他从一个判断马不停蹄地过渡到另一个判断。他不做说明，不做细部解释，不做确凿论证，甚至不太用关联词句。德曼的写作是坚定的、自信的、有力的、决然的、巧智的，同时又是省略的、偷工减料的、匆匆忙忙的，甚至有时是支支吾吾的。德曼的论文表现出一种简约主义风格，其巨大的智慧蕴藏在一种简短的断言中。他对确定性的极端怀疑，他对事物本身的意外洞察，他拉牵着文本跟随着他前行的力量，他判决对象时流露出的果敢，他对他这项批评伟业的勃勃雄心，在解构主义活动中永远是最耀眼的。

在两种不同的意义上，德曼的写作一直在驱赶历史的幽灵。首先，他从不将历史带入他的批评实践中。对文本而言，历史不是一个功能，不是一个权力源泉，不是一根因果绳索，甚至不是一种稀薄的氛围。历史和文本各自居住在互不相干的家宅里，它们互不骚扰，毫无往来，历史不再是文本的背景，它消失于文本的界域之外。德曼赋予文本以一种巨大的权威感：文本完全依靠自己运转，它饱含一种自足性力量，这种力量以一种自我分解的形式出场，它是文本的一切源泉，就此，历史永远地退场了。在另一层意义上，德曼同样在驱赶他自身的历史，他青年时代（1941年）用反犹主义的论调写过一篇文章，无疑，这种莽撞、冲动、幼稚永远铭刻在德曼的历史上。这样的一篇文章永远抹不去它的历史氛围，永远抹不掉它的指涉意义，它成为德曼的一个历史幽灵，也成为反解构主义者的攻击口实，他们指责解构主义和法西斯主义的血缘关系，这二者一同搅毁这个平静世界，损害这个世界的和谐、统一、平衡。然而，有更充分的理由证实解构主义和法西斯主义的对抗性，法西斯主义将犹太人想象为一个绝对的对立面，纳粹和犹太人各自占据着二元论哲学的一端，通过对犹太人的排斥、区分和等级圈定，纳粹确定了他们的优先性。借助这种哲学迷信，纳粹对其对立面进行一种本质主义的迫害，纳粹主义完全是一种行动中的中心主义哲学。而解构主义正是在不屈不挠地反对等级制、中心论、对立论及其各式各样的派生名堂，它旨在摧毁任何政治迷信和哲学教条，旨在摧毁想当然的仇恨、对抗和冲突——如果说德曼年轻时一度陷入"盲目"的话，那么，"解构"也许正是经由这种盲目而达成的"洞见"。我们有充分的理由相信解构主义有一种潜在的民主政治观。

德曼的一生，是在文学和哲学中徘徊的一生。很少有哲学家像他那样熟悉华兹华斯、济慈、雪莱、荷尔德林和波德莱尔,也很少有批评家像他那样熟悉黑格尔、席勒、尼采和海德格尔。德曼以一种巨大的勇气用修辞理论驾驭这些伟大的名字,他从不跟在这些名字及其庞大的思想后面,他从不对他们俯首称臣。相反,他用他的理论蚕食他们,消化他们,揭露他们,他发现这些思想的秘密,意义生产的秘密,最终,不过是些语言的秘密。

福柯与哈贝马斯之争

福柯与哈贝马斯完全不同。这不仅仅是人们所说的德法传统的不同，也许还包括两个人气质上的深刻差异。福柯根植于萨德和尼采的传统，他将恶之花的危险尝试和狄奥尼索斯的迷狂体验融于一体，进而将自己置于理性鞭长莫及的危险地带，并对既定的现实——无论是道德现实还是政治现实——持有一种执着的怀疑态度，这种怀疑带有一种敏感的气质，而这种敏感却近乎偏执。福柯前所未有地将哲学变成个人的事情，哲学是在探讨个人的极限、可能性和遥遥无期的真理，在福柯这里，哲学就是探讨他自身的秘密。但戏剧性的是，旨在发现个人秘密的隐蔽哲学，甚至可以说是哲学行为，却赢得了最大量的读者，并被一遍遍地呈现在朗朗白昼之下。哈贝马斯呢？在这位哲学家的源头里，尼采作为一个极端的反面教材受到了批判，并被剔除得干干净净，也就是说，这种哲学源头绝对没有超人崇拜和对个人性的鼓吹，他的曲折起源是马克斯·韦伯和马克思。后两者都将个人、将自身置于哲学之外，在马克思那里，个人消逝在生产方式的结构中，在韦伯那里，个人是铁笼中的囚徒。哈贝马斯同样是不折不扣的反个人主义者，无论是他在哲学上的观念诉求，还是他的毫无风格化的哲学措辞，甚至是他目前的政治现实——在所有这些方面，哈贝马斯都被公共性意愿所统摄。福柯相信，知识的作用就是让知识分子个人不断地改变自身,而哈贝马斯相信,知识和知识分子能够促进一个其乐融融的团结社会的形成。福柯将个人的出路放在个人自身孤独的美学改造方面,而哈贝马斯从来就是将个人置于集体的无边无际的交流和商谈中,如同福柯喜欢一次次地单独出没在加利福尼亚那些神秘的夜晚,而哈贝马斯喜欢在各种各样的公众讲坛上领奖或者演说一样。

这种气质上的差异决定了哲学的重大差异,也可以反过来说,哲学的重大差异决定了行为的差异。这两人之间有一场事实性的对话,但是主要的争执隐含在各自的著述中,尤其是在哈贝马斯这里,对福柯的批评毫不隐晦。这种批评涉及他们各自社会理论的核心概念:理性和权力。哈贝马斯是从理性的角度对社会做出诊断,福柯则是从权力的角度对社会做出分析。出发点不一样,结论就不一样;对整个传统——尤其是对启蒙运动和启蒙理性——的估价不一样,各自遵循的探讨途径也就不一样。如果非要为社会开一个药方的话,那么这个药方肯定也不一样。最后,不可避免的是,对未来的态度,无论是哲学态度还是生活态度,无论是乐观的态度还是悲观的态度,也不一样。我们先来看看福柯通过权力对社会做出的诊断,然后看看哈贝马斯的针锋相对的观点,以及由此而来的对福柯的猛烈抨击。

权力和社会

在《规训与惩罚》中,福柯通过权力的变化来描述社会的变化,社会的谱系演变铭写在权力的谱系演变上。福柯正是从权力——权力的形态、实践、活动机制——入手,创造性地将现代社会描述为规训社会。

这一社会理论的基石是权力。在福柯看来,正是围绕着权力的运作机制，庞大的社会组织得以建立和发展起来。整个社会结构盘根错节般地缠绕在权力上面。权力的性质、形态和机制变了，社会结构就随之发生变化，君主制有君主的独特镇压权力，古典时期有针对灵魂的符号——惩罚权力，现代时期则是针对身体的规训权力。也可以反过来说，否定性的镇压权力构成了君主制社会的基本结构，诉诸灵魂的符号——惩罚权力构成了古典时期的社会结构，而规训权力则构成了现代时期的普遍社会结构。权力是社会形态最根本的基石，社会，它的数不胜数的表象、形态、能指，它的无法估算的规模、尺度、范围，最终都可以浓缩和还原到权力的基石这一点上，权力是它们最后的归宿，也是它们最初的根源。权力发生了变化，整个社会组织也随之发生变化。

权力为什么能够成为这样一个基石？为什么能够成为社会结构和秩序的决定性因素？为什么权力的变化引发了社会的变化？为什么规训权力的出现促发了规训社会的诞生？首先，我们发现，福柯的"权力"本身并不是一个本质主义概念，甚至难以为它下一个确切的定义。权力是什么？福柯说："权力不是一个机制，不是一个结构，也不是我们拥有的某种力量；它只是人们为特定社会中复杂的战略情势所指定的名字。"[①] 权力应该被理解为多重的力的关系，不应该在一个中心，在某个最基本的始发处寻找权力的源头，权力也不是某个集团、某个主体的所有物。相反，权力存在于各处，存在于任何的差异性关系中，"权力无处不在，这并不是因为它有特权将一切笼罩在它战无不胜的整体中，而是因为它每时每刻、无处不在地被生产出来，甚至在所有关系中被生产出来，权力无处不在，并非因为它涵括一切，而是因为它来自四面八方"[②]。福柯明

---

① Michel Foucault, *The Will to Knowledge*, *The History of Sexuality*, Volume 1, Penguin Books, 1990, p. 93.
② 同上。

确地抛弃了那种自上而下的压抑、笼罩、涵括、包裹性的国王权力（那种支配性、主宰性和统治性的权力）。权力永远存在于关系中，也可以说，权力永远是关系中的权力。它随时随地产生于不同事物的关系中，这意味着，权力总是变动的，复数的，再生性的，微观的，局部的，细节性的，相互流动和缠绕的。这样，权力充斥着社会的每个角落，充斥着每一种差异关系，充斥着任意的相关物，这些局部的无所不在的微观权力将宏大的主导性权力构型冲毁了。

对福柯来说，这样的权力从来不外在于社会，相反，它深深地根植于社会的每个片段和细节中，权力的变化促发社会的变化，权力的形态——它的力量关系，它的性质、方向、活动机制——内在地构成了社会的形态：社会关系及其性质、方向、活动机制。权力不是处在社会隐晦的底部，不是曲折而坚决地操纵着社会的发展和演变，它处于社会的内部，处在社会的每一片肌理上，从而构成社会内部、社会本身的决定性要素。社会围绕着权力机制而活动，而运转，而成形，它听命于这种权力实践和权力游戏，权力处在社会这个同心圆的最核心之处。正是在这个意义上，我们说，社会的种种表象可以还原到权力的机制上。对社会的诊断可以简约为对权力的诊断，外围最终还原到核心。社会形态正是权力形态同一个层面上的横向扩充，而非纵向的生产和派生结果。

这样，福柯的社会理论对马克思的社会理论构成了一次重大挑战：在福柯这里，社会形态的变化与经济方式的联系极其微弱，福柯排除了劳动、生产方式、剥削和异化在社会理论中的位置，排除了它们在社会理论中的基础性作用。对他来说，社会形态同这个社会的一般权力形态是同质性的，君主权力就导致君主社会，规训权力就导致规训社会，权力形态的变化就导致社会形态的变化。由于权力总是关系中的权力，总是任意两个不同点的权力，总是复数权力和网络中的权力，所以，它天然地就能将社会的诸要素关联起来，将这些要素以"权力"的方式组织起来，进而让这些要素按照权力的形态组织社会的形态。权力具有这种组织天性，因为权力存在于任何差异关系中。只要存在差异，就必定会产生权力，"权力不是某种可被获得、抓住、分享的东西，也不是人们能够控制或放弃的东西。权力通过不计其数的点来施展，它在各种不均等和流动的关系的相互作用中施展"①。哪里有不均等的关系，哪里就会出现权力，权力就具有这种自发性和天生的敏感性。它瞬间生成而且无处不在，这样，社会本身不仅充斥着权力，它几乎就是由权力构成，由权力关系构成。这即是福柯从权力的角度对社会做出的理论诊断。在此，我们发现，福柯很少用封建主义、资本主义或者社会主义等概念来描述历史和社会形态，在他那里，只有抽象的时间划分，只有中世纪、文艺复兴时期、古典时期、现代时期的划分，这些时期同从经济角度或社会经济的角度划分的社会形态并不吻合。从权力及权力关系的角度出发，我们对现代社会的称呼就不再是资本主义，而是规训社会。

对福柯而言，监狱就是现代社会的一个生动隐喻，因为它体现了现代权力的最根本的规训特征，是现代社会形态的精确提纯，社会就是一个在规模上放大、在程度上减弱的监狱。只有在监狱这里，纷繁的社会本身才能找到一个焦点，一个醒目的结构图，一个微缩的严酷模型。而现代个体，正是被这个无处不在的监狱之城所笼罩，个体就形成和诞生于这个巨大的监狱所固有的规训权力执着而耐心的改造之中。个体，在这种权力的干预、生产和造就下，是被动的、他律的、笨拙而呆滞的，最终，这几乎是个无望的个体，悲凉之雾覆盖着他。在这个现代规训社会的舞台上，个体的命运从来都是囚徒式的悲剧。个体诞生在权力机制毫不喧

---

① *The Will to Knowledge*, *The History of Sexuality*, Volume 1, p. 94.

哗的冰冷实践中。

这，就是权力对个体的生产和改造。个体，他的身体，他的灵魂，以及一切有关他的知识，都是匿名权力的产物。权力和个体的关系就是这样一种生产和被生产关系。如果说，在规训社会中，个体是难以抵制权力的，权力对于个体的塑造没有遇到障碍，那么，权力和权力之间是一个什么样的关系？权力之间存在抵牾、冲突和矛盾吗？

福柯毫不犹豫地选择了尼采的权力命题——如果非要为福柯的权力观寻找一个来源的话，也只能到尼采那里去寻找，到尼采的"权力意志"那里去寻找。在"权力意志"那里，权力总是处于关系中，总是处于斗争状态，总是遭到抵抗，且总是表现为战争形式：哪里有权力，哪里就有相应的抵抗权力。

如果权力总是处于关系中，如果权力并没有一种中心性的焦点，如果权力是非主体化和非人格化的，如果权力总是有抵抗相伴随，最主要的是，如果权力并非我们所想象的那样是统治权和法律，相反它贯穿于一切社会微观实践中，那么，福柯有足够的理由用军事关系来描述权力关系，也就是说，根据普遍的战争形式来描述权力。这意味着，战争可能成为权力关系的分析器，权力关系总是一种战争关系，一种军事关系。倘若如此的话，倘若权力关系按福柯的说法无处不在的话，那么，所有充满权力关系的社会形式，所有的组织、分化和社会等级现象，所有事物的根本状态，所有那些民事范畴，在根本上都是战争和军事关系，都属于战斗范畴。换言之，和平的内容都汹涌着战斗的厮杀声，在正义的平衡下面不对称的力量不停地较量，法律的下面流淌着未干涸的血液，一句话，"政治是战争通过另一种手段的延续"[①]。战争应被理解为恒常的社

---

① 福柯：《必须保卫社会》，钱翰译，上海人民出版社，1999年，第249页。

会关系,"是一切权力关系和制度不可抹杀的本质"①,虽然真正的战火熄灭了,但是国家、法律体制、政体以及其他各种各样的社会结构是如何诞生的?它们的建立和完成并非战争的休止,相反,它们,这些政治形式,是战争的延续,是另一种战争。战争在这些政治形式中,在法律中、制度中、真理中、知识中咆哮,"战争,是和平的密码。我们处于一部人对另一部分人的战争之中;战斗的前线穿越整个社会,永无宁息之日,正是这条战线把我们每一个人都放到这个或那个战场上,没有中立的主体。人必将是某个别人的对手"②。

战争关系就是权力关系,或者说,战争是权力的基础和根本形式,如果权力是事物的普遍实践方式的话,那我们也只能说,战争是事物的根本状态。没有完全同等的权力,这就意味着,没有完全平衡和静止的关系。权力实践在每个差异关系中运转,战斗也就在这种差异关系中不停地呼叫。社会和政治再也不是我们所想象的那样平稳、静穆和安宁了,它不是碧波荡漾的优雅湖面,而是翻滚、狂暴的大海浪涛,它从不停止,从不息事宁人。战争没有片刻的休息,以此为基础的权力每一个瞬间都在争执、愤怒、仇视、狰狞和报复,这就是和平的深层定义,也是权力无始无终的游戏方式。战争和权力、肉体和激情、偶然和非理性主宰着一切。这就是福柯权力理论对政治的解释,对理性和真理的解释,对这个世界的解释。战争和权力是永恒的,和平不过是虚构的瞬间。这种权力不是霍布斯的权力,而是尼采的权力。前者将战争视为权力的基础,但这种战争,霍布斯宣称的"一切人对一切人的战争",实际上是有关战争的游戏,对战争的估算,以及这种估算所导致的对战争的回避。

---

① 《必须保卫社会》,第43页。
② 同上书,第45页。

只有尼采的权力,才贯穿着狂热的战争,才充斥着厮杀、争斗、征服、毁灭和血雨腥风。只有谱系学的权力——福柯在《尼采·谱系学·历史》中勾勒了它的诸种功能——才是福柯的权力,它的实质是战争,它埋藏在这一切中,也生产了这一切:国家、政体、理性、和平及真理。"这是社会中永恒的战争……真理作为为了一部分人的胜利而运转的武器。"① 同样的话,在几年前,在关于尼采的一篇文章中,福柯也说过:"这种知识意志是本能、激情、沉湎于讯问的任性、残忍的纯化活动和邪恶。"② 总是要回到尼采,谱系学中的尼采。

谱系学批判

福柯奠基于权力的社会理论的两个观点可以这样表述:现代社会的个体是被权力孤零零地生产出来的,这是个既没有笑声也没有希望的呆滞主体;将战争作为权力的分析器,也就是说,以战争模式分析权力,最终分析所有的政治和社会实践。权力埋藏在这一切关系中,这意味着战争也埋藏在这一切关系中,埋藏在社会和政治的每个区域之中。这两点是哈贝马斯无论如何都不能接受的,他不能接受这样一个麻木被动的悲观主体,更不能接受和平的密码是战争这个了无希望的人类悲剧。如果是这样,交往如何可能?共识如何可能?哈贝马斯的哲学大厦"交往行为理论"如何可能?在福柯那里,任何的差异性关系都是不可更改的权力关系和战争关系;而在哈贝马斯那里,差异性可以通过不断地沟通、交流来达成共识。

---

① 《必须保卫社会》,第252页。
② 《福柯集》,第164页。

福柯在差异性中看到了鲜血的流淌，哈贝马斯在差异性中则允诺了和平的曙光。哈贝马斯当然会对福柯的这种悲观而冰冷的理论提出批评，但是，在批评福柯的具体观点之前，哈贝马斯首先对福柯的方法——谱系学方法——提出了批评。

哈贝马斯指出，福柯之所以提出谱系学，是因为对传统的人文学科不满，尤其是对历史学和解释学不满。福柯的谱系学用自身的三种模式来代替传统的人文学科的三种模式，即用无意义的结构分析来代替对意义的解释，用权力的功能来代替真理的有效性宣称，用价值中立来代替价值判断。总之，谱系学要用客观性来替代相对性，要用科学性来取代伪科学性，要用客观的自然主义来取代人为的规范性，它的根本旨趣是"每一个事件应根据自身的情境得到彻头彻尾的说明"[1]。谱系学要致力于知识的客观性，但哈贝马斯认为，这种努力和旨趣同样存在问题，因为"历史编纂学（谱系学）的不自觉的现时主义使其出发点仍旧是解释性的；与现时有关的不可避免的相对主义分析只能将自己理解为语境式的实践活动；无派性的批评不可能解释它的规范性基础"[2]。哈贝马斯的意思是，福柯宣称谱系学是真正的科学，是知识的客观明证，但这种科学依然是解释性的、语境式的、有派性和原则的。福柯无法证实它的客观性，无法将自己的谱系学凌驾于其他学科之上，谱系学的出发点总是有一种此时此地性。他通过权力形式的变迁来划分惩罚的历史，来区别文艺复兴时期、古典时期、现代时期，这种历史的区分难道不是解释性的？权力形态的变化难道不是在比较和解释中得到澄清？权力怎么可能根据它特有的情境得到解释？总之，它怎么可能消除此时此地的解释学问题？解释学问题消除不了，相对主义问题

---

[1] J. Habermas, *The Philosophical Discourse of Modernity*, Polity Press, 1987, p. 275.
[2] 同上书，第276页。

同样消除不了，福柯的研究将陷入一种自我指涉，而并不具有自然主义特征，福柯要求的真理断言实际上受到话语的限制，而且服务于这种话语的总体性功能，它们的意义仅在于它们的权力效应而非它们的绝对真理自身。同样，权力理论的基本构想也是自我指涉性的，这些都无法使客观的自然主义和科学性贯注于谱系学中，也无法使谱系学凌驾于其他人文科学之上。尽管福柯指责这些人文科学含有隐秘的规范性，但是，哈贝马斯咄咄逼人地问：福柯的谱系学难道没有隐秘的规范吗？尽管福柯宣称，谱系学悬置了规范性，悬置了有关权力合法性的评论，悬置了常见的价值论和教条论，但是，哈贝马斯依然在福柯的字里行间读出了价值判断、偏好、喜爱和主观趣味，尤其读出了福柯的激烈批判，读出了福柯对现代思想、对人道主义面具下的规训权力的抵抗："他的论文从风格到用词都充满了论战色彩，批判语调并不比作品自身更少地主宰着理论。"①

如果福柯真的具有这种谱系学要求——建立知识的客观性——的话，那么，哈贝马斯的批评就是正确的。但是，福柯的谱系学目标、要求和内容是哈贝马斯所描述的那样吗？谱系学宣称它是没有价值判断的，是剔除解释学的，是宣称真理有效性的吗？福柯的话语考古学确实是反解释学的，但是，考古学并不是权力的谱系学。具有讽刺意义的是，哈贝马斯将福柯的谱系学变成了绝对主义的教义，福柯则成为客观主义者，成为绝对真理论的捍卫者，成为中立主义者，而他本人则在福柯的客观性宣称中，看到了福柯全力以赴试图摆脱的相对主义。哈贝马斯将隐蔽的相对主义——现时解释、价值评判、真理的视角——视作福柯厌恶的知识手段，而他本人似乎成为相对主义的信徒，他有效地利用相对主义来批驳福柯的绝对

---

① *The Philosophical Discourse of Modernity*, p. 282.

谱系学。

但是，事实是这样的吗？福柯认为知识谱系学达到了客观性吗？它要同自然科学的科学性媲美吗？哈贝马斯对谱系学的描述几乎是一种虚构，他忘了福柯论及谱系学方法的宣言中的最后一句：谱系学"以知识意志所特有的不公正摧毁认识主体"[1]。福柯从来没有说过知识是公正的、客观的、不偏不倚的，他当然不会将他的谱系学知识排除在外。知识是被权力生产的，它总是一种随时随地的产品，福柯怎么会说他的知识排除了价值判断呢？同样，福柯一再宣称，真理的下面滴淌着鲜血，又怎么会说他的真理性断言是绝对的呢？福柯的确是用谱系学来替代别的人文科学，这种替代也的确意味着他认为尼采式谱系学更有效，更具阐释性，更符合他的世界观，但他怎么会依此推断谱系学是客观知识，并具有绝对的科学性呢？相反，福柯推崇谱系学，正是因为谱系学所具有的相对性，正是因为它的透视式的解释学、基于利益的个人评估和相对真理。福柯选择谱系学，是因为谱系学包含了这些，包含了相对主义素质，而不是因为谱系学是客观和自然的知识。选择谱系学不是要避免相对主义，而是要肯定和强化相对主义；如果说真有什么客观真理的话，那就是相对主义较之绝对主义更为真实。福柯选择谱系学，并非如哈贝马斯所设想的那样是逃避自己的规范性，而是将规范性、将相对主义、将非绝对性置于其他人文科学之上。福柯在哪里、在何时、是怎样说的要追求客观性？哈贝马斯没有引用一句福柯对此所说的话，他选用的福柯引文都不无悖论地表明，福柯是反客观性的。而哈贝马斯却奇怪地将这些引文视作福柯的例外，视作反常话语，视作福柯不经意流露出来的自我反诘。那么，福柯最常见的追求客观性的话语在哪里呢？哈贝马斯一句也没有给出。

---

[1] 《福柯集》，第145页。

哈贝马斯竭力将福柯塑造成一个冰冷的客观主义者形象，然后又指出福柯的意图遭到了重大的挫折：福柯中立的客观主义是不可能实现的，解释学的意义、真理的有效性宣称、价值判断不可能彻底消除，福柯的谱系学意图是灰暗的、有错觉的、麻木的，它"关注客体领域，而权力理论在这个领域中抹去了生活世界语境中互相缠绕的一切交往行为痕迹"①。对价值、意义、有效性这些基本概念的抛弃，使福柯难以考虑交往行为的符号建构，使福柯的经验研究困难重重。哈贝马斯的意思十分明确，即福柯因为局限于事物本身，而排除了事物的一切氛围，一切价值、意义、有效性，最终使事物、使行为、使各种活动彼此孤立、隔阂，从而在根本上颠倒两个经典性的社会理论：社会秩序是如何组织的？个人和社会是如何相关的？

这一问题涉及两个思想家的根本性分歧。事实上，哈贝马斯对福柯的谱系学充满着误解，他说"谱系学退回非参与性的、非反思性的客观性中，退回对千变万化的权力实践的苦行描述中，而一旦如此，它就恰好表现为现时性的、相对性的、暗含规范的虚幻科学，而这正是它所避之不及的"②。这是福柯的权力谱系学？不，绝对不是。权力谱系学恰恰是参与性的，哈贝马斯的描述同福柯的话语考古学倒有几分相像，考古学明确地表示是反寓意的、反解释的，而且（历史）话语之间并没有一种明确的连续性的关系，它们在一个分裂的空间里四处飘散。因为它是反解释的，它当然也排除了价值判断，排除了意义，最终也会排除有效性和规范性。话语考古学，这似乎是哈贝马斯描写的对象，但他不恰当地将它置于权力谱系学的周身。实际上，哈贝马斯对福柯的指责，在一个更大的范

---

① *The Philosophical Discourse of Modernity*, p. 286.
② 同上书，第 275—276 页。

围内，属于他对整个法国的后结构主义的指责，他对福柯的批评，也很像是对利奥塔的批评，在他看来，不论是利奥塔，还是福柯，都错误地理解了上述两个经典性社会理论。这两个经典性社会理论正是哈贝马斯用来批评福柯的标尺。社会秩序到底如何组织？个人与社会到底是如何相关的？这就涉及哈贝马斯的交往行为理论的核心，而这正是他和福柯的权力理论的根本性分歧所在。

交往理性

哈贝马斯的交往行为理论是通过对笛卡尔以来的意识哲学的批判而展开的。意识哲学将人、人的意识，也就是主体空前突出，将主体从客观世界中分离出来，并将他视作世界的中心、基础和绝对性的参照物。主体和客体，人的意识和客观世界，构成一种对立关系，而意识是认识这个客观世界的有效保障。意识（主体）哲学就是将主体和客观世界的关系作为它的主要内容，在此，主体要全力以赴地去认识客体，把握客体，主宰客体，要让客体祛除它的神秘性，工具理性就为这一目标而发展起来。正是在这一祛魅化的过程中，自我形成了："自我是在同外在自然力量的搏斗中形成的，因此自我既是有效的自我捍卫的产物，也是工具理性发挥作用的结果；在启蒙过程中，主体不断追求进步，他听命于自然，推动了生产力的发展，使自己周围的世界失去了神秘性；但是，主体同时又学会了自我控制，学会了压制自己的本性，促使自己内在本质客观化，从而使得自身变得越来越不透明。战胜外在自然，是以牺牲内在自然为代价的。这就是合理化的辩证法，这点可以用工具理性的结构来加以说明，因为这种理性把自我捍卫当作最高目标。工具理性在推动进步的过程中，也带来了许多的非理性，这点在主体性的历史上反映得一目了然。"① 到了晚近资本主义时代,这一工具理性膨胀到了巅峰,忘了它的目标和使命,忘了它的最初意图而独自横行于世。它享有作为方法论的特权,最终作为方法的工具理性主宰着一切。它形成了资本主义特有的科层制,形成了一套僵化的法律、政治秩序、冷漠的制度,对公共生活和公共领域无限地渗透,对生活世界进行殖民化。

在阿多尔诺和霍克海默看来,这些工具理性反过来对人和主体进行了控制。一方面,工具理性的发展——他们将它称为漫长的启蒙过程——揭开了神秘的自然的面纱,使人消除对自然的恐怖感;另一方面,这些工具理性又成为组织人的手段,人在摆脱了自然的主宰后,又陷入工具理性的主宰。工具理性和科技愈是发展,它们对人的统治愈是细致、严密。工具理性将资本主义转变为一个韦伯式的"铁笼",制度依照它的模式而展开。无休无止的利润追求、苦行主义、规范性、效率,所有这些工具理性的素质都变成资本主义的功能性律令,人和主体只能对此被动地适应,只能委屈于这些律令、委屈于这些非人化的手段和方法论——手段和方法论不再服务于他们,而是反过来统治了他们。这样,人性,那种要求和谐而平衡的内心世界的人性,在工具理性的渗透下变得冰冷了,变得标准化、工具化、机械化了,一句话,被"物化"了,"经由包括了全部关系和情感的整体社会的调停中介,人再一次变为社会进化法则、自我原则所反对的东西:他们仅仅是个物类,他们同样在强行连接起来的集体性中彼此隔离"②。这就是工具理性过度膨胀的后果,也可以说是启蒙的恶果。

在对待工具理性的态度上,哈贝马斯和他的前辈阿多尔诺是一

---

① 哈贝马斯:《交往行为理论》,曹卫东译,上海人民出版社,2004年。
② Theodor Adorno and Max Horkheimer, *Dialectic of Enlightment*, Verso, 1979, p. 36.

致的，他们都对工具理性的扩张既忧虑又愤恨，但是他们的应对方案并不一致，这就是哈贝马斯和早期法兰克福学派的分歧。对阿多尔诺而言，先前的社会规范和理想是值得追溯的，那些被资产阶级压抑的有用价值应当恢复。他相信，被奴役的人和主体需要被解救。阿多尔诺不像法国的后结构主义者那样完全抛弃主体概念，相反，主体应以一种扬弃的方式获得再生，这种主体应保有一种完整性，应遵循自己的内心冲动，应是一个反思性的和谐主体，而不再是被动适应的盲目顺从的主体。要出现这样一种和谐主体，除了对工具理性，以及被工具理性全面渗透和主宰的资本主义进行反击外，别无他途。在工具理性的操纵下，启蒙精神有可能播下集权主义的种子，工具理性可能是集权主义的起源。它操纵了一切，无论是文化，还是大众心理，无论是意识形态，还是个体趣味。阿多尔诺称这样一个社会为"管理化的世界"，马尔库塞称之为"单面社会"。在这里，抵抗被巨大而严密的集权黑洞所吞噬。阿多尔诺要恢复这种抵抗的呐喊，要让否定成为这个千篇一律的世界的无调音乐。启蒙不仅仅导致了进步，而且导致了野蛮；它导致了自由，同样也导致了奴役。这就是启蒙的辩证法，治愈它的良方就是否定，对任何同一性的否定，对集权的否定，对资本主义的毫不妥协、毫不辩证的否定。

哈贝马斯并没有沿着阿多尔诺的否定辩证法前行。同阿多尔诺一样，他批判工具理性的野蛮扩张。但是，同阿多尔诺不一样的是，哈贝马斯毅然地同笛卡尔以来的意识哲学决裂，他不想在意识哲学内部批判性地恢复那些先在的价值，也就是说，哈贝马斯要放弃主客对立的意识哲学范式。虽然阿多尔诺反对海德格尔式的主客体其乐融融的原始统一状态，也对主客体的尖锐分离提出批评，但是，他并没有放弃以主客体关系作为探讨中心的意识哲学，他既相信，"主体的一切都应由客体来负责"，同时也相信，"客体，即使衰弱了的客体，也不能没有一个主体"①。这样，他既不能想象那种无差异性其乐融融的主客统一，也无法想象那种截然分明的主客对立，"在正常情况下，主体与客体的关系应该处于人们相互之间以及人们及其对立物之间相安无事的状态。相安无事是彼此不存在支配关系但又存在各自介入的区别状态"②。也就是说，主客体相互区分，这种区分又使得主客体相互交往，而这种交往中并不存在支配关系。

阿多尔诺在此涉及了交往，不过是意识哲学内部的交往，是主体与客体的交往。在哈贝马斯看来，阿多尔诺的所作所为表明，"如果我们只用意识哲学所提供的十分激进的范畴来考察有意识生活的基本过程，我们所坚持下来的也就不过是工具理性"③。只要陷入意识（主体）哲学的泥潭里，工具理性的问题就无法解决，生活世界的殖民化仍将一劳永逸，经典法兰克福学派的僵局难以收场。就此，哈贝马斯放弃了笛卡尔以来的意识哲学，放弃了主客对立的形而上学模式，他从语用学转向中获得了灵感：借助维特根斯坦的语言游戏、借助语用学就可以从意识哲学及其认识论的死胡同里走出来，就可以将主客体的争论弃之不顾。语言既是语境性的，也是表述性的，它涉及理解、交往、社会合作，涉及交往的语境及相互的主体，因为主体是在语言的互动过程中形成的。而且，主体总是以语言的另一主体作为参照物，总是在彼此的互动中形成语言能力和行为能力，哈贝马斯从米德（George Herbert Mead）那里得到启示："个体化不是一个独立的行为主体在孤独和自由中完成的自我实现，而是一个以语言为中介的社会化过程和自觉的生活历史

---

① 上海社会科学院哲学研究所外国哲学研究室编：《法兰克福学派论著选辑》上卷，商务印书馆，1998年，第220—221页。
② 同上书，第201页。
③ 《交往行为理论》，2004年。

建构过程，通过用语言达成相互理解，通过与自身在生活历史中达成主体间性意义上的理解，社会化的个体也就确认了自己的认同。"[1] 这样，主体首先是个说话的主体，是语言主体，而非面对客体世界的观察主体。语言主体相信语言的媒介作用，相信通过语言媒介可以同其他主体相互交流、理解、沟通，同时又可以在这种交流和对话中确立自身。

语用学摆脱了意识（主体）哲学；主体是通过语言媒介在和其他主体的互动中形成的，而不是在和客体的对峙中形成的；交往理论取代了认识论；交往理性不再是工具理性。哈贝马斯反感工具理性，但并不迁怒于理性本身。相反，他对理性的基本价值进行了肯定，并将理性具体化了，也就是说，他区分出几种理性，并指出理性发展的两面性：理性本身确实促使人从蒙昧和权威的状态下解放出来，人们可以像康德所说的那样运用自己的理性达到启蒙，运用理性达成共识而防止那些偶然、愚昧的行为——这是哈贝马斯决不放弃的基本理性价值；但同时，他对工具理性进行了批判，他试图用交往理性来重建声誉不佳的理性，就像阿多尔诺试图用批判（否定）理性来对抗工具理性一样。哈贝马斯相信，只有交往理性才能治愈生活世界的病症，才能冲破那个工具理性编织成的铁笼，因为他的交往理性始终保存共识、团结、沟通、协调等内容，而这些正是科层制和技术化的生活世界中所缺乏的，在那里，只有奴役、专断、隔离和孤独，只有金钱和权力的无休止的殖民化，只有无孔不入的法律渗透，只有冰冷、严酷而又毫不喧哗的制度机器。在哈贝马斯看来，意识哲学中的理性是先验性的，而交往行为理论中的理性是实践性的，哈贝马斯就是要用实践理性——其核心是交往理

---

[1] 哈贝马斯：《后形而上学思想》，曹卫东、付德根译，译林出版社，2001年，第173—174页。

性——来取代先验理性。这一实践理性就是在实践中形成的，就是主体在社会化过程中反复习得的能力。如果说工具理性要求人在生活中遵循某种技术规范的话，如果说理性是遵循技术制度的理性的话，那么，交往理性则承认人在生活世界中按照一定的规则，通过语言进行彼此的交流。这样一种理性是语言的理性，说话的理性，人的行为首先是同语言相关。这些交流不是强制实现的，和谐一致也不是被迫的，而是人和人通过语言的反复交流、互动、沟通达成的。

显然，哈贝马斯从意识哲学向语用学的转向，使他承认语言的媒介性质，并将主体主要视作语言交往的主体，主体间性中的主体，而非一个仅仅面对客观世界的主体。主客关系变成了主体间性关系。在这种主体之间的语言交往中，哈贝马斯特别指出应符合三个规则：真实性，规范性，真诚性。在这三个前提下，语言交往才不是虚假的骗局，才符合大家共同遵循的规范，才应有它的严肃性和认真性。也只有这样，交往才能进行，共识才能达成，理性才得以贯彻，生活世界的殖民化才能被摧毁，和谐一致的其乐融融的团结社会才能建成。

权力和理性

这是哈贝马斯为治疗意识哲学及其工具理性弊端而开出的良方。将福柯的理论同此一对照，我们就会发现，哈贝马斯对福柯的批评毫不令人意外。无论是话语考古学，还是权力谱系学，哈贝马斯都难以接受。

哈贝马斯或许会同意福柯对现代社会的描述，他的"生活世界的殖民化"同福柯的"监狱群岛"，并没有太大的差距，福柯只不过是从权力着手来完成他的研究,而哈贝马斯则是沿着法兰克福学派的传统从理性的角度进行考察的。哈贝马斯和他的老师阿多尔诺都相信工具理性造成了科层制的恶果。权力和理性,这两种不同的研究视角,最后几乎是殊途同归。福柯甚至曲折地承认了这一点:"如果我早一点了解法兰克福学派,如果那时就知道他们的话,我就不会说那么多的蠢话,绕那么多的弯路——实际上,法兰克福学派那时已经打开了通道,两种极其相似的思想没有相互渗透,这非常奇怪,也许,就是因为它们太相似了。"① 福柯显然意识到,这种相似就是他通过权力做出的研究和法兰克福学派通过理性做出的研究的相似:"法兰克福学派的哲学家们提出的问题,至今还在为人们所思考。比如,权力对某种(类型)合理性产生影响的问题。自16世纪以来,在西方人对这种合理性进行了广泛而持久的思考。……现在,我们怎样将这种合理性同界定这种合理性而我们又不再承认的权力的机制、程序、技巧和影响分开?……我们难道不能认定,正是不断地侵越着自由的地盘的理性本身的统治,阻碍了理性实践所承诺的启蒙和自由的实现?"② 这是对阿多尔诺和霍克海默的注解,也是对他们的呼应,同时,也将他的权力和法兰克福学派的理性关联起来:权力和理性密不可分。总之,可以这样说,阿多尔诺、哈贝马斯、福柯对启蒙以来理性所带来的负面效应存在共识:在阿多尔诺那里,是集权社会;在哈贝马斯那里,是殖民化的生活世界;在福柯这里,是监狱群岛。对于阿多尔诺和哈贝马斯而言,这是内在于启蒙的工具理性造成的;对于福柯而言,这是权力实践的演变造成的。如果一切到此为止的话,福柯、哈贝马斯和阿多尔诺并没有太大的分歧——福柯将他的权力机制同阿多尔诺的

---

① Michel Foucault, *Politics*, *Philosophy*, *Culture*, Routledge, 1988, p. 26.
② James Miller, *The Passion of Michel Foucault*, Havard University Press, 2000, p. 336.

理性联系起来，哈贝马斯也赞扬福柯对理性分岔的精妙描述。

但是，问题并没有到此为止。哈贝马斯通过交往的语用学同阿多尔诺的意识哲学分岔了，这是法兰克福学派内部的分岔，是交往理性同工具理性和批判理性的分岔。福柯呢？他或许认同阿多尔诺的启蒙辩证法，但他并不一定认同阿多尔诺的否定辩证法。对后者而言，人和主体依旧是最终目的，否定就是对极权社会的彻底否定，进而将人的自由本质从那个社会中抢救出来。但是，有这么一种人的本质吗？从《事物的秩序》开始，福柯从没停止过对人的概念、本质，或者说，对人性提出质疑，他当然就不会同意以人性为目的的否定辩证法和批判理性了。哈贝马斯和福柯都不认同阿多尔诺的批判理性，但这一丝一毫也不意味着他们达成了一致，正是在对现代社会的评价和解决方案中，二人针锋相对。

我们且回到哈贝马斯对福柯的批评。哈贝马斯将权力谱系学当作话语考古学来批判，将追求客观性的意图强加于权力谱系学上，事实上，福柯的确存在哈贝马斯所说的那种客观性企图，只不过表现在考古学那里。哈贝马斯在认识对象上发生错位，但这并不妨碍他的批判力量，因为无论是考古学还是谱系学，都同他的交往行为理论相去甚远。如果说交往行为理论具有折中意味的话，那么，考古学和谱系学则位于它的左右两边，它们绝不和它相融、统一、交织、并行，它们绝不和它达成共识，这种不相融是全面的，是所有要素、所有内容、所有方向上的不相融。

交往行为理论以语用学为基础。它强调主体和语言的密切关系，语言是从主体那里发出的，它首先是主体的交流语言。福柯的考古学则明确地将主体和话语的联系斩断了，或者按福柯的说法，话语绝不参照任何"我思"。不仅如此，主体在考古学中遭到了驱逐，至多只是话语的产物，而绝不是话语的发出者，话语与主体无关，它当然就不是主体和主体之间的交往媒介，而且，正如哈贝马斯所批评的那样，话语是反解释的，是没有表意功能的，这就脱离了哈贝马斯的交往的一个根本前提：真实性。此外，话语自成一体，它只有自我封闭的界限，同其他话语的联系也仅仅是差异性的联系，而没有语义上的联系，话语和话语之间，不仅仅达不成共识，甚至连达成共识的机会都不存在。考古学在所有方面都是反语用学的。而谱系学呢？它分享了考古学的反主体和反总体性的观点。更重要的是，权力谱系学剔除了语言这一要素，在这里，语言没有立足之地，不论是哪种语言，不论是结构主义的语言，还是语用学中的语言。甚至连考古学中的话语都不存在。这种没有语言——当然就没有交往语言——的谱系学，这种扎根在权力上的谱系学并不否认交往，但是否认语言交往，否认和谐、共识、团结及其乐融融的交往。它承认交往，但从不承认和平的交往。在任何和平的下面，都是战争在咆哮。交往，是权力厮杀的别名，是战争的喧哗形式，是无穷无尽的争吵。交往并不借助语言，只借助冷冰冰的权力，它并不导致最后的握手言欢，而只能将奴役和反抗无休止地延续下去。哈贝马斯的理想是，两种差异主体要通过商谈达成一致；福柯的诊断是，两种差异主体通过权力持久厮杀。这就是权力谱系学与交往行为理论的差异，也是战争与和平的差异。

福柯要么根据考古学使话语与主体和周围的话语绝缘，要么根据谱系学将权力和权力的对峙普遍化，他就是不承认主体和主体、话语和话语之间的协调一致。根据哈贝马斯的理解，福柯之所以如此，就是因为在他的理论中，"意义、有效性、价值等范畴既在经验的层面上，也在元理论的层面上被根除了，在谱系历史学所关注的对象领域中，权力理论抹去了所有生活世界的语境中的交往行为"[1]。对这些基本概念的轻视和批判，在哈贝马斯看来，是福柯的重大失误。如

---

[1] *The Philosophical Discourse of Modernity*, p. 286.

果不承认意义、价值和真理的有效性，不从标准、相互理解过程、交换理论出发，那么，局部的持续斗争何以合并为体制化权力？社会的不间断的斗争状态又如何形成聚合的权力网络？哈贝马斯相信，福柯的权力理论难以解释个人化的形成，在福柯那里，个体总是权力对付肉体的后果，个体为权力一手造就，他是个被动的产品，是权力机器制造出来的复制品。倘若如此，个体化和社会化有什么关系？个体化和社会化难道不是互动和关联的吗？说话的主体、行动的主体的社会化不同时也是个体化的过程吗？福柯将个体同社会的整合机制和交往机制分离了，这里的个体永远被外在的权力孤立和封闭起来，他放弃了自我意志，他不需要承认，不需要和他人的交往及整合，他依然是孤独的单个原子。而哈贝马斯相信，个体只有在社会的整合过程中，才能稳定地存续下来，而且，他还可以在整合交往中保留自我意志、自我决定、自我实现。任何根据道德进行判断和行动的人，都必然期待在无限的交往共同体中得到认可；任何在被认真接受的生活历史中自我实现的人，都必然期待在无限的共同体中得到承认。"如果我作为一个人格获得承认，那么，我的认同，即我的自我理解，无论是作为自律行动还是作为个体存在，才能稳定下来。"[1] 福柯注重谱系学而抛弃了主体哲学，但是他连主体也一并抛弃了，哈贝马斯抛弃了主体哲学（意识哲学），但他并没有抛弃主体；福柯以"人之死"来宣布主体哲学之死，哈贝马斯则以主体间性来走出主体哲学的死胡同；福柯认为主体是权力造就的，哈贝马斯则认为主体是在反复的对话中形成的；福柯认为主体仅仅是知识和学科人为配置发明的，哈贝马斯则认为主体是借助语言媒介而交流而存在的。

哈贝马斯无法接受福柯对价值、意义、真理、标准、规范性这

---

[1] 《后形而上学思想》，第213页。

些东西的抛弃。最重要的是，哈贝马斯无法认可福柯的社会政治现实是战争现实这一观点。福柯相信，所有的关系都是差异关系，都是权力的争斗关系，因而都是战争关系，福柯的观点充斥着浓郁的末世学的悲观调子，最后，他只好诉诸个人隐秘却富于悲剧性的美学改造。而哈贝马斯乐观得多，他的哲学思考始终带有"历史终结"的乌托邦味道：存在一个交往理性大行其道的公正理想的集体性社会终点，哲学就是应该为这个其乐融融的终点勾勒蓝图，并为之保持持续的理论冲动。因此，再也没有谁像哈贝马斯这样同福柯行进在相反的路途上了。在《现代性的哲学话语》中，哈贝马斯同他的主要对手进行了辩论，但是只有福柯让他煞费苦心地花费了两章的篇幅。实际上，哈贝马斯对福柯的批评也是对尼采的批评，因为福柯是尼采不折不扣的信徒，尤其是尼采的权力理论的信徒。对哈贝马斯而言，这样一种谱系学是危险的，它埋藏着非理性的法西斯主义理论种子，哈贝马斯当着福柯的面抨击尼采决非偶然，那么，福柯的回答是什么呢？福柯同样毫不客气："尽管我想多一点地认同他，但当他赋予交往关系一个如此重要的地位，一个我看作'乌托邦'的功能时，我总是有一个疑问。认为存在一种交往状态，其中真理游戏可以自由流通并且没有任何强制性的限制，这样的想法在我看来纯属乌托邦。"①

---

① Foucault, *Ethics: Subjectivity and Truth*, Allen Lane, 1997, p. 298.

《帝国》的谱系和后结构主义政治学

帝国的谱系

"帝国"(empire)是对今日全球权力关系的一个高度诊断性概括。迈克尔·哈特和安东尼奥·内格里断定：种种迹象表明，当代世界秩序正处在巨大的断裂之中。其标志性特征就是，全球化的进程催生了帝国主权（imperial sovereignty）。这里首先需要强调的是，帝国（empire）和帝国主义（imperialism）表明的是历史的两个不同阶段，以及这两个阶段的不同统治形式。现在，帝国主义在衰落和消失，而帝国机器正以新的权力形式在全球运转。新的帝国主权同旧的帝国主义权力发生了断裂。从这点来看，哈特和内格里与他们的左翼同道，在对资本主义现状的判断上出现了分歧。对沃勒斯坦这样的世界体系论者而言，全球化市场从来就不是一个新奇之物，实际上，资本主义从它诞生的那一天起，就在寻求世界市场，也就是说，全球化不过是资本主义市场扩张的一个新阶段，它并不意味着世界秩序的断裂。对阿明这样的左派来说，全球权力关系并没有发生什么改变，不过是资本主义民族国家所固有的帝国主义方式的一种完善，全球权力关系依旧是帝国主义列强对后发地区的宰制。但是，哈特和内格里相信，全球化绝非帝国主义或资本主义的深化，相反，这是一种新的断裂，全球化激励了新的经济权力和政治权力的重组及诞生：帝国秩序正在逐渐取代帝国主义秩序；帝国主义之间的冲突和竞争为一种单一的帝国力量所替代。这就是他们研究帝国的真正出发点："一种新的权利观，或者更恰当地说，一种新的权威描述、一种新的标准制定、一种新的法律的统治工具的设计，所有这些都是对契约的确保、对冲突的解决。"（9）[①]

但，帝国和帝国主义发生了什么样的断裂？帝国是怎样形成的？这到底是怎样的一个帝国和一种帝国秩序？帝国实施怎样的权力形式？又运用了什么样新的生产形式？帝国的权力实践又怎样促成了反帝国的权力实践？

这是《帝国》讨论的主要问题。两个作者简单地勾勒了帝国体制：帝国的结构模型类似于卢曼的系统论（systems theory），它的生成动力类似于罗尔斯的正义论（theory of justice）。具体地说，帝国是对民族国家界线的奋力超越，对民族国家主权的有限压制，它四处伸展，囊括了整个世界，帝国要变成一个权威机器，要确立整个世界秩序的规则，并将这个世界纳入一个充满秩序的等级关系中来。帝国的目光就是这样将整个世界看作一个动态的系统化结构。帝国行动，横跨了所有社会空间；而社会空间的所有运动，都只能在帝国制定的秩序之中找到意义。但是，帝国获得全球性的强大宰制力量，帝国能够制定规则，并不仅仅依靠它解决问题的能力。帝国并不是将蛮横的暴力作为基础，也不是在全球没有名目地仅靠武力而狂妄地驰骋。帝国是在呼唤中出场，是在邀请中成形，"只有被嵌入旨在解决既存冲突的国际共识之链，帝国才能形成，干预才

[①] Michael Hardt and Antonio Negri, *Empire*, Harvard University Press, 2002, p. 9.（本文中以下引文均出自该书，括号中阿拉伯数字为原书页码。）

能在法律上获得合法性……帝国的首要任务,就是扩大共识的区域来支持它的力量"(15)。帝国的干预就这样以国际共识为基础,并写上了正义的名字。帝国发起的旨在解决冲突的战争,就这样变成了正义战争。正义为帝国启动的前提,全球系统为帝国成形的结果。帝国就此成为罗尔斯和卢曼的混成品。这种以正义为出发点,以干预为实际行动,以控制秩序为目标的帝国权力,在两个作者看来,不折不扣的就是警察权力。帝国实践,类似于警察实践。如同警察权力要深入社会生活的各个角落一样,帝国现在实施的是福柯式的生命权力(biopower),这种权力触摸到社会关系的各个方面,触摸到民众的意识和身体,社会肌体既由这种权力关系构成,也被整个地纳入这种权力关系中来,并由这种权力关系生产而来。

两个作者详细地勾勒了帝国主权的诞生过程,即帝国主权的谱系学。这一谱系学的源头是欧洲现代主权。现代主权形式同欧洲现代性一道发展而成,它是欧洲现代性危机的产物——现代性从一开始就携带着自身的危机、冲突和争斗:内在性(immanence)和超验性(transcendence)的冲突及争斗。一方面,现代性以人文主义为开端,尊重处在内在性层面的个体的激情、爱、欲望和冲动,这种冲动注定会引发各种秩序和权威的危机,引发超验性的危机。显然,高高在上的秩序和权威难以容忍这种激情与冲动。这样,内在性和超验性的冲突成为现代性的固有素质。为恢复秩序,为解决这种现代性的危机,旨在制服内在性的新的超验性就被建立,二元论再次出现。但是,新的超验性再也不是中世纪的本体论意义上的上帝了。现在,在哲学上,它是笛卡尔的理性。在政治上,它是霍布斯的利维坦。无论理性还是利维坦,都是功能性(而非本体论)的超验工具,都是对激情的控制。霍布斯借助国家主权之力(上帝之力已经遭到了怀疑)来控制人和人的野蛮争斗。现代国家就借此形成,并成为主权的承载者。霍布斯断定人类的普遍性状态就是战争状态（激情内在性的必然要求），要解决这种没完没了的冲突，只有每个人都把自己的权利交出，让渡给一个超验性的利维坦，从而结束那种无尽的野蛮纷争。这个庞大的利维坦因为是契约性的，不是神授的，所以也是现代的主权形式。它是超验的，因为它管控着内在激情；它是代表性的，因为它反映了每个不愿战斗的人的意志。现代主权就这样将超验性和代表性融为一体。这，就是现代绝对主权制的诞生。它是解决内在性的乌托邦力量的暂时方案。实际上，卢梭的社会契约论同霍布斯的利维坦一脉相承，在卢梭那里，个体同样放弃了自己的权利，不过他不是让渡给了君主，而是一个社会总体，一个"公意"。但是，这个"公意"代表了个体的意志，正如君主同样代表了个体的意志一样。因此，君主，这个"尘世的上帝"，同那个"公意"，同卢梭的那个"绝对的共和党人"并无二致。不仅如此，随着资本主义的发展，经济在锻造现代主权的过程中也发挥了很大的作用。亚当·斯密的"看不见的手"也是现代主权的一个源头，在这里，现代国家的政治超验性被经济超验性所取代，资本在呼唤新的主权，现代国家的主权必须维护和适应资本主义的发展。而将霍布斯-卢梭的政治超验性和斯密的经济超验性统合到现代国家主权内的正是黑格尔。到了他这里，主权就开始成为统治整个社会的一架庞大机器。

这是解决现代性内在危机的第一个主权方案。要解决这种危机，还有第二个主权方案，这个方案围绕着民族的概念而建立。由于资本主义的迅速发展，第一个方案越来越失去它的有效性，也就是说，君主主权无法容纳生产力的发展，后者要冲破它的外壳，这样，君主主权显示出它的衰败性。民族国家主权开始取而代之。现代民族国家以民族的想象性认同代替了君主的想象性认同，它通过民族接过了父权-君主国家的超验框架，新的超验性的民族国家主权解决了专制式的父权-君主国家的主权危机——后者已经不适应新兴的资本主义经济的发展了。在此,父权-君权的统一体让位于民族的统一体;臣民秩序让位于公民秩序;君主的神圣之体让位于民族-领土的神圣之体;君主国家让位于民族国家;现代君主主权让位于民族国家主权。民族国家作为适应新的生产方式的主权形式从君主国家中孕育而出。民族国家的认同基础是"血缘关系的延续性、领土的空间连贯性和语言的共有性"。民族国家之间存在一个截然分明的领土边界。它们的主权只是在一个封闭的空间中落实。无论是君主国家还是民族国家,都是解决欧洲内部现代性危机的超验方案,它们从欧洲内部来创造出纯净的人民。

但是,欧洲现代性从一开始就同殖民主义相伴随。这是现代性的另一面,也是欧洲对欧洲外部的殖民,"殖民主义是一部生产同一性和他者性的抽象机器"(129),它将被殖民者视为原始而卑贱的他者,并在两者之间划出界线分明的沟壑,进而将这种差异性沟壑推到极至。从这个角度而言,在欧洲内部,主权形式以一种超验性力量来控制内在的激情;在欧洲外部,它则通过划分严格的空间界限来控制不驯服的他者。这就是欧洲民族国家主权的两种性质。显然,这两种性质的共同特点正是现代性内在的特点:二元对立。在内部,是超验性和内在性的对立;在外部,是自我和他者的对立。这两种对立,都是统治和反抗的对立,是秩序和反秩序的对立,在此,主权置身于超验性空间,对内在性进行压制性的统治。

后现代主义和后殖民主义正是可以置放在这一语境中来看待。后现代主义被看作对现代性的批判,如果考虑到现代性是超验性和内在性的对立的话,那么后现代性的批判锋芒直指超验性,而不是内在性。也就是说,后现代性挑战的是现代主权传统——现代性中的那个超验形式,它一定要打破二元对立的主权秩序,并释放内在性。同样,后殖民主义挑战的也是二元对立的殖民主权,它要将殖民主义的严格边界和空间沟壑搅毁,并用差异性来取代殖民主权的控制和压迫逻辑。后现代主义和后殖民主义不约而同地将民族国家主权的两个僵硬的统治方面作为靶子，从而努力激活流动性、差异性和混成性。

但是，由于全球化的来临，民族国家开始衰落，殖民主义逐渐式微，现代主权随之也式微了。因为，现代主权的两个基本前提已经不存在了：民族国家的衰落导致民族国家内在的超验主权的衰落，殖民主义的式微导致民族国家的殖民主权的衰落。因此，后现代主义和后殖民主义的批判靶子直接指向了过去，指向了已经衰退的现代主权，而对今天的权力现实和权力秩序却无动于衷。从这个意义上来说，后现代主义和后殖民主义所信奉的差异性政治没有任何现实的批判效果，却反倒预示了新的主权——帝国主权——来临的迹象，因为，哈特和内格里所提及的关键性的统治秩序——帝国主权——同样是一部包容差异性的机器，它同样是对现代主权的两极对抗性的抛弃。从这个角度来说，后现代的主权就是帝国主权，正如现代主权是民族国家主权一样。帝国主权在今天来临了。它正是民族国家主权衰落之后的新的全球控制秩序。这也是今天全球化时代的权力秩序。这种帝国主权——哈特和内格里倾向于将它称为后现代的主权形式——同现代民族国家主权相比，有什么特性呢？

"或许，帝国主权最基本的特点是，它的空间永远是开放的。"（167）它打破了内外之分，这就是它与民族国家主权和殖民主权的根本不同之处。对民族国家而言，主权总是在一个封闭的空间内实施，"一般来说，对现代主权的构想是建立在一片（真实的或想象的）领土，以及这片领土同外界的关系之上的"（187）。就现代主权的这种关系构想而言，公民秩序对应于自然界的外部秩序；理性世界对应于欲望世界；文明世界对应于原始世界；私人领域对应于公共领域；单一的主权力量对应于他者的主权力量。现代主权的前提就是严格的二元界限，它的运作就是在这种紧张的二元关系中展开，并以其中的一元来驾驭另一元。现代主权从一开始就是对现代性的内在性和超验性冲突的回应。现在，现代主权的所有这些界限，这些内外之分，在新的帝国主权中，在后现代社会中，都开始消失了、模糊了。福山所谓历史的终结，只是在这个意义上，在现代主权固有的一系列的内外边界的划分方面的终结。后现代的帝国本身拆毁了这种封闭空间，让内外之分的界限趋于模糊，界定现代主权的他者已经濒临破碎，帝国主权没有一个外界，没有一个强有力的与之对立的外在敌人。

哈特和内格里从种族主义的角度，进一步细致地论证了帝国主权和现代主权的实践差异。现代主权以种族的生理特征为区分界限，不同的种族位于这条界限的截然分明的两侧，它们的关系是排斥性关系。每个种族保持自己的封闭空间，种族排斥以生理的区分为基础。但是，后现代帝国权力的种族主义的方案完全不同，它甚至借用了现代反种族主义的观点。它不会采取排斥性种族主义，而是采取差异论式的种族主义（differentialist racism），即"没有种族的种族主义"（racism without race）。这就是说，帝国现在不是从生理而是从文化的角度来看待种族差异，各个种族都被纳入一个帝国空间内，种族现在被看成文化的建构，种族的差异是文化差异的结果。既然每种文化都要保持自身的独特性，各个种族也就应该有自身的独特性。帝国就这样在自己的无限领域内招纳了文化多元主义，它将不同种族招纳其中。但是，这些种族，正如生产它们的文化一样，保有各自的独特性，实际上，不同的种族在一个无限大的帝国空间内却保持着隔离——社会隔离原则并没有被帝国所抛弃，只是在吸纳之后再度实施控制。

实际上，帝国主权对待种族的方式，也是它一般的权力运作方式。这也是帝国的三项律令：包容、区分和操纵。开始，帝国在其疆界内欢迎和包容一切；此刻，帝国对差异视而不见，它是一个普遍融合的机器。接下来，帝国开始了区分阶段，各种被接纳的差异是文化性的、偶然的，它们不会对帝国核心共识产生威胁。因此，帝国不会强行抹擦这些差异，而是对之进行颂扬和鼓励，让这种差异落实下来，让差异作为一种常态存在下来。在确定这些差异之后，也就是说在区分阶段之后，帝国根据总的经济要求再对这些差异进行操控和等级分化，"在一个有效的控制机器中确认它们和安置它们"(200)。帝国主权就是通过这样的程序来施展的。

帝国大度地包容一切差异，它就这样拆毁了各种藩篱。就空间而言，帝国主权的标志，在哈特和内格里看来就是世界市场，"在世界市场之外再无其他，整个地球都是它的领域"(190)。世界市场正是要冲毁一切的壁垒和障碍，要填平现代性的一切沟壑。正是世界市场的这个冲动，导致帝国空间是平滑的（smooth），是一片连续的、统一的空间（a continuous, uniform space）。现代性的危机——这些明确的、为一系列的二元对立所界定的危机——开始让位于帝国世界的危机，由于这个帝国世界是连续性的、包容一切的，帝国的危机就不是明确界定的，它既是隐秘的，又是无处不在的。

主权的根源同现代性的内在危机相交织。从绝对君主的现代主权到民族国家的现代主权，再到后现代的帝国主权，这即是主权的谱系学。哈特和内格里从政治思想史的角度论述了主权的谱系进程。他们勾勒了主权的几种历史形态和实践方式。但是，这几种主权的变革根源是什么？帝国主权形成的内在动力是什么？现代主权是在怎样的历史场景中向帝国主权转化？哈特和内格里相信，帝国主权诞生在资本主义经济危机中，正如民族国家主权诞生于资本主义开端一样。他们将主权转变的动力置于经济生产方面。如果说，作为政治形态的帝国，其先驱是民族国家，那么，作为生产形态和资本运作形态的帝国，其先驱则是帝国主义和垄断资本主义——帝国和帝国主义不仅仅是对特定政治形态的表述，也是对特定经济形态的表述。这样，在哈特和内格里这里，帝国主义和民族国家一定有一种重叠，或者更准确地说，民族国家在它的后期阶段采用了帝国主义的形态。民族国家的帝国主义是帝国来临的预示，帝国诞生在帝国主义的废墟中，它是对帝国主义固有危机的解决。帝国的解决之道，并非对帝国主义的延续性修补，而是同其政治经济秩序的全面断裂。这种断裂，也是后现代性同现代性的断裂。帝国同后现代性寄生在一起，正如民族国家同现代性寄生在一起。现在的问题是，帝国主义爆发了什么样的危机，以至它被迫向帝国转化？它们的断裂鸿沟出现在历史之流的哪一个节点？为此，两个作者将目光投向了帝国主义式的资本主义经济生产。

而这，无论如何，必须从市场、资本和扩张出发。两个作者借用了经典马克思主义作家对资本的分析。无论是马克思还是罗莎·卢森堡，都发现了这样一个事实：资本的内在本性就是要创造出一个世界市场。资本必须扩大领地，越出它的疆界，拓殖新的流通领域，融会新的空间，接受外在环境的滋养，否则，资本自身难以为继。因为，在一个有限的封闭空间内，资本和剩余价值的再生产也是有限的，在此，资本很容易撞到它的极限。这样，资本就要不断扩张，不断地将它的外在空间、将非资本主义环境和地域资本化，不断地将非资本领地内在化，结果是，资本的外界不断被侵蚀，资本就要永无休止地寻求外界。（这也预示了资本主义的最终灭亡，因为资本会将整个地球空间都置于它的魔爪之下——资本扩张终究还是会碰到极限。这样，真正的危机就产生了。）资本的本性是一定要走出其窄门，并采用帝国主义的抢劫和偷盗（对原材料和劳动力的双重洗劫）方式，这样，资本主义和帝国主义必定会携手而行。任何资本主义的扩张一定携带着帝国主义的邪恶，邪恶的扩张，即是资本主义式的帝国主义的本质。

这种扩张最终走向了垄断，而这便是列宁的批判出发点。垄断不仅是帝国主义资本扩张的新阶段，同时还是帝国主义殖民统治的新阶段。在这个阶段，欧洲的民族国家采用帝国主义方式将内部矛盾输送到殖民地，而这种殖民统治，反过来则限制了资本的扩张和流通。"竞争是资本的基本运作和扩张方式，但是，在帝国主义阶段，它随着垄断的增加而成比例地衰退。帝国主义，因为其独断性贸易和保护性关税，由于其国家化和殖民化的领土，在不断地施加和强加一些牢固的边界，阻碍或引导着经济、社会和文化的流动。"（233—234）帝国主义实践实际上对资本流通造成了限制，它阻碍了资本主义世界市场的实现。帝国主义最后成了注定要不断地流动的资本的敌人。这样，资本反过来要克服帝国主义的门户限制。资本之流的伟大本能，是帝国主义向帝国转化的发动机。只有平滑和连续的帝国，才能恰当地满足资本的内在要求。哈特和内格里在这里似乎暗示了资本的三段论：资本的空间扩张导致了帝国主义的诞生；帝国主义在发展中走向了垄断，垄断反过来则为帝国主义的消亡埋下了祸根。结果就是，帝国代替了帝国主义，重新为资本之流打开了通途。

这是资本在隐秘深处呼唤帝国。实际上，帝国主义的悲剧命运在第一次世界大战和 1929 年的经济危机中得到了揭示。资本主义在危机中必须被改造，真正的改造使命落到了美国头上——这就是罗斯福"新政"，"新政"使超越帝国主义的进程开始具体生根。这种融泰勒主义、福特主义和凯恩斯主义为一体的新政开始摆脱帝国主义，驶向帝国。按照哈特和内格里的分析，新政直接导致了一个规训社会的产生，这个规训社会不仅是一个统治性的政体，还是一个生产性的体制，"一个规训社会就是一个工厂社会"（A disciplinary society is thus a factory-society）。"在一个规训社会里，整个社会，连同其所有的生产和再生产，都服从资本和国家的要求"(243),"新政"因为其规训方式而得到了其他资本主义国家的认同,并迅速地传到全世界,到了60年代,这种模式进一步被完善而达到顶点。

这种新政导致了三种后果:解殖民化,这导致了世界市场的重组,新世界市场必须消除旧的疆界和旧的等级,新的等级由美国来制定;生产的去中心化,跨国公司在全球的每一个角落建立起来,并与后殖民民族国家相互影响,各种全球流动重新开始活跃;新国际关系框架得以建立,这使规训体制在全球范围内传播,全球的工厂社会和全球的福特主义可能出现,这就使得被规训的工人主体(因为福特主义的高薪)可能在全球范围内交换和流动。这一切,都抛弃帝国主义的垄断行为,一个新的水平面(相对于帝国主义树立的"栅栏")的世界市场势在必行:在此,工人和资本都逃脱了封闭的僵化线条。他们在一个世界市场内流动,在流动中安置自己。这个过程,也就是截然分明的垄断帝国主义向空间流动性的帝国的过渡。

资本的流动本性势必要埋葬垄断的帝国主义,"新政"所产生的规训社会导致了封闭的帝国主义向全球帝国转变的可能性,但这些并没有直接呼唤出一个帝国。实际上,全球工人的抵抗和无产阶级的斗争最为直接地促进了帝国的形成。哈特和内格里相信,到了60年代,新政资本主义会造就一个相互连接的无产阶级统一体。它包括农民、殖民地的无产阶级、资本主义国家的产业工人。这些阶层巧妙地利用了规训时代:全球性的规训流通使他们的斗争能够相互汇合和呼应,并反对同一个敌人——国际规训秩序。规训不仅使全球性流动成为可能,也使得全球性抵抗成为可能。全球规训使局部性的分散抵抗吸纳为整体抵抗。规训的普遍化导致了抵抗的普遍化:分散的抵抗力量凝结为一个整体,并形成一支国际性的无产阶级力量,它们在政治上保持一致。这使得第一世界和第三世界的划分失效，斗争跨越了区域而在各地被同时均匀地点燃。需求和愿望被重新提出，父辈们安于规训生活的理想在年轻人这里死掉了。取而代之的是灵活的创造性动力，以及非物质性的生产形式。这是新斗争者的愿望，他们将抗议的怒火在全球累积起来，并让规训资本主义摇摇欲坠。作为斗争主体的无产阶级，迫使资本主义改造自己的结构。规训成为规训资本主义的掘墓者。历史中的这样一幕就此登场了："生产的重构，从福特主义到后福特主义，从现代化到后现代化，都源于新的主体性的兴起。"（276）资本主义必须抛弃福特主义的规训，它不得不转变生产方式来重新统治新的主体，哈特和内格里将这种统治危机引发的新的生产形式称为后现代化，或者，生产的信息化（postmodernization, or the informatization of production）。

　　后现代化生产当然是就现代化生产而言的。这是中世纪以来出现的第三种生产模式。第一种模式是农业生产，第二种模式是工业生产——其最后形式是福特主义，第三种模式就是后现代化生产，其标志性特征是服务和信息占据着生产的统治位置。在此，生产就是服务。在主要资本主义国家，工业生产（现代化生产）从70年代开始向服务业（后现代化生产）转化，"服务业涵盖了一大片领域：从健康、教育、金融到交通、娱乐和广告。这些工作绝大多数是高度流动性的，并需要灵活的技能。更重要的是，它们具有这样的普遍特征：知识、信息、情感和交流扮演着核心角色。在这个意义上，很多人将后工业经济称为信息化经济"（285）。如同在生产的第二阶段，所有的生产（包括农业生产）都趋向工业化，在这个第三阶段，所有的生产（包括工业生产）都趋向服务业生产和信息化生产。显然，现代化的工业生产同这种后现代化的信息生产或者服务业生产判然有别：前者在生产和消费之间的交流是僵硬的、机械的、配置的，后者的生产和消费之间充满着自由而灵活的交流；

前者生产的是物质性产品,是一些耐用品,因此是物质性劳动,后者生产的是非物质性的产品,如服务、文化产品、知识或者通讯,因此这种生产可被称为非物质劳动(immaterial labor);前者的生产在地理上是高度中心化的,劳动力在这里趋于集中,工业大城市也就此聚集而成,后者则是戏剧性地非中心化的、反地域化的、流动的,由于通讯和信息的便捷,工业工厂和工业城市趋向解散;前者的生产组织方式是工厂围墙之内的流水线,后者的生产组织方式则是无迹无踪的平滑网络。

哈特和内格里将这种网络生产描述为帝国的主导生产类型。显然,跨国公司是这种生产的直接实践者和推动者,信息生产内在于跨国公司的本性,这二者交织在一起。由于建立了广泛的交流网络,使技术、资本、商品和人口进行跨国交流,跨国公司现在超越了民族国家的宪法权力,而倾向于自我管理和自我统治。民族国家的权力确实遭到了摧毁,但国家并没有消亡,而是将其固有的高高在上的超验权力和内聚权力转移到另一些层面,转移到一些分散的、局部的、专门的层面,转移到跨国的水平层面。民族国家权力被迫适应流动的资本和跨国公司,并逐渐向全球的跨国权力转移,单一的民族国家体制逐渐向帝国体制转移,现代权力体制逐渐向后现代权力体制转移。哈特和内格里相信,这种转移实际上是民族国家的混合体制(mixed constitution)向帝国的杂交体制(hybrid constitution)的转移:"司法构成,制度的保障机制,平衡的规划,都沿着两个轴线从现代向后现代转移。"(317)这个新的全球权力呈现出金字塔结构:在塔顶是一个全球的超军事霸权;在第二个层面上是控制全球货币的一群民族国家;在第三个层面上是一些控制文化和生命政治的联合体。这就是全球权力的景观。权力超出了民族国家的范围,开始在全球施展。而民族国家在这种全球流通过程中,变成了流通的过滤器和规范的执行者。

跨国公司将民族国家权力削弱，资本则将主权削弱。这都是迈向帝国进程的必然现象。实际上，资本和现代主权天生矛盾。资本的本性是流动的，是德勒兹意义上的解域化（deterritorialization），它是内在的，要冲破任何的疆界，在全世界不知疲倦地渗透，而主权总是倾向于封闭的、超验的，它是对社会流动的编码、分层、定形，是对秩序的稳固配置。这样，主权和资本的固有冲突，贯穿了现代性的全部历史。尽管在特定的历史阶段，主权可能会促进资本的运作，但最后总会成为资本之流的限制。帝国主权就是要克服现代主权对资本的冻结僵化，将现代主权对资本的超验锁链斩断。帝国主权转向了内在性——同资本运作的内在性相匹配。现代（民族国家）主权，其统治方式是福柯式的规训，即通过设置各种各样的边界，设置各种各样的机制（dispositif），设置各种各样的紧闭空间，现代的超验主权将整个社会辖域化，并生产一种稳定的主体性和稳定的身份。但是，这种稳定的疆界，这些层出不穷的封闭机制，这些各式各样的规训手段，在后现代的信息生产阶段，在资本大肆流动的趋势下，已经开始发生变化。在新的条件——哈特和内格里称之为控制社会——下，规训并没有消失，只是从空间上来说，规训的疆界更少限制，各种规训机制发生了融合和杂交。在从规训社会（disciplinary society）向控制社会（society of control）的过渡中，"规训社会的超验性要素衰退了，而内在方面增加和普遍化了"（331）。同样，管理和监控也发生了变化，现代主权的管理是整合性的压制，帝国主权的管理是分散性的对差异的控制。现代主权的监控是规训，帝国主权的监控是生命政治控制（biopolitical control），"其基础和对象是生产性的民众，这些民众既不能被体制化，也不能被规范化，但必须被管理，即便是以自主的形式。人民这一概念，不再表示监控系统中的被组织的主体，人民的身份，因此被流动性、弹性和永恒分化的民众（multitude）所取代"（344）。在帝国的控制社会中，规训被杂交化了，它生产出来的就是杂交主体性（hybrid subjectivity）。从超验性规训到内在规训的转移，从封闭性规训到杂交性规训的转移，从压制性的规训到对差异的控制的转移，同从民族国家的混合体制向帝国的杂交体制的转移相匹配。这也是民族国家、市民社会和现代主权衰落的过程，也是资本流动、全球化趋势、世界市场形成、信息化生产和帝国主权的构造过程，也是帝国主义的民族国家向空间平滑的帝国转化的过程，从根本上来说，是现代性向后现代性转化的过程。

后结构主义政治学

我们看到，《帝国》是一部宏大叙事之作——这多少同它的后结构主义志趣相抵触。作者立意将这本书看作德勒兹与加塔利《千高原》那样的结构松散之作，并希望读者可以从其中任何一章进入。但是，这基本上是一种矫情的说法，事实上，这本书结构严谨，帝国诞生的叙事链条环环相扣，所有的空隙都被精心地缝合了。这绝不是德勒兹或罗兰·巴特式的并置拼贴，也不是福柯式的反源头的谱系学探究。相反，这是一部严肃的历史推理之书，历史在黑格尔式的因果之链中展开。现代性和资本主义的历史，都是被一个主导叙事的线索所垄断的历史。帝国的形成并非历史的一个偶然失误，而是历史之轮的必然终点。两条平行的轨道，将现代性的开端作为起点，一并通往帝国之终点：理论上的政治之轨和生产上的经济之轨，它们犹如历史进程中和谐的二重间奏，遥相呼应。这就是今天的帝国秩序——全球化的政治经济秩序——的双重来源。

这部包罗万象的著作，正是有了这两条线索，才不至于让人眼花缭乱。四个世纪以来的欧洲现代性积累，被整理成一个危机丛生的规划，而《帝国》正是校正和解决这个危机的最后现实。同哈贝马斯的意见相左，哈特和内格里相信，现代性已然终结了，帝国与后现代性寄生在一起登场。今天的全球秩序就是后现代的帝国秩序。从后现代性的角度来打量《帝国》，这无疑是后结构主义——它是形形色色的后现代性的哲学根源——开始的政治经济学冒险。后结构主义常常被认为是对政治经济的逃避，尤其被认为是对当代政治的逃避。但是，《帝国》使人们的目光重新转向了30多年前的法国哲学著述，并且以一种新的角度重新激活了它们。这是后结构主义的重读：对现代性的重读，对马克思的重读，对政治经济的重读。这个重读，这个政治经济冒险，现在看来已经取得了巨大的成功：《帝国》引发的波澜依然在全球知识界激荡。

这也证实了后结构主义——尤其是福柯、德勒兹和德里达的理论——的内在活力，作为一个哲学流派，它在别的领域依旧威力无穷（几乎所有人都领教过它在文学领域中的影响）。后结构主义，或者更广义的后现代理论的主要的批判矛头直指形而上学的思维模式。福柯、德勒兹和德里达，都对哲学中的超验主义，对哲学中的柏拉图主义，对哲学中的漫长的二元论传统和根深蒂固的本体论历史进行了攻击。福柯用谱系学攻击了稳固的历史溯源论，德里达用延异来搅毁逻各斯中心主义，德勒兹用"根茎"思维来对抗树状思维。毫无疑问，《帝国》全盘吸收了后结构主义对旧哲学传统的超验性欲望的攻击。但是，它将这些纯粹的理论攻击，创造性地转换到历史和社会领域中来。它将整个现代时期——在《帝国》中，哈特和内格里将其开端限定在16世纪至17世纪——的历史现实，描写为一个政治性的二元结构，这个二元结构，同德里达等描写的哲学二元论具有惊人的同构性。历史似乎是哲学思维的一个实际演绎，历史和理论在此保持一种隐秘的默契。哲学上的二元对抗，在《帝国》这里，成为现代性历史中内在性和超验性的固执对抗。这种对抗是超验性的国家主权和内在性的个体激情的对抗。这种对抗一再促发现代性的危机。历史就在这种危机中前行：危机既可能启动历史，也可能终结历史。现代性的历史，就是一直被这种危机苦苦折磨的历史。对《帝国》而言，现代性，只是在危机的意义上才能被真正地理解。霍布斯以来的现代时期的主权和民众的对抗，不过是笛卡尔以来的现代哲学的二元对抗的现实翻版。二元论在这里既铭写在哲学中，也铭写在历史中；它既是哲学的危机，也是历史的危机。哈特和内格里的"帝国"（这个词实际上是策略性的，它是对一种崭新的全球境遇的命名，它和我们通常理解的帝国概念是不同的，因为，"现在"绝非对过去的往复式的循环）是历史的一个巨大转折，它开始摆脱现代性的核心危机：超验性和内在性的无休止的烦扰对抗，外部空间和内部空间的森严对抗。新的"帝国"秩序，将深层的政治空间扭向平面的政治空间，将里外对峙的分割社会扭向滑动的景观社会，正如德里达和德勒兹的后现代性摆脱了现代性的二元对抗，将一个深度的哲学空间扭向一个平面的差异空间一样。

《帝国》政治学的后结构主义视角，自然将罗尔斯和哈贝马斯请出了历史舞台（内格里在一次访谈中明确了这一点）。是德里达、福柯和德勒兹的综合（在这本书的一个注释中，作者将他们三人联系在一起并表达了敬意），对当代进行了诊断。在《帝国》中，德里达、福柯和德勒兹被两个作者大胆而灵活地运用。德里达将西方传统神秘化为二元对立的传统，这个传统被《帝国》拾起来，并将政治传统也塞入这种二元框架之中。帝国中的政治现代性一开始就同德里达的哲学现代性交织在一起：现代主权的对抗模型完全匹配于德里达的形而上学模型。政治史在哲学的凹巢中驯服地爬行。德里达拒绝超验性的耐心（再也没有人比他更耐心了）化作了《帝国》执着的历史使命。德里达剥落一个漫长的西方传统，具有一种哲学上的小心翼翼。这种小心翼翼，在《帝国》这里，则转化为大刀阔斧式的坚定政治，现代性传统的历史事实侧面——它同哲学具有结构上的一致——被流畅地暴露出来。毫无疑问，"帝国"，在政治现实的层面上同德里达保持着哲学的呼应，二者一并宣告了形而上学——无论它出现在哪个领域——的终结。但，形而上学的终结并不等于历史的终结，历史还要以一种非形而上学的方式行进。德里达审判过福山的历史终结论，后者被认为是基督教末世主义的余音。在德里达看来，历史当然会在挣扎中前行。在《帝国》里，民族国家主权和帝国主义（政治经济领域的形而上学表征）衰微了，或者说，终结了。福山的历史终结被《帝国》改造为资本主义现代性的终结。福山在德里达那里受到的挖苦是直接的，但在《帝国》中受到的批判则是迂回的、反讽性的。历史的终结，对于福山来说，恰好是充斥着自由民主传统的现代性的完胜，是这种现代性在全球画上了一个得意扬扬的胜利句号。但在《帝国》中，历史的终结就是现代性的失败，是衰微，是最后的气息奄奄，现代性的句号表达的是失败。福山以现代性的完胜拒绝了后现代性政治，但《帝国》恰好是要开创一种对抗性的后现代政治。历史不是终结了，而是在向着一个新方向重新启航。《帝国》和德里达都拒绝了福山。但是，德里达对今天的政治沉默——当然，沉默自有沉默的奥妙——被《帝国》打破了。"帝国"并不一定符合德里达对当代处境的诊断，但它在明白地告知：历史并没有终结。统治和斗争的新形式依旧层出不穷。总是要反抗——马克思的这一幽灵，使《帝国》和德里达有一种气质上的（不一定是历史哲学的）接近。

德里达在当代理论中得到了很好的消化，他的基本观点在各个领域广泛地流通，并被各种文化理论反复地加工，这使他自己独特的理论版权失去了商标——人们经常忘了德里达是自己的起源。同很多著作一样，在《帝国》中，德里达几乎是隐身的（当然也被充满敬意地提到几次），但是，人们完全能看出他的开创性及其后续影响。相形之下，哈特和内格里对福柯和德勒兹的运用，则是公开和直言不讳的。由于福柯和德勒兹的密切关系——既是私人性的，也是理论性的——《帝国》常常武断地将两人混淆和糅合在一起，而且《帝国》对于福柯的理解，在一个关键性的地方，是通过德勒兹的阐释而实现的——这一阐释未必十分重要，但《帝国》如获至宝。

福柯的权力思想，激发了《帝国》中主权的谱系追踪。帝国中"主权的转变"，这一思路显然是在福柯的推动下形成的。福柯的"治理术"（governmentality）勾勒了从马基雅维里到20世纪民族国家的主权变迁和治理的变迁，《帝国》几乎是以另一种方式和另一种思路来重写了相同时期的欧洲政治史。当然，它和福柯的视角不同，福柯偏向于历史史实，《帝国》则偏向于纯粹政治理论传统。福柯是欧洲中心式的，《帝国》则顾及了欧洲和欧洲的他者的殖民关系对主权的影响——这是最明显的对福柯的突破（当然在这里，我们能看到赛义德和沃勒斯坦的影子）。但是，我们还是能看到，福柯对治理史的考察潜藏在《帝国》的主权史的考察中。福柯谈到的领土治理，谈到的君主和领土的关系，在《帝国》中被问题化为主权和空间的复杂关系。更为重要的是，福柯的微观权力理论，对国家和民众宏大的对立统治形式进行了拒绝：权力不是来自高高在上的国家，而是来自现实中的任意两个差异性节点。福柯宏观权力和微观权力的分野，正是《帝国》中现代主权和帝国主权的分野：现代主权在民众和司法国家的连接轴线之上运转，帝国主权则抛弃了这条轴线。在哈特和内格里描绘的"帝国"中，权力根本不需要一个超验性的发源地，它可以在任何一个差异性的平滑空间中施展。同样，权力也不需要一个有内外之分的空间限制，它是在一个连续性的流通空间中运作。"帝国"的主权，就是福柯的微观权力，就是福柯没有超验性的非压制性权力，就是福柯控制性的生命权力。福柯用微观权力批判传统的巨型国家权力，正如帝国主权是对民族国家主权的抛弃一样。微观权力和帝国主权都放弃了权力的垂直统治，它们都在水平面上运作。"帝国主权，不是围绕一个核心冲突而组织起来，而是通过一个灵活的微观冲突之网组织起来。帝国的社会冲突，是逃窜的、繁衍的和游移不定的，冲突无处不在。"（201）这个微观冲突不就是福柯的微观权力吗？这个主权不就是福柯所拒绝的国家权力和司法权力吗？如果将"冲突"换成"权力"，这不就是对福柯的直接援引吗？在哈特和内格里的心中，帝国的主权形式，就是福柯的微观权力。福柯的微观权力，现在在帝国的平滑空间中大显身手。

德勒兹在《什么是社会机制？》一文中指出："福柯所描述的规训是我们渐渐放弃的历史，而我们目前的现实采用的是公开的连续布控的形式，这种方式同最近的封闭性规训十分不同。"《帝国》因此将规训社会和控制社会对立起来。"帝国"意味着从规训社会进入控制社会。我们在书中能够看到，帝国实际上存在多种多样的描述：无疆界的全球社会，这是就冲破封闭界限的全球化潮流而言；景观社会，这是就消除内外界限和深度模式而言；超单一国家的警察社会，这是就权力的全球权威和全球干预而言；世界市场社会，这是就资本流通和跨国公司而言；信息生产社会，这是就产品生产形态而言；控制社会，这是就帝国对民众的主体生产而言。每一个概念都暴露出帝国的一个侧面：帝国一旦形成，就像一个巨大的转动的多棱镜，每个侧面都反射出自己的独特光亮。但是，所有这些光亮，都从"后现代性"这个光源中发出。在帝国的众多侧面中，控制社会和规训社会的提出，仰仗的是福柯的权力生产主体性的观点。规训和控制，是针对主体性的规训和控制。无论是规训社会，还是控制社会，它们都在生产一种新型的主体性。主体是由权力

（规训权力和控制权力）反复地锻造而成。权力和主体的关系，福柯这一核心思想，被《帝国》充分地吸纳并用以解释一个广大的民众阶层的形成。

但是，哈特和内格里对福柯的运用，实际上十分混乱。他们既将微观权力和生命权力混为一谈，同时也将福柯非历史化了。对于福柯来说，无论是生命权力，还是微观权力，绝不是帝国时期的权力——帝国时期，在哈特和内格里看来差不多就是今天或者刚刚逝去的时日。而生命权力，按照福柯的分析，形成于17、18世纪；微观权力，福柯对此进行分析的例证是维多利亚时期的性实践，无论如何，这都是哈特和内格里所界定的现代时期，它们绝非帝国时期的专利。显然，《帝国》错置了福柯的权力语境。同样，《帝国》也用规训来描述帝国主义向帝国过渡的社会，也就是20世纪60年代资本主义的治理。但是，在福柯这里，"规训"是生命权力的实践形式之一，它同样发端于17世纪，而不是《帝国》所宣称的诞生于罗斯福新政时期。"一个规训社会因而也是一个工厂社会"（243），这是《帝国》对20世纪60年代的西方世界的总结，但我们耳旁回响的是福柯对18世纪的传神勾勒。

德勒兹在《帝国》中受到了更加直言不讳的推崇，他在这里差不多是一个偶像式的存在。两个作者都从德勒兹那里受惠无穷（哈特的博士论文是论德勒兹的，而内格里从意大利出走到法国后，在巴黎和德勒兹过从甚密）。《帝国》将德勒兹和全球化联系起来，它运用德勒兹来解释全球化。当哈特和内格里从空间的角度来处理帝国时，德勒兹就开始作为一个强大的参照物置身其间。德勒兹的著作，几乎是《帝国》中空间论述的天启。《帝国》的一个远大抱负即是：对今日的全球化（书中不怎么使用这个现在看来威力巨大的词语）的历史脉络进行清晰的梳理。全球化实际上是主权和空间这二者的相互关系发生作用的一个历史性后果。在《帝国》中，实际上隐含着这样一个问题：主权和空间覆盖相同的领土之时，封闭的界限、内外的界限、交流的界限就被牢牢地划定了。这是民族国家的主权和空间的关系。但是，当这两者不相重叠，或者说，民族国家的主权不再牢牢地封锁空间疆界之时，空间的开口就出现了。德勒兹正是在这里发挥了决定性的作用。德勒兹的流动（flow）让所有密闭的空间溢出一个豁口，并让它们有一种持续性的关联。以空间为着眼点，《帝国》将德勒兹和全球化关联起来。全球化，或者说，帝国秩序的形成，首先是一种新的空间形式的生成。德勒兹的哲学，也是一种游牧式的空间哲学。帝国秩序中的各种便捷之流与德勒兹的各种流动相吻合。这样，全球化——哈特和内格里就可以运用德勒兹的说法——就是不断地解域化，不断地外向化，不断地去中心化；游牧思想（nomad thought）在全球化过程中被具体化和现实化了，而根茎和高原是全球空间组织的现实隐喻。反过来，各种僵化和封闭，既是帝国构型的障碍，也是德勒兹的哲学障碍。僵化，无论是福特制生产形式的僵化，领土边界的僵化，还是规训权力的僵化和地域资本的僵化，实际上都是西方形而上学传统内在的固有僵化，都是德勒兹所要攻击的一元论暴政的僵化。就是在这个意义上，全球化同后现代性——摆脱了各种僵化和封闭性的后现代哲学及后现代思维——结合起来。因此，哈特和内格里一再地下结论说：僵化的帝国主义是现代性的，流动的帝国是后现代性的；物质化的生产是现代性的，非物质化的信息生产是后现代性的；生硬的规训社会是现代性的，灵活的控制社会是后现代性的；民族国家是现代性的，全球化是后现代性的。在这里，后现代性，只有在德勒兹破除内聚性的流动的意义上，只有在拆除了各种笨重而封闭的疆界的意义上，才将它的核心思想爆发性地表达出来。

对德勒兹来说，流动是一种积极的哲学吁请，它蕴含着解放之力。任何一种流动，都是对中心性暴政的游牧式摧毁。德勒兹这种激进的欲望政治学（politics of desire）（欲望的本性就是永不停息的机器般的流动，因而它也是流动政治学）成为《帝国》的价值判断指南。对《帝国》的两个作者来说，流动的全球化，或者说，全球化因为具备德勒兹式的流动，并不应该受到抵制。抵制全球化，建立一个不被全球化污染的纯净地带，尤其是以封闭和僵化的地域主义来反对全球化运动，就显得不合时宜，而且具有危害性。地域主义要重新树立一个壁垒来抵制资本的全球流动，这些左派同道信奉的二元论的认知策略和斗争策略是虚假的，显然，这是充斥着二元论的现代性残渣，它并不符合后现代性帝国中被剥削者必备的斗争任务。哈特和内格里明确地宣称："我们绝非反对关系的全球化本身。"（45）如果说帝国在空间上拆除了各种藩篱而使全球成为一个连续的平滑体，那么这种平滑的空间则相应地产生了一种新的包容性的生命控制形式。这是帝国的两面：空间面和主权面。哈特和内格里的主张是：要反对和抵抗的不是帝国的空间进程，不是全球化本身，而是帝国的主权面，是帝国的崭新的生命控制形式和剥削形式。全球化既带来了新的统治形式，也激发了新的反抗形式。事实上，哈特和内格里将我们关于帝国的常识颠倒过来：全球性的帝国的形成不是帝国主权内在要求的结果，而是民众在20世纪一次次斗争的结局，反抗的民众促成了帝国的形成。帝国生产了混杂的民众，但，根本上而言，民众也创造了一个无边界的帝国。

帝国带来了新的民众，同时也带来了新的控制。帝国制造出新的剥削，但是也制造出新的掘墓人——帝国在形成之际就预示了它的消亡命运。这也是帝国的辩证。帝国的民众因为其混杂性和流动性，在不断地跨越边界，建立居所，夺取空间，变革全球地理。民众流动携带着解放的欲望，一边长途跋涉，一边争取自由，从而摧毁帝国对他们的区分、控制和隔离——这是德勒兹推崇的流动解放哲学的世俗翻版。而且，由于帝国是一个连续性的整体，民众在任何一个点上都直面帝国,所以,蛇一般游动的民众在任何一个点上对帝国的攻击,都是对整个帝国心脏的纵向攻击——这种攻击并不需要同别的攻击保持横向汇合。只要利用好帝国平滑而连续的空间,民众的流动性就会成为民众政治斗争的潜能,这种潜能一旦转化为现实,首先就会要求全球公民权(the right to global citizenship),即,能在全球任何一个空间中自我管理的公民权。具体而言:"民众必须能够决定他们能否移动,何时移动,往何处移动。他们也应当有权待在一个地方,分享这个地方,而不是被迫地不断迁移。控制自己的运动这一普遍权利,是民众全球公民权的最终要求。"(400)这是帝国中民众的第一个政治要求。第二个政治要求是所有的民众都应该得到社会报酬,因为杂交性的全体人民——而不再可能是孤立的个体——都卷入帝国生命政治生产中,不应该有任何一个社会成员被抛弃在公民权之外。最后一个政治要求是再占有的权利,只有占有帝国本身的非物质性的生产方式,民众才能自我控制和主动地自我生产。

所有这些,都是帝国中民众的斗争目标——尽管斗争的手段尚不清晰。民众在新的历史条件下——在全球化的帝国时期——从事解放斗争,《帝国》的这一主题显然将它置于马克思主义传统中。只不过,《帝国》是对后现代性状况的马克思主义的回答。这也是后现代性状况下的新无产阶级的指南——这个无产阶级远远不是马克思时代的产业工人了,它包括一切受剥削于、受支配于资本主义的民众。今天,民众主体性发生了变化,资本主义结构发生了变化,资本主义对民众的剥削和控制形式发生了变化,但是,由马克思所开创的批判气质没有改变,解放的愿望没有改变,乌托邦式的未来要求没有改变,革命和斗争的使命感没有改变。这是后马克思主义者对今天全球现实的一个马克思主义的诊断性呼应,正是在这个意义上,齐泽克断言,《帝国》"不亚于为我们时代而重写的《共产党宣言》"。

《帝国》就这样将马克思主义和后结构主义相结合，将德勒兹、福柯和列宁、卢森堡相结合。列宁和卢森堡从马克思主义的角度宣告了帝国主义的终结，德勒兹和福柯则从尼采的角度宣告了帝国的来临。列宁和卢森堡宣告了资本主义现代性的尾声，德勒兹和福柯则预告了资本主义后现代性的先声。帝国和帝国主义的断裂，在书中表现为德勒兹、福柯和现代性的断裂，列宁、卢森堡同竞争资本主义理论的断裂。尽管福柯和德勒兹一再将自己与马克思主义传统区分开来，但是，《帝国》反复将他们拉回这一批判传统之中。帝国和帝国主义的断裂，后现代性和现代性的断裂，在《帝国》中，当然存在经验的分析。但是，先设的理论模型（现代性/后现代性）确是这种断裂的重要框架，而且这个断裂框架一再被使用：丹尼尔·贝尔在社会学领域中使用过（《后工业社会的来临》），阿列塔（Aglietta）在生产领域使用过（《资本主义调节理论》），哈桑在文学和艺术领域使用过（《后现代转折》），利奥塔在知识叙事的断裂方面使用过（《后现代状况》），詹姆逊在文化断裂方面使用过（《后现代主义，或晚期资本主义的文化逻辑》），大卫·哈维在空间地理方面使用过（《后现代性的状况》），凯尔纳和贝斯特在哲学方面使用过（《后现代转向》）——这是个长长的名单，还可以提及居伊·德波（Guy Debord）和波德里亚，他们的"生产的终结"，显然也预示了《帝国》中非物质生产的出现，符号社会和景观社会的出现。现在，旧瓶又换了一次新酒：《帝国》在政治和经济方面再次拣起了这个框架，不过这个框架进一步深入历史深处，而且更为包罗万象，它是个前所未有的巨大综合（哈特诚实地承认了这一点），并将全球化这个事实突出，将国际政治、经济秩序的当代性突出，还将这个秩序，以后结构主义的角度，沿着政治、经济的双重线索，追溯到现代性的开端——这真是一个充满抱负的宏大叙事。而且，它还表达了马克思主义的批判气质，清晰地为民众提出了新时代的斗争目标。这样明确的政治立场，当然给左派以巨大的理论鼓舞。

显然，所有挑选出来的经验必须符合这个框架。但是，《帝国》挑选出来的经验全面吗？符合今天的现实吗？具有广泛的代表性吗？我们可以对照《帝国》的论述扪心自问：今天的流动性真的是无所不在吗？全球化的舞台真的是平滑的而让民众自由地流动吗？今天的生产确是非物质性生产占据绝对主导地位吗？《帝国》观察到的全球事实起码在大多数地区并没有成形，或许《帝国》将欧洲和美国的情形视为全球现实了——如果是这样，它还是有欧洲中心主义的嫌疑。《帝国》反对第一世界和第三世界的划分，认为这种划分已经被包容在帝国庞大的空间中而失去了有效性。这种反对显然忽略了全球割裂的等级化现实。一个显而易见的事实是，只有欧洲和美国才普遍性地发生了《帝国》所揭示的后现代性断裂，无论是文化的还是政治经济的断裂。也许只有在那里，流动才可能广泛发生。我们无法设想：一个中国的农民可以自由流动到美国去，更无从设想，他可以在全球的任何地点对帝国发起反击，他要抗击的对象可能就是身边的村委会，而绝对不是帝国中那个语焉不详的生命控制权力。这绝非个别的事实，因为，中国的非物质生产的劳动者并不占据主流，相反，大部分的民众是农业和工业生产者。如果说真正的处在被宰制状态下的民众，主要是生活在不发达国家，而这些国家尚没有摆脱资本主义现代性幽灵的纠缠（甚至还可能处在前资本主义时代）的话，哪还谈得上对帝国的后现代式抵抗？

《帝国》夸大了空间流动的事实，夸大了全球化的事实，夸大了全球统治形式的变更，也夸大了全球的生产水准，当然更夸大了全球民众的抵抗——全球民众也许最迫切的愿望不是全球公民权，而是基本的生存权。相当一部分民众是在同饥饿做斗争，而不是在为自由流动而斗争。《帝国》声称后现代主义者和后殖民主义者的批判的政治矛头对准了过去，那么，我们也许可以说，《帝国》的批判矛头是指向了将来——二者都不是对今日全球现实的准确诊断。就中国而言，哈特和内格里的空间流动只具有某种程度上的合理性：民族国家内部的界线在倒塌，但民族国家之间的界线并不能轻易地消除。在中国，确实出现了大规模的流动，但这种流动还是在民族国家界线内的城乡流动，是越来越多的农民向周围城市的流动。劳动大军是在城市和城市间迁移，而不是在国家和国家间迁移。如同哈特和内格里所描述的帝国种族主义控制，中国的农民确实是先受到城市的包容和吸纳，然后城市对之进行差异性的区分，最后对之进行控制。这种差异性的控制，不是发生在全球性的无边界的帝国内部，而是发生在一个民族国家内部。

此外，国际流动的劳工大军相对于处在僵化状态下的地域民众而言为数甚少，频繁的跨国流动者往往不是底层民众，而是各种管理人员、剥削者和宰制者（当然还包括少量的恐怖分子）——流动的是资本和资本家，民族国家的界线是为他们打开的。民众依然被困在地域化的角落，他们固守一隅，等待着各种流动资本的光临。资本利用的是地域化的民众，而从不携带着民众一起流动。这才是跨国公司的现实。《帝国》写于"9·11"之前，它当然想象不到帝国的界线还会重新绷紧，想象不到流动会变得更加艰难，想象不到各种断裂、鸿沟和隔阂——无论是地域上的还是观念上的——会进一步加深。但是，其中一个谈论帝国主权和帝国空间的段落——我认为是最精彩的段落——恰当地预测了"9·11"的事实："现代冲突的标志性的二元对立业已变得模糊，为现代主权划线的他者也变得破碎而混乱，再也没有一个外界构成主权辖域的边界。贯穿现代危机始终的就是这个外界。今天，美国的空想家们想要指出一个统一的敌人日益困难；相反，小型的躲藏的敌人似乎无处不在。现代性危机的终结,引发了无数小型危机的繁殖,或者,更恰当地说,危机无处不在。"(189)我们今天已经看到,这就是无处不在的敌人——恐怖分子——引发的无处不在的危机。帝国真的要永远处在这种不明晰的危机中,因而总要处在这种不明晰的战争状况中吗?

后 记

对某些问题的兴趣和迷恋，很难从某个单一方面得到解释。就我而言，对身体和空间的关注，既来自某些理论问题的一再激发，也来自这个时代打在我身上的感觉烙印（这种烙印常常表现为日常性的生活际遇），同时还来自我个人的禀赋——所有好奇心的选择都和身体的禀赋相关。我想说的是，身体和空间抵达我这里的途径，完全不是一种有意铺设的单行道，而是一种悄然的自发汇聚。此时此刻，我好像是突然发现，我在完全不同的情景中的写作，居然都像事先商量好了一样，缠绕在某些相近主题的周围。就此，身体和空间这样一些主题，与其说是我有意选择了它们，不如说是它们悄悄地流溢而出，自然地抓住了我。确实，是它们抓住了我。但是，我的遗憾在于，我并没有完全领会其中的奥妙。我并没有能力对身体和空间做出令自己完全满意的解释。尽管会不时地获得一些快乐，但我常常被写作的困难所困扰——也许，写作所能表达的，根本就不是穿透事物的真理，而是意图穿透事物真理的挫败感。

尽管如此，我的朋友杨全强先生还是提议将这些文章汇集起来。他的提议，以及这一提议所表达出来的友谊和信任，对这本书中的挫败感来说，是一种湮没和补偿。

汪民安
2005 年 11 月

再版后记

这本书是将近二十年前写的。我已经不太记得书中的内容了。和很多人一样,我对自己以前写的书总是缺乏勇气回头去看。尽管重印过三次,但我手头上甚至没有这本书的样书。可以说,这本书离我非常远了。但有时候我又觉得离它很近:虽然不记得我写的具体内容,但是,写这些文章的场景和过程都历历在目。这里面最早的几篇是用钢笔写在400字的方格纸上的。记得在90年代的最后一个夏天,我在和平里一个黑漆漆的两层简易楼里,光着膀子大汗淋漓地趴在一个小桌子上,用钢笔写完了《我们时代的头发》。后来我找一个朋友帮我组装了第一台电脑,书中的大部分文章就是在这个球形屏幕上写的(也正是这台电脑让我三十岁以后变成了近视)。这本书至少还涉及我当时搬迁过的三个住所。我最开始住在西坝河附近的家乐福旁边,所以就写了关于家乐福的文章。后来搬到了望京,我发现那里只有大马路而没有街道,就写了一篇《街道的面孔》。2001年美国世贸中心被炸毁,反恐战争开始,我正好在那时读到了福柯的生命政治和阿甘本对福柯的解释,就写了关于赤裸生命和身体的文章。2003年遭遇了SARS,我在SARS快接近尾声的时候记录了我住在望京的一栋高楼的19层的禁闭经验(和今天的经验非常接近),我还在文章的末尾煞有其事地发问,类似这样的危机还会再次发生吗?当时总是在慌不择路地搬家,总是在不同的社区、不同的空间中周转，因此我写了《现代家庭的空间生产》。这本书记录了那几年我的身体的空间痕迹和空间经验。

当然，我还记得这些文章是怎么发表的，是哪个编辑在哪个杂志上发表的，发表后有哪些朋友看过并和我交流过。这都是二十年的老朋友了。尽管有些朋友很少见面，但我一直对他们心怀感激。他们和这些书中所写下来的文字一样刻在我的记忆中，这些记忆让我觉得那几年没有虚度。

感谢南京大学出版社再次出版这本书。我要特别感谢沈卫娟女士和甘欢欢女士的信赖。不过，我对她们更加信赖。除了信赖之外还充满钦佩：她们不仅认真专业，还充满工作的热情。这是一本老书（她们去年再版的我的《现代性》也是一本老书），我希望我刚给她们提供的一部新书稿会有所改进，能配得上她们的专业和热情。

汪民安

2021 年 10 月 26 日

图书在版编目（CIP）数据

身体、空间与后现代性 / 汪民安著. —南京：南京大学出版社，2022.1（2025.10重印）
ISBN 978-7-305-24710-1

Ⅰ.①身… Ⅱ.①汪… Ⅲ.①后现代主义-文集
Ⅳ.①B089-53

中国版本图书馆 CIP 数据核字（2021）第 141767 号

出版发行	南京大学出版社
社　　址	南京市汉口路 22 号　邮　编 210093

SHENTI、KONGJIAN YU HOU XIANDAIXING

书　　名	身体、空间与后现代性
著　　者	汪民安
责任编辑	甘欢欢
照　　排	南京紫藤制版印务中心
印　　刷	江苏凤凰通达印刷有限公司
开　　本	880×1230　1/32　印张 10.75　字数 260 千
版　　次	2022 年 1 月第 1 版　2025 年 10 月第 5 次印刷
ISBN	978-7-305-24710-1
定　　价	65.00 元
网　　址	http：//www.njupco.com
官方微博	http：//weibo.com/njupco
官方微信	njupress
销售咨询	（025）83594756

* 版权所有，侵权必究
* 凡购买南大版图书，如有印装质量问题，请与所购图书销售部门联系调换